Pildoritas y Reflexiones
365 no temas

Para mi querida Pastora Lucy
con todo mi Amor.
Es un honor presentarte este
hijo espiritual de mi esposo y
mio.
Dios te Bendiga.

Norma Pinzón

04-13-19

Pildoritas y Reflexiones

365 no temas

Escrito y editado por:

Norma Pinzón

Diseño de portada e interiores:

Tatiana Leal Cañón (tadjanna_f@yahoo.com)

Corrección de estilo:

Katarinna Ortiz Marín (katarinna1507@gmail.com)

Fotografía:

Juan Carlos Guerrero Beltran

Maquillaje y Peinado:

Javier Murillo

Derechos reservados © 2018

por Norma Pinzón

Facebook: Pildoritas y Reflexiones con Norma Pinzón Oficial

CATEGORÍA:

Devocional de crecimiento personal y espiritual

....

Impreso en los Estados Unidos de Norteamérica ISBN-13:978-1981549818

Primera edición, enero 2018

Dedicatoria

Primero que todo dedico este devocional a Papito Dios, quien me ayudó a sacar adelante este proyecto y escribió cada una de las trescientas sesenta y cinco páginas.

Es un honor y un privilegio presentarte este sueño hecho realidad, en memoria de mi esposito Fernando García Vargas, un hombre maravilloso, un verdadero siervo de Dios, que vivió lo que predicó, que transpiraba a Jesús en cada poro de su piel.

Este, sin duda, fue un trabajo en equipo, como siempre lo hicimos.

"Amor, fue un regalo de Dios ser tu esposa y haber podido cumplir el pacto que nos hicimos el día que nos casamos: En las buenas y en las malas, en la salud y en la enfermedad y hasta que la muerte nos separe. Siempre estarás en mi corazón y como te dije el día que besé tu frente por última vez: te veo en el cielo, mi amor".

Norma Pinzón

Agradecimientos

A Papito Dios por cada vivencia plasmada en estas páginas, que me recuerdan que eres real y que siempre estás a mi lado.

A mis padres, Carlos y Norma, que han sido esos pilares tan importantes en mi vida.

A mi hermana Claudia por su apoyo y acompañamiento desde que partió mi esposito.

A mi hermano Carlos, por siempre estar ahí y apoyarme con su talento.

A mis hijos Caro y Pablo y a mis nietos Antonella y Leandro, tenerlos cerca es un regalo de Dios. Los amo.

A mi cuñado Edguitar, eres una persona muy especial, gracias por ese don de servicio, por tus visitas a Orlando a ayudar a Fernando con tanto amor en tareas que para él eran muy difíciles de realizar y tu compañía esas noches largas en el hospital.

A mi amigo y jefe por veinte años, Juan Mark Gallardo, esta palabra encierra todo, ¡GRACIAS!

A los pastores Darío y Esther Lu, gracias a sus cuidados he podido escribir sin angustias económicas.

A mi amiga y profesora en tecnología Jenny Pardo, gracias por tu paciencia y tanta ayuda en esto y más.

A mi gran amiga Lina Molano, por tu linda amistad, tanto apoyo en oración y generosidad.

Gracias a mi amiga y hermana Paty Aljure, por reír y llorar conmigo estos casi cuarenta años. Sabes lo especial que eres para mí y para mi familia.

Gracias a esos amigos que han estado y permanecido a través de los años y circunstancias: Helenita (esposa de mi padre), Raúl y Nacho, Rodrigo y Lina, Gilberto y Patricia, Guillo y Paty, Omar y Dianita, Mauricio y Jenny, Carlos y Lina, Luis y Lupe, Susanita (mi consuegra), Henry y Astrid, Alvarito y Marthica, Luz Stella, Sol, Constancita, Kanny, mis bellas amigas Mónica, Consuelito, Marielita, Cristina y Esperancita y a Sebastián, quien ha sido como un hijo.

Gracias pastor Ariel y Lilianita por el apoyo de tantas maneras, antes y después de la partida de Fernando.

Al pastor Rubén y su esposa Astrid por acogerme durante año y siete meses en su iglesia.

Al pastor Gustavo y Malú (actuales pastores de la iglesia Casa sobre la Roca Orlando), por ayudarme a regresar a casa con su amor y detalles.

A mi amigo Benjamín Parra, que me apoyó con valiosos aportes en la corrección de este libro.

Y muchas gracias a toda la hermosa audiencia que escucha Pildoritas y Reflexiones, ustedes han sido un bálsamo que me ha levantado y alegrado en mis momentos más difíciles, en estos veinte años.

Prólogo I

El libro en sus manos contiene un tesoro de Dios. Su autora es una persona excepcional. De puro milagro, su nacimiento no fue registrado por cámaras de televisión, ya que Carlos Pinzón, su padre, se movía como pez en el agua en la Comunicación Social.

Tengo la sospecha de que el primer juguete que le regalaron a Norma fue un micrófono. Ella aprendió a gatear en estudios de radio y televisión. Su vida ha transcurrido, – década a década, año a año, mes a mes, día a día, hora a hora – en una sucesión de cambios rápidos: del bolero al rock.

Del pistón a la turbina, del cliché al offset. Le tocó crecer entre computadoras, sonido estereofónico y cinemascopio a colores. Su padre, fue pionero de auténticas revoluciones audiovisuales; y, por eso ella aprendió a amar y respetar las comunicaciones.

Muy pronto, trabajó como actriz y presentadora de televisión; pero, sobre todo, se vinculó con entusiasmo a las campañas sociales de su padre, especialmente Teletón y el Club de la Televisión, históricos legados de ayuda social en Colombia.

Pero lo mejor de todo ocurre hace 25 años en Estados Unidos, cuando Norma se convierte a la fe cristiana y decide poner en acción sus talentos exclusivamente en medios cristianos.

Cuando llegué a ese país, fui sorprendido por Norma con una entrevista en CVC La Voz, donde ella realizaba el programa Píldoritas y Reflexiones, de audiencia mundial, el cual cumplía uno de mis sueños: la teología al servicio de la vida, no la vida al servicio de la teología.

Norma se unió en matrimonio a Fernando García, sobreviviente de la violencia colombiana, a quien un atentado criminal dejó sometido a una falencia física. Norma entendió, a través de esa circunstancia, lo que había aprendido con su padre en Teletón: un ser humano no son dos piernas ni dos brazos, sino un espíritu.

Fernando y Norma ejercieron funciones pastorales en unidad y con éxito, hasta cuando él se fue a recibir el galardón eterno. Ella ha seguido en su trabajo, del cual este libro es un fruto estimulante, tanto como sus nietos.

Hace ya varios años, en mi exilio de Miami, después de una cena de amigos, Carlos Pinzón me puso la mano en el hombro y me dijo: "Darío, yo estaba preocupado por mi hija Norma y mi nieta Carolyn, solas en este país. Ahora vuelvo tranquilo a Colombia, porque están en Casa Roca contigo, y sé que tú serás un padre para mi hija y un abuelo para mi nieta".

Escribir sobre este libro de Norma Pinzón es un mandato de Dios para mí. Disfrútenlo porque contiene sabiduría para el diario vivir.

Rev. Darío Silva Silva
Fundador de la Iglesia Cristiana Integral
Casa Sobre la Roca

Prólogo II

El poder de la radio es que es ubicuo, se encuentra en todo lugar donde vivimos nuestras vidas; desde los rincones más íntimos de nuestra casa, hasta acompañarnos cuando estamos en nuestros autos, con las personas más importantes de nuestras vidas.

Hoy, en un mundo lleno de caos e inseguridad, el corazón late por palabras de aliento y tranquilidad que puedan llenar nuestro ser de paz. Por más de veinte años y 5.200 programas radiales, Norma Pinzón ha producido "Pildoritas y Reflexiones" en la Radio Cristiana CVC La Voz, tocando el alma de millones de vidas.

Diariamente nos llegan los testimonios de personas comunicando el impacto que este programa radial ha hecho en sus corazones.

"Embotellando un relámpago" es la manera que yo describiría el libro de "Pildoritas y Reflexiones" que tienes ahora en tus manos. Esta descripción la hago intencionalmente, porque sé que en cada "pildorita" vas a ir más allá de solo leer palabras bonitas.

Norma Pinzón te invita a una aventura del corazón que confronta las experiencias reales que, de una u otra manera, todos hemos confrontado en nuestras vidas.

Experiencias buenas como difíciles que algunas veces exponen nuestras debilidades humanas y en las cuales, en muchas ocasiones, no entendemos la obra que Dios está haciendo en nosotros.

Digo esto porque, como su jefe, sé íntimamente las luchas y dificultades que Norma ha experimentado en su diario vivir a través de los años; sin embargo, ella se despojó a sí misma y decidió ser un canal de bendición en medio de la tormenta personal para tocar diariamente las vidas de sus oyentes.

Desde la persona que camina por la calle sin esperanza, hasta el pastor que es responsable de una gran congregación, este devocional va ser un canal de impacto para sus almas, y ahora va a cambiar tu vida, como cambió la mía y las de millones de personas a través de América Latina.

Juan Mark Gallardo
Director América Latina
Christian Vision

Introducción

¿Por qué este libro de 365 no temas?

Indudablemente, esta idea primero nació en el corazón de Dios y luego la plantó en el corazón de mi esposito, el pastor Fernando García, hace unos años atrás. Desde ese momento, este devocional se convirtió en un gran anhelo, para que sirviera como una herramienta diaria de lucha con lo que el ser humano más lidia, sus temores.

Lamentablemente mi esposito (como cariñosamente lo llamo cuando me refiero a él) falleció el 17 de mayo de 2015. Después de su partida varias personas me animaron a que escribiera un libro, entre ellas el pastor Darío Silva Silva.

Un día en Miami, en el lindo apartamento de mis queridos amigos Gilberto y Patricia Villegas, estando en el balcón contemplando el mar y orando, le pregunté al Señor: "¿Qué libro puedo escribir?" En ese momento trajo a mi memoria ese proyecto. Me dijo: "¿Recuerdas el devocional sobre el temor que Fernando quería hacer? Lo vas a hacer tú en homenaje a él".

Fue tan emocionante que Dios me mostrara la ruta a seguir y hasta me diera el nombre, que es como se llama el programa de radio que realizo desde hace 20 años en CVC La Voz.

Lo más hermoso es que cuando entré al computador de Fernando a ver qué archivos tenía sobre el libro, si ya había empezado a escribir algo, encontré que había hecho una gran recopilación de versículos sobre el temor (eso toma mucho tiempo), así que me adelantó mucho trabajo y me basé en ellos para escribir, por ello es que sin duda este fue un trabajo en pareja, como siempre lo hicimos.

Este devocional es una forma de honrar su recuerdo. Al lado de mi esposito viví los catorce años más felices de mi vida. Dios nos dio la oportunidad de cumplir juntos uno de sus más grandes sueños, volver a pastorear, y tuvimos el gran reto de comenzar la obra en Orlando, Florida, la iglesia Casa sobre la Roca. Durante seis años y medio, vimos llegar a cada ovejita y cómo Dios fue transformando sus vidas. ¡Me encantó hacer la obra hombro a hombro con él! Nos dejó tantas enseñanzas, no solo con sus excelentes prédicas, sino con su vida y su amor por las almas. Desde su silla de ruedas corrió tantas millas extras, más que muchos que pueden caminar. Su sonrisa permanente, ese humor que lo caracterizaba, la pasión por el futbol, hincha número uno de su Santa Fe (equipo bogotano)...

Siempre vivirá en el corazón de todos, especialmente en el mío, y doy gracias por su amor, su especial cuidado, por tantos bellos momentos compartidos, por cumplir la promesa que me hizo cuando nos casamos, que todos los días trabajaría para hacerme feliz, para que cuando yo llegara al cielo le dijera a Dios que sí existe la felicidad... ¡y lo cumplió! Fui verdaderamente feliz a su lado y sé que nuestro amor y relación inspiraron e inspirarán a muchas parejas. Doy gracias a Papá Dios por haberme permitido amar, cuidar, respetar y honrar a ese siervo suyo.

Esperamos que diariamente tomes y vivas cada una de estas 365 Pildoritas y puedas crecer y conocer más de Jesús, porque Él es el amor, y el verdadero amor echa fuera el temor.

Norma Pinzón

Pildorita
1

Isaías 43:19 (NVI)

¡Voy a hacer algo nuevo!
Ya está sucediendo, ¿no se dan cuenta?
Estoy abriendo un camino en el desierto,
y ríos en lugares desolados.

Estamos ante un nuevo año, con las expectativas que eso conlleva cuando estás frente a algo que no conoces.

Por mucho tiempo, siempre que comenzaba un año, hacía un listado de los propósitos que tenía individualmente, como pareja y como familia, pero después de la partida de mi esposo me enfrenté a una realidad: ¡no tengo claro cuál es el camino que voy a recorrer! Lo que sí tengo claro es que mi Señor está conmigo y eso da reposo a mi corazón. El 31 de diciembre, a las 12 de la noche, me aparté del grupo familiar para hablar con papá Dios y le dije:

"Señor, me siento en un desierto sin saber para dónde voy, sé que estás conmigo y eso me da paz. Te entrego estas 365 hojas en blanco para que tú las escribas".

Esta es mi invitación para ti: deja que Dios escriba este año cada una de esas páginas. Él sabe qué es lo mejor para nosotros porque nos ama.

La pildorita y reflexión de hoy es:

Déjate sorprender.
Él hace camino en el desierto y ríos en lugares desolados.
Así lo prometió.
No temas... *¡Voy a hacer algo nuevo!*

Pildorita 2

Deuteronomio 1:21 (NVI)

"Miren, el SEÑOR su Dios les ha entregado la tierra. Vayan y tomen posesión de ella como les dijo el SEÑOR, el Dios de sus antepasados. No tengan miedo ni se desanimen".

Siempre tendremos dos formas de mirar la vida: sacando lo bueno que cada experiencia nos dejó o quedarnos anhelando, llorando y en derrota por lo que una vez tuvimos y ya no está. El desánimo no nos ayuda a caminar confiados; al contrario, nos hace temerosos, desconfiados, casi esperando lo malo en vez de lo bueno.

Estamos comenzando el año y el Señor nos dice en su palabra, el día de hoy, que ya nos ha entregado la tierra, que vayamos y tomemos posesión de ella y nos da un consejo final, que es el más importante para tener presente: **¡No tengan miedo ni se desanimen!**

No traigas a este nuevo año tus experiencias pasadas, ni buenas ni malas. A Papá Dios no le gusta que nos quedemos mirando atrás, primero, porque nos paralizamos y segundo, porque nos perdemos lo nuevo que Él está trayendo a nuestra vida.

La pildorita y reflexión de hoy es:

El pasado ya es historia y Papá Dios quiere lo mejor para ti hoy. Deshazte del miedo y del desánimo, ya que estos no te permiten ver y disfrutar de las bendiciones que Él ya ha determinado para ti, que eres su hijo.
No temas... *Vayan y tomen posesión de ella.*

Pildorita
3

Josué 1:9 (NVI)

"Ya te lo he ordenado: ¡Sé fuerte y valiente! ¡No tengas miedo ni te desanimes! Porque el SEÑOR tu Dios te acompañará dondequiera que vayas".

El Señor hace obras sobrenaturales. Los milagros son para que su nombre sea exaltado, pero hay acciones que nos corresponde a nosotros hacer.

Nadie ha dicho que la carrera de la vida sea fácil, pero los que le hemos entregado nuestro futuro al Señor podemos avanzar confiados de saber que Él está con nosotros todos los días y donde quiera que vayamos.

Papá Dios nos ordena que seamos fuertes y valientes. Indudablemente nos encontraremos ante situaciones que nos harán demostrar el carácter que tenemos y, si mostramos fortaleza y valentía en medio de las adversidades que nos rodean, podremos inspirar a las demás personas que son testigos de la paz, el gozo y la confianza que gobiernan nuestras vidas, para dar testimonio del cambio que Dios ha hecho en nosotros y así sabrán que no es acción humana, sino divina.

La pildorita y reflexión de hoy es:

Solo los fuertes y valientes obtendrán todas la promesas que ya el Señor nos preparó. No es llorando, es orando; no es peleando, es actuando; no es dudando, es creyendo esta hermosa perla que está al final del versículo de hoy.
No temas... *Porque el SEÑOR tu Dios te acompañará dondequiera que vayas.*

Pildorita

4

I Crónicas 22:13 (NVI)

Si cumples las leyes y normas que el SEÑOR le entregó a Israel por medio de Moisés, entonces te irá bien. ¡Sé fuerte y valiente! ¡No tengas miedo ni te desanimes!

Por mucho tiempo viví a mi manera, dejándome llevar por lo que la sociedad en general hacía y, sabes, los resultados no fueron nada buenos. Quedé embarazada a los diecinueve años y fui como una de tantas madres solteras. Mi vida giró ciento ochenta grados, los libros se cambiaron por pañales y una gran cantidad de sueños rotos quedaron en mi corazón. No por eso voy a dejar de reconocer que mi hija Carolyn es el regalo más hermoso que Dios me dio, pero hubo muchas lágrimas en este proceso y esta nueva vida. Si hubiera actuado como el Señor dice, hubiera podido disfrutar más a esa muñeca hermosa que tenía entre mis brazos.

La primera institución establecida por Dios es la familia y, si analizamos bien, es la más atacada y la más débil, porque cada día lo sacan más de los hogares.

Sé fuerte y valiente en vivir la vida como Papá Dios aconseja y no como Hollywood, la televisión o las revistas nos enseñan. Estos, lo único que han dejado es un alto índice de madres solteras, enfermedades, infidelidades, divorcios y muchos niños creciendo sin alguno de sus padres o sin ninguno.

La pildorita y reflexión de hoy es:

El Señor te pide que vayas al manual del fabricante, que es su palabra, y sigas sus consejos. **No temas...** *Entonces te irá bien.*

Pildorita
5

Isaías 41:10 (NVI)

Así que no temas, porque yo estoy contigo;
no te angusties, porque yo soy tu Dios.
Te fortaleceré y te ayudaré;
te sostendré con mi diestra victoriosa.

Si a pesar de haber tomado las primeras cuatro pildoritas sientes temor acerca de qué pasará este año con tu vida, tu salud, tus hijos, la economía o la seguridad en tu país, la pildorita de hoy te quitará toda ansiedad e incertidumbre, porque nosotros no dependemos de los gobernantes ni de la economía ni de un diagnóstico médico, nosotros dependemos del único que tiene el poder para cambiar cualquier situación, por difícil que sea, porque Él tiene la última palabra.

Solo piensa en que el que está hablando no es un hombre, es Dios mismo, quien tiene otro atributo: no miente ni se arrepiente de lo que dice.

Antes de seguir avanzando por este camino, revisa cómo está tu relación con Él. Tal vez sea hoy el día para entregarle tu vida, tu futuro, familia, economía, salud, sueños y demás a Jesucristo.

La pildorita y reflexión de hoy es:

El Señor te dice en su palabra que está contigo, que te va a fortalecer y ayudar.
Prepárate para caminar confiadamente los próximos 360 días que tienes por delante. **No temas...** *te sostendré con mi diestra victoriosa.*

Pildorita

6

Marcos 5:36 (NVI)

Sin hacer caso de la noticia, Jesús le dijo
al jefe de la sinagoga:
No tengas miedo; cree nada más.

En este caminar tomados de la mano de Jesús hay ciertos cambios que debemos hacer. Antes tenías que ver para creer, ahora tienes que creer para ver y esto hace una gran diferencia, porque es por fe, no por vista. Tampoco es fe en la fe, sino en Jesús, al que le entregaste tu vida y este resto de días por venir. Cuando damos ese paso sencillamente le estamos diciendo: "A partir de este momento ya no conduzco más mi vida, te entrego el timón y las llaves, llévame tú".

Es muy normal sentir miedo, porque siempre habías hecho todo a tu manera, eras el "dueño" de tu vida. Solo te puedo decir que es la mejor decisión que has podido hacer. ¿No te alivia pensar que ya la responsabilidad de la toma de decisiones no recae sobre tus hombros, sino en los de Papá Dios, que conoce el futuro, nos ama y sabe qué es lo mejor para nosotros?

La pildorita y reflexión de hoy es:

Saca todos los días tiempo para hablar con tu Padre celestial. Sé sincero acerca de lo que hay en tu corazón, esos sueños, proyectos, preocupaciones, y así comenzará una relación estrecha entre Él y tú.
No temas... *¡cree nada más!*

Pildorita

7

Rut 3:11 (NVI)

Y ahora, hija mía, no tengas miedo.
Haré por ti todo lo que me pidas. Todo mi pueblo
sabe que eres una mujer ejemplar.

Estimado caballero que me lees, esta pildorita es también para ti. Hagámonos la siguiente pregunta: ¿Cómo podemos ser ejemplares? Indudablemente, cuando hacemos las cosas como Dios dice que se deben hacer.

Estamos en una época donde la gente ya no quiere asumir compromisos. Las parejas se casan y se olvidan que ese día estaban de pie, ante Dios, haciendo un pacto para toda la vida. En la salud y en la enfermedad; en la riqueza y en la pobreza, hasta que la muerte los separe.

Después de cinco meses de quebrantos fuertes en la salud de mi esposito (como a mí me gusta llamarlo), tres hospitalizaciones en cuidados intensivos con estadías de veinte días en cada una de ellas, hasta que falleció el 17 de mayo de 2015, lo único que me daba paz en medio del dolor de su partida fue que estuve a su lado, amándolo, cuidándolo, acompañándolo, ayudándole a sanar su herida en la espalda y cambiando sus pañales. Él partió lleno de mi amor y yo agradecida con Dios por haber cumplido hasta el final el pacto que hice el día que nos casamos, mirándolo a los ojos: ¡hasta que la muerte nos separe!

La pildorita y reflexión de hoy es:

¿Tus actos concuerdan con lo que dices? ¿Qué ve la gente en ti? ¿Eres ejemplo para los demás?
No temas... *Todo mi pueblo sabe que eres una persona ejemplar.*

Pildorita

8

Joel 2:21 (NVI)

No temas, tierra,
sino alégrate y regocíjate, porque
el SEÑOR hará grandes cosas.

Si te sentiste confrontado, pensativo o hasta quizá culpable por causa de lo que leíste en la pildorita 7, te tengo una buena noticia: ¡Papá Dios es un Dios de nuevas oportunidades! Él no quiere señalar lo malo que estamos haciendo para que nos sintamos mal. Lo que más anhela es enseñarnos para que corrijamos nuestro andar y podamos tener la vida hermosa que tiene para nosotros y sobre todo que podamos disfrutar del regalo de tener un hogar donde se respire paz, un pedacito de cielo aquí en la tierra.

Tal vez estás diciendo: "¿Qué? ¡Eso es imposible! Tú no conoces a mi esposo(a) o a mis padres". Aquí está lo hermoso de entregarle nuestra vida, futuro y familia a nuestro amado Jesús: Él hace todo nuevo y, además, es el Dios de los imposibles.

Jesús nos enseñó a llamar las cosas que no son como si fueran. Por lo tanto, te invito a comenzar a hablar bien de tu hogar, de tu pareja, tus hijos, padres, familia, eso es bendecir, porque cuando hablamos mal de ellos, los estamos maldiciendo.

La pildorita y reflexión de hoy es:

Comienza a escribir todas las características positivas de tu pareja (por algo te enamoraste de ella), de tus hijos, de tu familia.
Pídele a Papá Dios que cambie tu hogar, pero comienza pidiéndole que te cambie a ti.
No temas... *porque el SEÑOR hará grandes cosas.*

Pildorita

9

Lucas 1:30 (RVR1960)

Entonces el ángel le dijo:
María, no temas, porque has
hallado gracia delante de Dios.

La palabra *gracia* va más allá de ser una persona divertida o graciosa. Quise buscar el significado en el diccionario de la Real Academia Española y me encontré entre otras, estas definiciones:

1. Don o favor que se hace sin merecimiento particular, concesión gratuita;

2. Perdón o indulto;

3. En la doctrina cristiana, favor sobrenatural y gratuito que Dios concede al hombre para ponerlo en el camino de la salvación.

Quiero que sepas que si tienes este devocional en tus manos no es casualidad. No sé si alcanzas a imaginar que el mismo Dios puso sus ojos sobre ti, desde la eternidad te ha amado, Él te formó en el vientre de tu madre, te conoce por tu nombre y lleva tiempo buscándote.

Como dice la definición del diccionario, gracia es un regalo, y los regalos son gratis y sin merecerlos. Es por pura gracia que nos ha alcanzado para ponernos en el camino de la salvación.

Juan 3:16: *Porque tanto amó Dios al mundo, que dio a su Hijo unigénito, para que todo el que cree en él no se pierda, sino que tenga vida eterna.*

La pildorita y reflexión de hoy es:

Siéntete muy amado y especial.
No temas... *porque has hallado gracia delante de Dios.*

Pildorita
10

Lamentaciones 3:57 (NVI)

Te invoqué, y viniste a mí;
«No temas», me dijiste.

Cuando comencé a caminar con mi Señor Jesús tenía varias situaciones pasando en mi vida: depresión fuerte por falta de trabajo y, por lo tanto, falta de dinero para poder suplir las necesidades de mi hijita Carolyn y las mías.

Cuando Jesús interrumpió mi tristeza y yo abrí mi corazón completamente a Él, todo lo que escuchaba en la iglesia y leía en su palabra lo creía sin dudar en lo más mínimo.

Llevaba muy poco asistiendo a la iglesia cristiana, y recuerdo que cierto día, a comienzos de mes, teníamos que pagar la renta donde vivíamos con mi hermana Claudia y compartíamos gastos, pero como no tenía un sueldo fijo y estaba esperando que me depositaran un dinero en mi cuenta de ahorros. Desde hacía tres días venía consultando el saldo y nada sucedía. Llegó el día límite de pagar, fui de nuevo al cajero electrónico, consulté y nada. Levanté mi cara al cielo y oré: "Padre, tú sabes que necesito pagar la renta, por favor ayúdame". Bajé la mirada y el cajero preguntó si quería hacer otra transacción y puse sí, retiro en efectivo, $500 dólares que era mi parte de la renta y, ¡oh sorpresa!, el cajero comenzó a darme el dinero que yo necesitaba. Pegué un grito de alegría, tomé los recibos y los besé. ¡Frente a mí estaba sucediendo un milagro sorprendente!

La pildorita y reflexión de hoy es:

Papá Dios está atento a la voz de sus hijos.
¿Cuál es tu clamor en este día?
No temas... *Te invoqué, y viniste a mí.*

Pildorita
11

Jeremías 30:10b (NVI)

A ti, Jacob, te libraré de ese país lejano;
a tus descendientes los libraré del exilio.
Volverás a vivir en paz y tranquilidad,
y ya nadie te infundirá temor.

Cuando salí de Colombia para radicarme en Miami llegué con una visa de periodista. Ahí fui por un tiempo reportera de dos noticieros. Aunque esa visa me permitía vivir legalmente en Estados Unidos, no podía trabajar, porque mi salario tenía que venir de mi país. No me alcanzaba para vivir con lo que me pagaban por estos informes, así que me vi obligada a buscar la manera de generar ingresos extras y esto me producía mucho temor. Literalmente sentía que Inmigración me iba a buscar y deportar.

Después de recibir a Jesús en mi corazón entendí que Él cuidaba de mí y de mi hija, y que si quería que estuviera en este país me abriría las puertas, sin hacer nada que no le agradara, como casarme por papeles, y así fue.

Gracias a CVC La Voz, donde trabajo desde hace veinte años, que me pidieron como talento y desde hace más de once años gozo de ser ciudadana americana. Toda la gloria y honra es solo para mi Señor Jesús y personas tan especiales del ministerio como Juan Mark Gallardo, mi amigo y jefe, y Terry Bennett que creyeron en mí y me apoyaron.

La pildorita y reflexión de hoy es:

Tal vez estás teniendo situaciones parecidas o peores que las que viví. Confía en el Señor, que hace caminos donde no los hay. **No temas...** *Volverás a vivir en paz y tranquilidad, y ya nadie te infundirá temor.*

Pildorita

12

Lucas 1:13 (NVI)

El ángel le dijo: No tengas miedo, Zacarías, pues ha sido escuchada tu oración. Tu esposa Elisabet te dará un hijo, y le pondrás por nombre Juan.

Antes de comenzar a trabajar en CVC La Voz, o como nos llamábamos cuando comenzamos, Voz Cristiana, mis recursos económicos eran mínimos. Cierta vez, estaba arrodillada en el balcón del apartamento donde vivíamos con mi hermana Claudia, orando y pidiéndole al Señor por una provisión económica.

Le decía: "Señor, lo único que sé es estar frente a las cámaras de televisión o hablar por un micrófono, eso es lo que sé hacer, necesito trabajar Papá, por favor ayúdame". Y no había terminado la oración cuando sonó mi beeper (sí, como lo leen, aún no había celulares), con un número que no conocía. Llamé y era una gran compañía telefónica que quería mi voz para un proyecto muy grande de un nuevo sistema telefónico y necesitaba que grabara las capacitaciones de entrenamiento para las diferentes compañías que lo iban a implementar. Era bien pagado y por un buen tiempo.

Cuando recuerdo esos momentos se me llenan los ojos de lágrimas, porque es ver a un Dios Padre, escuchando y respondiendo a todas mis necesidades.

La pildorita y reflexión de hoy es:

Eres importante para Dios, nunca dudes que te oye cuando le hablas. Él sabe cuál es tu necesidad y está pronto a responderte.
No temas... *Pues ha sido escuchada tu oración.*

Pildorita

13

Daniel 10:12 (NVI)

Entonces me dijo: No tengas miedo, Daniel. Tu petición fue escuchada desde el primer día en que te propusiste ganar entendimiento y humillarte ante tu Dios. En respuesta a ella estoy aquí.

En la pildorita anterior les compartí el testimonio tan hermoso de la respuesta inmediata al clamor de una oración. Sin embargo, es importante revisar si lo que queremos de Dios son solo su billetera y milagros, o realmente lo anhelamos por quién es Él.

En el tiempo en que mi esposito y yo tuvimos la oportunidad de pastorear en Orlando, vimos muchos casos de personas que llegaban a la iglesia buscando a Dios por interés y, cuando recibían el milagro, nunca más las volvimos a ver.

En la palabra de hoy, hay dos situaciones que nos muestran la actitud correcta cuando vamos delante de nuestro Padre Celestial: proponernos ganar entendimiento y, lo más importante, humillarnos delante de Él, reconociendo que todo lo que somos y tenemos es gracias a su inmenso amor. A veces hasta se nos olvida a quién le estamos hablando y nos encontramos dándole órdenes.

No necesariamente tienes que estar arrodillado, aunque si lo quieres hacer está bien, pero es la actitud de tu corazón lo que es realmente importante. Recuerda que Él conoce todo de nosotros y antes de que hablemos, sabe qué vamos a decir.

La pildorita y reflexión de hoy es:

Busca a Dios con un corazón sincero y humilde por quién es Él y no solo por tus necesidades.
No temas... *Tu petición fue escuchada desde el primer día.*

Pildorita

14

Isaías 44:2 (NVI)

Así dice el SEÑOR, el que te hizo, el que
te formó en el seno materno
y te brinda su ayuda:
No temas, Jacob, mi siervo, Jesurún,
a quien he escogido.

Esta nueva pildorita es como un multivitamínico, porque si logras entender todo lo que significa, la tomarás y verás los resultados inmediatos, pero no como nos venden los anuncios en la televisión, que si usas una faja por un tiempo limitado pasarás de tener exceso de peso a un cuerpo escultural.

¡Qué bello es saber que la palabra de Dios no es así! Es real, confiable y con excelentes resultados si tan solo puedes creerla. Por ejemplo, en este versículo leemos claramente que Él nos formó dentro del vientre de nuestra madre, nos brinda constantemente su ayuda y nos alienta a vivir libres de todo temor.

Hoy te dice: "No temas _____ (coloca tu nombre), mi sierva (o), a quien he escogido". ¿Te das cuenta el poder que tienen esas palabras?

Aunque no lo veamos, Dios siempre nos está protegiendo, y es confiando en esto que comienza una verdadera relación de amor con Él. Nos escogió, nosotros solo nos debemos dejar atraer por sus cuerdas de amor.

La pildorita y reflexión de hoy es:

Cree y toma este multivitamínico confiadamente, porque tienes un Padre que te ama y sigue cada uno de tus pasos, no para juzgarte, sino para ayudarte.
No temas... *El que te formó en el seno materno te brinda su ayuda.*

Pildorita

15

Juan 12:15 (NVI)

«No temas, oh hija de Sión; mira, que aquí viene tu rey, montado sobre un burrito».

Algo que me rompe la cabeza es ver cómo Dios, por amor, se despojó de toda su majestad para venir a la tierra en condición de hombre y de la manera más sencilla y humilde. El Rey de reyes, Señor de señores escogió el vientre de una joven mujer de Belén para allí formarse. No fue en el mejor hospital de la ciudad donde nació ni en sábanas de lino ni con el más reconocido ginecólogo del país para atender ese parto. Jesús, el Hijo de Dios, nació en un pesebre. Sus sábanas fueron paja y, las enfermeras, burros y vacas. El lugar tampoco cumplía con los requisitos sanitarios para que naciera el Rey que la humanidad esperaba como su Salvador.

La Biblia no explica quién ayudó a María en su parto, pero imaginamos que fue el mismo José quien tuvo que hacerlo. Otro ejemplo claro de cuánta sencillez y humildad mostraba Jesús fue en su entrada triunfal a Jerusalén, donde lo recibieron como a un rey, con ramas de palma y gritando: "¡Bendito el Rey de Israel"!... ¡Y Él iba montado sobre un burrito!

Y así podemos encontrar muchos más ejemplos a lo largo del Nuevo Testamento que nos muestran la manera de ser y de vivir de Jesús, digna de ser imitada por todos nosotros.

La pildorita y reflexión de hoy es:

Pídele al Señor que quite todo orgullo y altivez de tu vida
Él quiere limpiar tu corazón.
No temas... *Viene tu Rey, montado sobre un burrito.*

Pildorita
16

Isaías 54:4 (NVI)

No temas, porque no serás avergonzada.
No te turbes, porque no serás humillada.
Olvidarás la vergüenza de tu juventud,
y no recordarás más el oprobio de tu viudez.

Analizando mi vida, me doy cuenta que he pasado por todos los estados civiles. Fui madre soltera a los 19 años, tuve un primer matrimonio que solo duró cinco años y fue bastante difícil y doloroso. Estuve desenvolviéndome por más de diecisiete años como padre y madre de Carito, y fue en este periodo donde tuve mi encuentro personal con Jesucristo.

Él comenzó a sanar las heridas que tenía mi joven, pero sufrido corazón y me devolvió la ilusión de volverme a casar, pero ahora de la manera en que el Señor lo pide. Llegó a mi vida el ser más maravilloso que he conocido, un hombre que vivía lo que predicaba, me casé con él y fuimos inmensamente felices como pareja y sirviéndole al Señor por catorce años.

Como te conté anteriormente, él falleció en mayo del 2015, ahora soy viuda... Todavía me cuesta repetir esa palabra; nunca pensé tener que vivir la partida del ser amado, es un dolor tan grande y una ausencia que duele en la entrañas. Solo el tierno amor del Señor me ha sostenido, consolado y levantado día a día.

La pildorita y reflexión de hoy es:

Tal vez sientes culpa por tu pasado, el Señor perdona y olvida, así lo ha dicho.
No temas... *olvidarás la vergüenza de tu juventud, y no recordarás más el oprobio de tu viudez.*

Pildorita 17

Sofonías 3:16 (NVI)

Aquel día le dirán a Jerusalén:
No temas, Sión, ni te desanimes.

Una de las maneras de sentir la palabra viva en mí es reemplazando, en este caso Jerusalén y Sión, por mi nombre. Haz la prueba, coloca tu nombre y léelo en voz alta. Notarás que inmediatamente cambia su significado y sentirás que es para ti.

Varias personas me han manifestado su asombro de ver mi fortaleza a pesar del corto tiempo que ha pasado y del inmenso dolor que hay en mi corazón por la partida de mi esposito. ¿Pero acaso el Señor no nos dice en su palabra que nos da la paz que sobrepasa todo entendimiento? Así que esto no es humano, es divino.

Dicen que la partida del cónyuge es de las más fuertes y tiene todo el sentido, la Biblia dice que somos uno solo. Cuando la pareja muere es como si literalmente te arrancaran la mitad de ti.

Recién partió Fernando quedé muy temerosa, sin piso, sin horizonte y como lo compartí en la pildorita uno, en el desierto, sin saber exactamente para dónde voy.

Este libro me ha llenado de gozo e ilusión al poder cumplir un sueño de mi amado, fusionado con lo que llevo realizando por veinte años en la radio.

La pildorita y reflexión de hoy es:

¿Estás viviendo una etapa invernal en tu vida y no sabes bien para dónde vas? Recuerda que después del frío y oscuro invierno, llega la cálida y florecida primavera.
No temas, *Sión, ni te desanimes.*

Pildorita
18

Daniel 10:19 (RVR1960)

Y me dijo: Muy amado, no temas; la paz sea contigo; esfuérzate y aliéntate. Y mientras él me hablaba, recobré las fuerzas, y dije: Hable mi señor, porque me has fortalecido.

Ya tenía mi visa de trabajo y estaba tan feliz de saber que no tendría más problemas con respecto a esto, cuando cierto día me avisaron en la radio que viajaríamos a Perú.Para poder viajar allí tenía que ir a Colombia para que en la Embajada Americana me colocaran el sello en el pasaporte con mi nuevo estatus. Como hacía tiempo que no tomaba vacaciones con Carito, planifiqué todo para ir por quince días a Bogotá. Varias personas que habían hecho ese trámite me dijeron que era sencillo y rápido, y eso me tranquilizó.

Llegado el día de la cita, nos presentamos en la Embajada y ahí inició el comienzo de una prueba muy fuerte. La Cónsul que nos recibió los papeles no fue la más amable.En resumen, nos quitaron los pasaportes, cancelaron las visas de turismo que estaban vigentes y querían castigarme con no volver a entrar a los Estados Unidos por diez años, porque según ellos había trabajado ilegalmente en ese país. Fueron dos largos meses que tuvimos que permanecer en Colombia, asistiendo en repetidas ocasiones a la Embajada, y todo mostraba un panorama bien oscuro.

Durante un ayuno, clamando a Papá Dios que nos ayudara, me dio una palabra y me dijo que nos traería de regreso a casa. (Sofonías 3:14-20)

La pildorita y reflexión de hoy es:

No importa lo que estés viviendo, clama con todas tus fuerzas a Papá Dios.
No temas... *Y mientras él me hablaba, recobré las fuerzas, y dije: Hable mi señor, porque me has fortalecido.*

Pildorita 19

Lucas 12:7 (NVI)

Así mismo sucede con ustedes: aun los cabellos de su cabeza están contados. No tengan miedo; ustedes valen más que muchos gorriones.

El ser humano vive corriendo y preocupado por ver cómo suplir las necesidades básicas: comida, vestido, vivienda y demás. Esto en verdad roba la paz y en casi todo el capítulo 12 de Lucas en la Biblia, Dios nos dice una y otra vez que no nos preocupemos por esto, que si Él se ocupa de alimentar los gorriones, cuanto más no se va a ocupar de nosotros y dice que nos conoce tanto que sabe hasta cuántos cabellos tenemos en nuestra cabeza, algo tan meticuloso y detallado. Con esto, lo único que Papá Dios quiere decir es: "Sé exactamente cuál es tu necesidad, no te preocupes. Yo la supliré".

El preocuparnos es adelantarnos a algo antes de que suceda y está comprobado que el noventa por ciento de las veces eso que tanto nos angustia ni siquiera sucede. El concepto de preocupación se deriva de la palabra griega que significa "dividir la mente".

Papá Dios nos dice algo que pasamos por alto, pero para Él es lo primero: "Busquen el reino de Dios, y estas cosas les serán añadidas". (Lucas 12:31)

La pildorita y reflexión de hoy es:

Cambia tus prioridades, busca al Señor primero con todo tu corazón y Él se ocupará de todas tus necesidades. Tanto tú como los tuyos son muy importantes para Dios.
No temas... *ustedes valen más que muchos gorriones.*

Pildorita

20

Lucas 12:32 (NVI)

No tengan miedo, mi rebaño pequeño, porque es la buena voluntad del Padre darles el reino.

Esta pildorita viene de la mano de la anterior, porque Dios no nos quiere acelerados, ni preocupados.

La enfermedad de esta época se llama estrés. Las personas están llevando sus cuerpos a elevados niveles de ansiedad y, si indagamos más, encontraremos que la depresión que antes solo sufrían aquellos que estaban viviendo impactos fuertes en sus vidas, ahora, incluso los jóvenes y niños, sufren este mal.

Nunca antes habíamos tenido índices tan altos de suicidios en niños y jóvenes.

¿Qué está pasando?

¿Dónde están sus padres?

¿Ocupados trabajando?

¿Será que estamos omitiendo las alarmas que nos avisan que algo no está bien?

Somos mayordomos de lo que Dios nos ha entregado y un día daremos cuenta de ello. Estamos a tiempo de encaminar nuestra vida y hacer cambios positivos.

La pildorita y reflexión de hoy es:

Disfruta la bendición de tener una familia. Comparte tiempo de calidad con ellos y con Papá Dios. Como decía mi esposito: "Si no buscas a Dios aquí en la tierra, ¿para qué quieres ir al cielo?" **No temas**...*porque es la buena voluntad del Padre darte el reino.*

Pildorita

21

Deuteronomio 20:3b (NVI)

¡Escucha, Israel! Hoy vas a entrar en batalla contra tus enemigos. No te desanimes ni tengas miedo; no te acobardes ni te llenes de pavor ante ellos.

El temor nos paraliza y, desafortunadamente, es más común de lo que pensamos y quisiéramos, aún entre los cristianos. Es por eso que Dios puso en el corazón de mi esposito escribir este devocional, para que tengas un versículo para cada día. Él, como pastor que fue por más de veinte años, día a día se encontraba ante esta realidad.

El diccionario lo define como un sentimiento de inquietud y angustia y puede hacerte mucho daño, porque estás esperando que lo malo venga a tu vida y, de hecho, se vuelve como un imán que sin quererlo, lo atraes.

El primer paso para ser libre del temor es reconocer que te domina e inquieta. Escribe tus temores y cómo estos se originaron. En oración, preséntaselos al Señor y dile: "Quiero ser libre para siempre de estos sentimientos, quiero caminar en libertad, confiando solo en ti y no en las circunstancias que me rodean".

Algunas veces van a llegar pensamientos para robarte nuevamente lo que Papá Dios te ofrece, pero tú vas a combatir en tu mente esas mentiras con las verdades que hay en su palabra.

La pildorita y reflexión de hoy es:

Jesús pagó un alto precio para que fueras verdaderamente libre. Tus enemigos han sido por años tus pensamientos de miedo. **No temas...** *¡Escucha, Israel! Hoy vas a entrar en batalla contra tus enemigos.*

Pildorita
22

Éxodo 14:13 (NVI)

No tengan miedo —les respondió Moisés—. Mantengan sus posiciones, que hoy mismo serán testigos de la salvación que el SEÑOR realizará en favor de ustedes. A esos egipcios que hoy ven, ¡jamás volverán a verlos!

Es tan emocionante ver a Dios obrar a tu favor cuando te encuentras ante una situación donde exclamas: ¡Solo un milagro puede sacarme de esta situación! Y el Señor dice: Perdón, ¿alguien me llamó?

Si lleváramos un diario con un registro de lo que hemos vivido y como Él nos ha guardado, provisto, sanado, consolado y mimado, un libro quedaría corto para registrar todas las maravillas y misericordias nuevas que recibimos cada día.

Es que no hablamos de un simple mortal, estamos hablando de Dios, el Creador del cielo y de la tierra, de lo que ves y no ves, Él que le puso límite al mar, un mar que abrió para que su pueblo saliera de Egipto. Parece imposible que este se partiera en dos, y sin embargo, se hizo una muralla a la derecha y otra a la izquierda para que pasaran caminando en tierra seca y cuando pasó el último, se cerró y murieron los caballos, jinetes y todo el ejército que perseguía a los israelitas. No es fábula, fue real.

La pildorita y reflexión de hoy es:

¿Cuál es esa situación que te parece imposible de solucionar? Cree y confía en Él.
No temas... *Mantengan sus posiciones, que hoy mismo serán testigos de la salvación que el SEÑOR realizará en favor de ustedes.*

Pildorita

23

Hageo 2:5 (NVI)

Mi Espíritu permanece en medio de ustedes, conforme al pacto que hice con ustedes cuando salieron de Egipto. No teman.

Cuando se acercaba la hora de que Jesús fuera arrestado y luego crucificado, comenzó a decirle una serie de cosas a sus discípulos que imagino que ellos no entendían. Era mucha información para asimilar al mismo tiempo, pero de todo lo que les decía, lo más importante era que enviaría al que los consolaría y acompañaría siempre cuando ya no estuviera, el Espíritu Santo.

Dice textualmente en su palabra: *"Les conviene que me vaya porque, si no lo hago, el consolador no vendrá a ustedes"*. Jesús dijo: *"El Espíritu Santo les enseñará todas las cosas y les hará recordar todo lo que les he dicho"*. Juan 14:26.

Y también dijo que el Espíritu Santo convencerá al mundo de su error y los llevará a toda verdad.

Cuando aceptamos a Jesús en nuestro corazón, el Espíritu Santo comienza su obra majestuosa de adentro hacia fuera. Llega a limpiar la casa de nuestro corazón.

Nosotros debemos reflejar su fruto en nuestra vida: amor, alegría, paz, paciencia, amabilidad, bondad, fidelidad, humildad y dominio propio.

La pildorita y reflexión de hoy es:

No estás solo, tienes al consolador enviado por el mismo Dios para que te acompañe.
No temas... *mi Espíritu permanece en medio de ustedes.*

Pildorita
24

Zacarías 8:13 (NVI)

"Judá e Israel, ¡no teman!
Ustedes han sido entre las naciones
objeto de maldición, pero yo los salvaré,
y serán una bendición.
¡Cobren ánimo!"

Yo, como muchos que estarán leyendo este devocional, no tuvimos la bendición de nacer en un hogar cristiano, lo que quiere decir, como dice el pastor Darío Silva Silva, tenemos un mestizaje espiritual porque aunque la gran mayoría éramos católicos por tradición, no por convicción, a esto le añadíamos otras cositas más.

En mi caso, siempre tuve una tendencia a la Nueva era, al ocultismo; me encantaba que me leyeran las cartas, el cigarrillo, la carta astral, los 31 de diciembre literalmente hacía un ritual con el único propósito que me fuera bien en todo el año. Cargaba un cuarzo para que me protegiera, en fin, unas ataduras espirituales bastantes fuertes y complicadas que solo traerían maldición a mi vida y a mis generaciones venideras.

Dios, en su inmenso amor, me rescató de tanta mentira. Entendí que al único que necesito para que me vaya bien es a mi Jesús hermoso. Que estoy a la distancia de una sola palabra con Dios: Padre. Dice la palabra que se inclina y me escucha.

La pildorita y reflexión de hoy es:

Tal vez como yo has hecho cosas que no han sido agradables a Dios. Es tiempo de arrepentirte y recibir su perdón.
No temas... *yo los salvaré, y serán una bendición.*

Pildorita
25

Éxodo 20:20 (NVI)

—No tengan miedo —les respondió Moisés—.
Dios ha venido a ponerlos a prueba, para que
sientan temor de él y no pequen.

Me gusta mucho el Proverbio 1:7 de la versión Reina Valera (1960) que dice: *"El principio de la sabiduría es el temor al Señor"*. Esto no significa caminar con miedo. En muchas iglesias predican de un Dios que pareciera tiene un látigo en la mano y está esperando que nos equivoquemos para darnos nuestro merecido. Ese no es el Dios que yo conozco y predico. Él es bueno y misericordioso. La Biblia dice que es tres veces Santo y el temor que debemos tenerle es reverencial por quién es, por su poder y majestad, porque es el Rey de reyes y Señor de señores.

Cada vez que comparto la Palabra en alguna iglesia o en una conferencia o incluso a través de este devocional, me da temor y temblor, porque no deben ser palabras humanas las que salgan de mi boca o escriba en cada una de estas páginas, si no es Él quien las dirige.

Él es nuestro Padre, y hay que tratarlo con respeto, no confianzudamente. Mi esposito contaba acerca de un muchacho en Armenia, Colombia que se iba por meses a recorrer el país en moto. Una vez mi esposo le preguntó: *"¿No te da miedo estar tanto tiempo viajando en moto?"* Y él le respondió: *"No pastor, yo voy tranquilo porque mi vieja (mamá) le ora y el barbudo me cuida"*. ¿El barbudo?

La pildorita y reflexión de hoy es:

Siempre que te dirijas a Dios, hazlo como hijo a Padre y con respeto y reverencia.
No temas... *para que sientan temor de él y no pequen.*

Pildorita
26

Josué 10:25 (NVI)

Entonces Josué les dijo: «No teman ni den un paso atrás; al contrario, sean fuertes y valientes. Esto es exactamente lo que el SEÑOR hará con todos los que ustedes enfrenten en batalla».

Jesús dijo: "En el mundo tendréis dificultades, pero ánimo, yo he vencido al mundo". Habla de pruebas, situaciones adversas con las que nos encontraremos, pero también habla de triunfo ya obtenido. Dijo que había vencido al mundo, eso significa que estamos en el bando vencedor. Habla en pasado... ¡ya hubo victoria!

El Libro de Josué, capítulo cinco, habla del comandante del ejército del Señor. Nosotros somos soldados y las características deben ser estar vigilantes, atentos, siempre listos y con un objetivo claro. Hay un enemigo, por eso hay un ejército que sabe que tendrá momentos difíciles y en esta lucha habrá caídos, pero un soldado no da un paso atrás, sigue firme por su causa, cuida las espaldas de sus compañeros. Cada soldado ha sido entrenado, capacitado para la batalla y solo tiene algo en mente: ¡resultados de victoria!

Cuenta la historia acerca de un hombre que le reclamaba a Jesús el porqué no había estado con él en las dificultades, ya que durante estas épocas solo veía un par de huellas en la arena. A lo que el Señor le respondió: "Las huellas que ves en la arena son las mías, ya que tú vas en mis brazos".

La pildorita y reflexión de hoy es:

Hay personas que ante una dificultad o ante una negación a su oración prefieren apartarse del Señor.
No es tiempo de retroceder, es tiempo de mantenerte firme, como un buen soldado.
No temas... *ni des un paso atrás.*

Pildorita

27

2 Reyes 25:24 (NVI)

«No teman a los oficiales babilonios. Si ustedes se quedan en el país y sirven al rey de Babilonia, les aseguro que les irá bien».

Hace más de veinticuatro años vivo en los Estados Unidos y he podido conocer varios tipos de personas: las que vinieron a esta gran nación porque querían un cambio o, como en mi caso, por una enfermedad en los ojos de mi hija, ya que en Colombia no había las ayudas que ella necesitaba. Hay otros que les tocó salir de sus países por violencia, falta de trabajo, por el gobierno o simplemente porque querían venir a trabajar, ganar en dólares y regresar nuevamente a su tierra natal.

Quienes vinimos con el convencimiento de estar aquí, amamos esta nación, estamos agradecidos porque vivimos, trabajamos y nos realizamos profesionalmente, en nuestra vida personal y, como es mi caso, también en la vida espiritual (aquí tuve mi encuentro personal con Jesús). Por el contrario, es muy triste escuchar a personas que critican todo el tiempo este país, a sus ciudadanos, al sistema y a todo lo demás. Viven acá, pero sus corazones están en sus países.

Si Dios nos trajo a una nueva nación tenemos que amarla, bendecirla, orar por sus gobernantes y ser agradecidos con lo que recibimos de ella.

La pildorita y reflexión de hoy es:

Dale gracias a Dios por el país donde vives, cuídalo y si fuere necesario, defiéndelo si lo atacan.
No temas... *Si ustedes se quedan en el país y sirven al rey de Babilonia, les aseguro que les irá bien.*

Pildorita
28

2 Crónicas 20:17 (NVI)

Pero ustedes no tendrán que intervenir en esta batalla. Simplemente, quédense quietos en sus puestos, para que vean la salvación que el SEÑOR les dará.

¡Cómo nos cuesta esperar! Vivimos en una época en la que, gracias a los avances tecnológicos, todo es inmediato. Para quien no quiere cocinar, hay comida congelada para meter al microondas y ya, resuelto el problema. Pero con Dios no es así.

Aunque tu oración sea estilo microondas, o pases horas pidiéndole al Señor tu milagro, Él se tomará su tiempo para responderte, porque no necesariamente lo que pedimos es lo que necesitamos o no estamos preparados para recibir la bendición.

Sé que Dios escuchó mi oración cuando le pedí un esposo que lo amara a Él con todo su corazón. Soy consciente de que pasó un tiempo suficiente, en el cual Dios sanó mi corazón de tantas heridas del pasado, principalmente en mi parte emocional. Pasé por procesos de sanidad interior, donde pedí perdón y perdoné.

Si Dios lo hubiera traído antes de tener mi corazón sano, con situaciones resueltas, hubiera llegado la bendición de mi esposo Fernando y hubiera dañado esa relación, porque no estaba lista.

La pildorita y reflexión de hoy es:

¿Te estás preparando para recibir tu bendición?
Él sabe el momento oportuno.
No temas... *quédense quietos en sus puestos.*

Pildorita

29

Parte I

Ezequiel 2:6 (NVI)

Tú, hijo de hombre, no tengas miedo de ellos ni de sus palabras, por más que estés en medio de cardos y espinas, y vivas rodeado de escorpiones. No temas por lo que digan, ni te sientas atemorizado, porque son un pueblo obstinado.

Cuando llegamos a abrir la iglesia en Orlando no recibimos las palabras más alentadoras. Un pastor amigo mío me dijo: "Esa ciudad es el cementerio de los pastores, porque las iglesias más grandes son de Puerto Rico".

Nadie nos conocía y el grupo de oración que existía era pequeño y todos colombianos. Fernando y yo oramos al Señor para que nos diera una palabra para nuestro comienzo de la obra y lo que nos dijo, no muy aliciente, que estaríamos entre cardos y espinas, rodeados de escorpiones.

Mi esposo había ayudado a la fundación de cuatro iglesias antes y si algo le admiré siempre fue ese gran amor y pasión por la obra. Estuvimos seis años y medio como pastores de Casa sobre la Roca Orlando, donde llegamos a tener más de setecientos miembros, hasta que mi esposito falleció.

Fue una experiencia maravillosa ya que pasamos momentos difíciles y otros muy hermosos que siempre tendré en mi corazón, como a cada uno de sus miembros.

La pildorita y reflexión de hoy es:

¿Te sientes entre cardos y espinas? Lo más importante es cumplir el propósito de Dios.
No temas...*no tengas miedo de ellos ni de sus palabras.*

Pildorita

30

Parte II

Ezequiel 3:9 (NVI)

«¡Te haré inquebrantable como el diamante, inconmovible como la roca! No les tengas miedo ni te asustes, por más que sean un pueblo rebelde».

Lo lindo de las promesas de Dios es que nos muestran cómo Él se ocupa de nosotros, de los detalles grandes y pequeños. Son herramientas que tenemos para recordarnos lo que nos ha hablado.

Cuando las situaciones se ponían difíciles en la iglesia, recordábamos que aunque el panorama estuviera oscuro, Él nos dijo que nos haría inquebrantables como el diamante, y así nos sostuvo.

Dios llama y capacita, y eso lo puedo afirmar. Para mí era nueva esa etapa de esposa de pastor de una iglesia principal, pero lo disfruté y lo trabajé hombro a hombro con él.

Mi vocación es la comunicación, en eso me he desempeñado antes y después de conocer a Cristo, pero cuando me casé con Fernando, quien tenía un llamado tan grande a pastorear, el Señor hizo que me uniera a ese llamado... ¡Y el propósito de Dios se cumplió!

Lo que Papá Dios ve es la disposición de nuestro corazón. Si estamos dispuestos, Él nos equipa y nos prepara.

La pildorita y reflexión de hoy es:

¿Qué te ha pedido Dios que hagas? ¿Lo estás llevando a cabo? **No temas...** *Te haré inquebrantable como el diamante.*

Pildorita 31

Génesis 21:17 (NVI)

Cuando Dios oyó al niño sollozar, el ángel de Dios llamó a Agar desde el cielo y le dijo: ¿Qué te pasa, Agar? No temas, pues Dios ha escuchado los sollozos del niño.

Es importante que tengamos claro que nosotros solo somos administradores de lo que Dios nos ha entregado. Como dice el Pastor Darío Silva Silva, nunca se ha visto entierro con trasteo (mudanza). Nosotros llegamos a este mundo sin nada y sin nada nos iremos, pero mientras el Señor no nos llame a su presencia tenemos que ser buenos mayordomos y en ese encargo que nos ha dado están nuestros hijos.

En el pasaje de hoy vemos que Él está al tanto de lo que pasa con ellos. Esta madre estaba en el desierto, se había terminado el agua que llevaba para el viaje, puso a su hijo debajo de un arbusto y se alejó porque no lo quería ver morir y comenzó a llorar desconsoladamente. Si te das cuenta, dice que Dios oyó al niño sollozar. ¿Cuántas situaciones pasamos los padres donde no sabemos qué hacer?

El Señor no solo escucha el sollozo del hijo, también escucha el de los padres y, más aún, escucha el tuyo. Tal vez no tienes hijos, pero estás pasando una gran prueba y te sientes en el desierto y has llorado desconsoladamente. Ni tu situación ni tu dolor le son ajenos al Señor.

La pildorita y reflexión de hoy es:

Dios es experto en revertir lo malo que estás viviendo en bendición. Tal vez piensas que es el fin, pero para Él es el comienzo de lo grande y nuevo que tiene planeado para ti. **No temas...** *Dios ha escuchado los sollozos del niño.*

Pildorita

32

Génesis 50:19 (NVI)

No tengan miedo —les contestó José—.
¿Puedo acaso tomar el lugar de Dios?

Los que conocieron a mi esposito Fernando saben que a pesar de haber tenido tantos quebrantos de salud, nunca decayó su estado de ánimo y mucho menos su deseo de servirle al Señor.

Tuvo cáncer por doce años, con procedimientos de quimioterapia y radioterapia, tenía deficiencia cardiaca, le colocaron marcapasos, le diagnosticaron ELA (Esclerosis Lateral Amiotrófica), una enfermedad neurodegenerativa que termina paralizando todos los músculos del cuerpo hasta solo poder mover los ojos.

Mi esposo visitó el mejor neurólogo del país en Colombia y cuando lo vio le dijo que solo viviría cinco años y que él no se equivocaba nunca. Fernando salió de esa consulta, le oró al Señor y dijo: "No recibo lo que este doctor está diciendo sobre mi vida, yo pongo mi confianza solo en ti".

Gracias a Dios esto nunca se manifestó en su cuerpo. Después, sufrió un atentado en Colombia cuando era pastor en la ciudad de Armenia, recibió tres disparos que debilitaron sus piernas y los últimos años estuvo en silla de ruedas, pero siempre sonriente, gozoso, lleno de fe, esperanza y haciendo lo que más le apasionaba: predicar de Jesús.

Las limitaciones te las pones tú para hacer lo que quieras en la vida.

La pildorita y reflexión de hoy es:

Nadie puede determinar el tiempo que vivirás aquí en la tierra, ni la eminencia de eminencias, esto es potestad divina.
No temas...¿Puedo acaso tomar el lugar de Dios?

Pildorita
33

I Crónicas 28:20b (NVI)

No tengas miedo ni te desanimes, porque Dios el SEÑOR, mi Dios, estará contigo. No te dejará ni te abandonará hasta que hayas terminado toda la obra del templo del SEÑOR.

Durante los cinco meses de quebrantos fuertes de salud de mi esposito, la iglesia se unió de una manera muy hermosa en oración, clamor, ayuno, vigilias con un mismo propósito: su restauración total de salud.

Clamábamos por ver nuevamente un milagro de sanidad como tantas veces lo hizo el Señor en su cuerpo, pero esta vez la voluntad de Dios fue que quería a su hijo amado junto a Él. Había corrido y terminado la carrera de la fe. Su propósito aquí en la tierra se había cumplido satisfactoriamente y era tiempo de regresar a casa. ¡No más enfermedades! Esto lo entendí a pesar del dolor de no tenerlo conmigo y me siento feliz de saber que está pleno y gozoso.

Muchas personas en la iglesia quedaron confundidas y no entendían por qué si oramos y clamamos por sanidad, él murió. Dios es soberano y como compartíamos en la pildorita anterior, el día y la hora los determina Él.

La pildorita y reflexión de hoy es:

No todo lo que Dios hace lo entendemos, lo importante es llevar acabo lo que nos encomendó. Lo que a mi esposo le correspondió hacer en su obra, esos seis años y medio en Orlando, lo hizo con entrega y devoción, y como resultados quedaron muchas almas ganadas y dos ampliaciones del templo.
No temas... *No te dejará ni te abandonará hasta que hayas terminado toda la obra del templo del SEÑOR.*

Pildorita 34

Deuteronomio 31:6 (NVI)

«Sean fuertes y valientes. No teman ni se asusten ante esas naciones, pues el SEÑOR su Dios siempre los acompañará; nunca los dejará ni los abandonará».

Les contaba en la pildorita anterior que la voluntad del Señor fue que mi esposo partiera con Él, pero ¿qué pasaría con la iglesia? No ha sido un proceso fácil para ninguno, pues pasaron la enfermedad y muerte de Fernando y luego la llegada de la nueva pareja pastoral.

La obra tiene que continuar porque la iglesia es del Señor. El pastor Darío siempre nos ha hecho repetir: "El Señor es mi Pastor". El pastor no es mi Señor, y mi esposito también le decía siempre a la congregación que no quería una iglesia fernandiana. Sin embargo, después de su partida varias personas se fueron, entre ellas algunos líderes.

Sabemos que los cambios son difíciles, pero felicito y agradezco a los que han permanecido a pesar de todo. Gracias porque es una manera de honrar a mi esposo y a todo el tiempo de amor y entrega que dedicamos a la obra.

He entendido que Dios nos coloca de una manera estratégica para hacer su obra. No necesariamente tiene que ser por años o toda la vida, puede ser transitorio como fue nuestro caso en Casa sobre la Roca Orlando.

La pildorita y reflexión de hoy es:

Pase lo que pase a tu alrededor o en tu vida, mantente firme y valiente. **No temas...***pues el SEÑOR su Dios siempre los acompañará.*

Pildorita

35

Génesis 46:3 (NVI)

Yo soy Dios, el Dios de tu padre —le dijo—.
No tengas temor de ir a Egipto, porque allí
haré de ti una gran nación.

En la pildorita 18 les conté cómo un viaje de quince días a mi país se extendió a dos meses y un trámite sencillo de un sello en nuestros pasaportes casi termina en una penalidad por diez años de no poder regresar a mi casa en Estados Unidos.

Dios usa cada circunstancia para trabajar en nuestro corazón. No entendía qué pasaba y en muchas ocasiones le decía llorando: "Señor, si yo oré antes de realizar este viaje, ¿qué pasa? Y si tú sabías que venía esto para nuestras vidas, ¿por qué permitiste que viniera a Colombia?"

Cada vez que estaba frente a la Cónsul, mi regreso a los Estados Unidos se veía más lejano. La verdad es que peleé con Dios varias veces. Le decía: "Yo no me veo otra vez aquí, no quiero volver a trabajar como actriz, quiero regresar al ministerio radial, a mi iglesia". En ese entonces todavía no conocía a Fernando y asistía a otra congregación. Había pasado dos meses de estar esperando saber qué pasaría con el futuro de mi hija y mío, pero un día mi oración fue diferente, no pedí, no peleé.

Oré de la siguiente manera: "Señor, si tu voluntad es que me quede en Colombia, lo haré. ¿Aquí me quieres y necesitas? Acepto tu perfecta voluntad". Al otro día me avisaron que estaban listas las visas para regresar a casa. Dios quería escuchar eso de mi boca.

La pildorita y reflexión de hoy es:

La bendición está contigo donde Dios te lleve.
No temas... *No tengas temor de ir a Egipto, porque allí haré de ti una gran nación.*

Pildorita
36

Isaías 40:9 (NVI)

Sión, portadora de buenas noticias,
¡súbete a una alta montaña!
Jerusalén, portadora de buenas noticias,
¡alza con fuerza tu voz! Álzala, no temas;
di a las ciudades de Judá: «¡Aquí está su Dios!»

Dios me ha concedido un regalo muy especial: estar desde el comienzo del ministerio radial, antes Voz Cristiana, hoy CVC La Voz. Comenzamos a soñar en una oficina de la iglesia del papá de Juan Mark. Éramos cinco compañeros los que fuimos testigos del comienzo de este gran sistema satelital.

Soñábamos con la audiencia a la que llegaríamos, imaginábamos cómo serían los estudios de la radio, cómo llenaríamos veinticuatro horas de programación cristiana, no religiosa, pero sí profesional.

Han pasado veinte años desde ese momento y el bebé ya es mayor de edad. Hoy tenemos la oportunidad de llegar al mundo entero a través del internet. Contamos con casi 600 estaciones afiliadas en toda América Latina, llevando el mensaje de amor, paz y esperanza que solo se encuentra en Jesucristo. Esos mismos años hace que realizo el programa que lleva el nombre de este libro, "Pildoritas y Reflexiones". No hay nada que me llene y me dé más satisfacción que compartir la Palabra y escuchar testimonios de vidas cambiadas por Jesús.

La pildorita y reflexión de hoy es:

Tú y yo tenemos un mensaje de vida para la humanidad. **No temas...**_portadora de buenas noticias, ¡alza con fuerza tu voz!_.

Pildorita 37

Jeremías 46:27ª (RVR1960)

Y tú no temas, siervo mío Jacob, ni desmayes, Israel; porque he aquí yo te salvaré de lejos, y a tu descendencia de la tierra de su cautividad. Y volverá Jacob, y descansará y será prosperado, y no habrá quién lo atemorice.

En mi familia, yo fui la primera que tuve el encuentro personal con Jesucristo. Lo que más quería es que todos supieran de Él y experimentaran la paz que estaba viviendo y que por tanto tiempo había buscado y anhelado.

Han pasado más de veintitrés años desde que recibí en mi corazón a Jesús como mi Señor y Salvador y he visto el cumplimiento de la promesa manifestada en Hechos 16:31: *"Cree en el Señor Jesucristo, y serás salvo, tú y tu casa"*.

He visto cómo fueron llegando a Él uno a uno: mi hija, mis padres y mis hermanos. Tal vez en otras pildoritas podré contarles sobre alguno de ellos porque no fue tan rápido ni fácil como hubiera querido. Lo importante es que la palabra de Dios es fiel y verdadera y todas sus promesas son sí y amén.

Tal vez llevas años orando para que tu familia llegue a sus pies. El Señor cumple su palabra y lo verás ante tus ojos, no dejes de reclamar esa promesa. Cada miembro de mi familia fue resultado de ayuno y oración.

La pildorita y reflexión de hoy es:

Tú cree y confía en que Dios lo hará.
No temas... *yo te salvaré de lejos, y a tu descendencia de la tierra de su cautividad.*

Pildorita
38

Lucas 8:50 (RVR1960)

Oyéndolo Jesús, le respondió: No temas; cree solamente, y será salva.

En esta pildorita quiero en especial compartir sobre mi hija Carolyn y su encuentro con Jesús. Sé que esta reflexión va a ayudar a algunas madres a seguir orando por sus hijos.

Cuando comenzamos a ir a la iglesia ella tenía como trece años. Había un grupo de niñas del cual Carito empezó a ser parte. Nunca supe bien que pasó y un día ya no quiso asistir más, solo me acompañaba a los servicios.

Entró a bachillerato y tenía un grupo de amigos con quienes salía jueves, viernes y sábado a bailar. Ella es muy alegre y tiene muy buen sentido del humor. En mi corazón yo sufría porque no quería verla en fiestas y discotecas, aunque gracias a Dios siempre fue bien sana, nunca tuvo problemas de drogas o alcohol. Ella sabía que había algo que no era negociable: el domingo era el día del Señor y no podía faltar.

Cada vez que Carito salía yo entraba a su cuarto y colocaba mis manos sobre su cama y comenzaba a orar y a clamar por ella. Se la reclamaba al Señor y le decía: "Tú me has prometido una sierva". Pasaron unos años y para su gloria, un día en un ayuno de la iglesia en Casa Roca Miami, el Señor la tomó por completo y desde ese momento su vida cambió y le sirve a Dios con amor y pasión.

La pildorita y reflexión de hoy es:

No pares de orar y reclamar a tus hijos para el Señor.
No temas... *Cree solamente, y será salva.*

Pildorita
39

Salmos 36:1(NVI)

Dice el pecador:
«Ser impío lo llevo en el corazón.»
No hay temor de Dios delante de sus ojos.

Las dos personas de mi familia a las que más tiempo les tomó abrir la puerta de su corazón a Jesús fueron mi padre y mi hermano. Esta vez les quiero compartir el testimonio de mi papi. Él nunca asistía a la iglesia. La palabra Dios no estaba en su vocabulario, era agnóstico.

Una vez le hicieron "Evangelismo Explosivo" y repitió la oración de fe. La hizo pero sin ningún convencimiento ni en su mente ni en su corazón. Yo tenía esa preocupación y orando un día le dije al Señor Jesús: "No permitas que mi padre, al que tanto amo, un día parta y me quede con esta intriga de no saber si verdaderamente él te aceptó y déjame ver que en verdad tiene una relación contigo".

Hace unos años atrás mi padre tuvo quebrantos fuertes de salud y estuvo varios días en cuidados intensivos. Nunca supimos qué pasó y cómo fue, pero sin duda algo pasó. Cuando lo llamábamos para saludarlo, solo quería que oráramos por él y desde ese momento mi padre tuvo su encuentro personal con el Señor.

Mi esposito influyó mucho en su vida espiritual, tanto que en la piscina de nuestra casa fue bautizado él y su esposa Helenita.

La pildorita y reflexión de hoy es:

A veces Dios permite que pases situaciones difíciles para mostrar su amor por ti.
No temas... *aunque digan: "Ser impío lo llevo en el corazón".*

Pildorita
40

Jeremías 42:11 (NVI)

No teman al rey de Babilonia, al que ahora temen —afirma el SEÑOR; no le teman, porque yo estoy con ustedes para salvarlos y librarlos de su poder.

Por la primera de mi familia que empecé a orar y ayunar fue por mi madre. Ella sentía una gran necesidad de buscar de Dios y se fue por caminos equivocados. Desde pequeña la acompañaba a que le leyeran cartas y cigarrillos, de allí el porqué tenía esa atracción por el ocultismo. Luego entró a la Fraternidad Universal, fue profesora de yoga y terminó siguiendo a un maestro hindú que se llamaba Sai Baba. Organizaba los viajes a la India para ir a conocer al "maestro".

Ya era cristiana y mami vino a visitarnos a Miami donde vivíamos. Llegó con una foto gigante de su maestro, pirámides, cuarzos; nunca la ataqué ni la critiqué. Usé las armas más poderosas y efectivas: oración y ayuno, y cada vez que yo iba para la iglesia simplemente le decía: ¿Me acompañas o te quedas en casa? Y como le encanta salir se iba conmigo y comenzó a escuchar la palabra de Dios, al punto que cuando regresó de ese viaje llegó a renunciar a la organización de Sai Baba donde ocupaba un cargo importante.

Comenzó a congregarse, se bautizó y hoy en día es profesora de gimnasia de más de cien niños desplazados y abandonados en el hogar de la iglesia Casa sobre la Roca en Bogotá, Colombia y sirve en el ministerio de personas de la tercera edad, Años Dorados.

La pildorita y reflexión de hoy es:

Hay ataduras espirituales muy fuertes que hay que cortar y renunciar.
No temas... *porque yo estoy con ustedes para salvarlos y librarlos de su poder.*

Pildorita 41

Nehemías 4:14 (NVI)

«¡No les tengan miedo! Acuérdense del Señor, que es grande y temible, y peleen por sus hermanos, por sus hijos e hijas, y por sus esposas y sus hogares».

En la pildorita 39 les conté que mi hermano Carlos fue el último de mi núcleo familiar en aceptar a Cristo en su corazón y era extraño porque donde él trabajaba era una sala de edición y allí le tocaba editar varios programas cristianos de diferentes pastores.Cualquiera pensaría que eso ayudaría a acercarlo al Señor.

Hace poco tiempo viajé a Bogotá y le pregunté que por qué se demoró tanto en aceptar a Jesús. Lo que me dijo me hizo doler el corazón y me hizo recapacitar de cuán importante es nuestro testimonio. Me contó que vio muchas veces a diferentes pastores llegar en un carro humilde y de ahí salían en tremendos carros. Otro llegaba a editar sus programas y de allí salía con su amante. Le tocó editar milagros que supuestamente habían hecho en sus iglesias y eran montajes y me dijo: "Para mí el cristianismo era una falsedad".

Tenía razón de pensarlo, ¿verdad? Por gracia pudo más el amor de Dios por él que las cosas penosas que tuvo que presenciar. Hoy, gracias al Señor, tiene una hermosa relación con Cristo y sirve con su talento en la parte de video de la iglesia.

La pildorita y reflexión de hoy es:

Sigue orando por los tuyos que aún no han aceptado a Jesús.
No temas... *peleen por sus hermanos, por sus hijos e hijas, y por sus esposas y sus hogares.*

Pildorita
42

Salmos 23:4 (RVR1960)

Aunque ande en valle de sombra de muerte, No temeré mal alguno, porque tú estarás conmigo;tú vara y tu cayado me infundirán aliento.

De mi núcleo familiar solo me faltaba hablar de mi hermana Claudia, a quien le agradezco de corazón su gran apoyo en esta etapa de mi vida. No voy hablar de cómo llegó a Cristo, sino de sus graves problemas de salud. Siempre había sufrido del colon y muchos problemas con su digestión, pero en el 2005 colapsó.

Su colon dejó de funcionar y hubo que operar; fue una cirugía bastante delicada donde prácticamente le quitaron gran parte de este importante órgano y la pequeña parte que quedó la unieron al intestino delgado. Además de lo delicado de la cirugía, le entró una bacteria que agravó tanto la situación que en dos ocasiones pensé que mi hermana se moriría. Duró un mes hospitalizada y le hicieron trece transfusiones de sangre.

Recuerdo un día haber llegado con mi esposito a visitarla. Estaba muy mal y Fernando se apartó por un rato a orar y luego entró al cuarto y le dio una palabra de parte de Dios: Jeremías 30:1-22. Realmente había que recibirla por fe, no por vista. Mi hermana estaba más allá que acá y aunque después de esta crisis tuvo varias recaídas, catorce hospitalizaciones, y otra cirugía en el 2013 donde duró treinta y siete días en el hospital.

Gracias a Dios, desde esa fecha hasta hoy solo ha tenido un par de recaídas. De todas estas experiencias han salido cuatro libros devocionales. Dios ha cumplido todo lo que ese día dijo a través de la palabra que le reveló a Fernando para ella, incluso el traerle un hombre maravilloso a su vida, su esposo Edgar Ariza.

La pildorita y reflexión de hoy es:

Cree en las promesas que Dios te ha dado, aunque andes en valle de sombra de muerte.
No temas... *porque tú estarás conmigo.*

Pildorita

43

Job 3:25 (NVI)

Lo que más temía, me sobrevino; lo que más me asustaba, me sucedió.

Te había mencionado que antes de aceptar a Cristo era muy temerosa, y el temor no es un buen consejero porque es un terreno donde el enemigo toma ventaja. Un sinónimo de temor es miedo y buscando en el amigo Google, los diez miedos más comunes son:

1- a la muerte; 2- a la soledad; 3- a la enfermedad; 4- a la pérdida de un ser querido; 5- a enamorarse; 6- al futuro; 7- a fracasar; 8- al cambio; 9- a la crítica; y 10- a no cumplir los sueños.

El Señor Jesús vino a romper los temores y miedos de nuestras vidas. Miremos estos diez miedos más comunes a través del cristal de los ojos del Señor:

A la muerte: para nosotros los cristianos morir es ganancia, es llegar a su presencia; **a la soledad:** El Señor promete estar con nosotros todos los días, hasta el fin del mundo; **a la pérdida de un ser querido:** si sabes que esa persona está gozando en la presencia del Señor, eso mengua el dolor y te da paz; **a enamorarse:** lo más hermoso es vivir el amor mientras no sea un yugo desigual; **al futuro:** ese está en las manos de Dios y no hay lugar más seguro; **a fracasar:** todo ayuda a bien a los que amamos al Señor; **al cambio:** el Señor no cambia y Él está con nosotros; **a la crítica:** El Señor condena toda lengua que se levante contra nosotros; **a no cumplir los sueños:** todo lo podemos en Cristo que nos fortalece.

La pildorita y reflexión de hoy es:

Señor, decido ver mi vida a través de tus ojos.
No temas... Dios está contigo.

Pildorita
44

Salmos 91:5 (NVI)

No temerás el terror de la noche, ni la flecha que vuela de día.

Así es la protección de Dios para nuestra vida: en la noche, en la mañana; cuando nos levantamos, cuando nos acostamos; cuando salimos, cuando entramos.

Unos versículos más arriba de este Salmo hermoso dice: "Solo Él puede librarte de las trampas del cazador y de mortíferas plagas, pues te cubrirá con sus plumas y bajo sus alas hallarás refugio". En el *Salmo 121:5 dice: "El Señor es quien te cuida, el Señor es tu sombra protectora"*.

Espero que con estas palabras que estás leyendo en esta pildorita puedas dimensionar la protección que tenemos de parte de Dios. Dice que nos cubre con sus alas, que Él mismo nos cuida y que es nuestra sombra protectora.

En *Isaías 54:17a dice: "Ninguna arma forjada contra ti prosperará"*. El enemigo o cualquier persona pueden maquinar algo contra nosotros, pero nunca va a prosperar.

También el *Salmo 91:7 dice: "Podrán caer mil a tu izquierda, y diez mil a tu derecha, pero a ti no te afectará"*.

La pildorita y reflexión de hoy es:

En este día, la misma Palabra de Dios es la que ha hablado a tu corazón, por eso dile: Señor Jesús, deposito en ti toda carga, preocupación y ansiedad. **No temas...** El Señor es quien te cuida.

Pildorita
45
Parte I

Lucas 1:30 (NVI)

No tengas miedo, María; Dios te ha concedido su favor —le dijo el ángel.

Definitivamente el Señor solo muestra una parte del plan. Vemos que cuando el ángel se le apareció a María le dijo: "Quedarás encinta y darás a luz un hijo, le pondrás por nombre Jesús, Él será un gran hombre, y lo llamarán Hijo del Altísimo". Un poco más adelante dice: "Su reino no tendrá fin".

Hasta aquí, podemos pensar en el impacto que le ocasionó esta noticia a María, quien estaba próxima a casarse. Saber que tendría un hijo del Espíritu Santo, ¿cómo le explicaría esto a José, su novio? ¿Y qué pasaría con ella en una sociedad donde las mujeres que quedaban embarazadas sin casarse las apedreaban? Indudablemente, la noticia era buena. Esta sencilla mujer había sido escogida por Dios para que en su vientre creciera su Hijo y ella respondió con un corazón humilde: "Aquí tienes a la sierva del Señor, que Él haga conmigo como me has dicho".

¿Qué hubiera pasado si Dios le dice el plan completo? Que a su hijo, a los 33 años, lo arrestarían, golpearían, le colocarían una corona de espinas, lo ridiculizarían y como un malhechor lo crucificarían. ¿Crees que ella habría aceptado el plan? Lo más seguro es que le hubiera dicho a Dios: "Por favor, no me hagas pasar por esta prueba. No soy madre aún, pero creo que mi corazón no resistiría tal dolor".

La pildorita y reflexión de hoy es:

Dios puso su mirada en ti, hay un plan que se va a llevar acabo.
No temas... *Dios te ha concedido su favor.*

Pildorita
46
Parte II

Isaías 41:13 (NVI)

Porque yo soy el SEÑOR, tu Dios,
que sostiene tu mano derecha; yo soy quien
te dice: "No temas, yo te ayudaré".

Así como pasó con María, yo también pienso que si Dios me hubiera mostrado todo el plan cuando conocí a Fernando, me hubiera dicho: "Él será tu restitución y tú la de él, serán muy felices. Cuando lleven cinco años de matrimonio se mudarán a Orlando, Florida a comenzar una iglesia allí, esta obra crecerá y ustedes se sentirán gozosos y plenos los primeros seis años y medio, pero a mediados del año 2014, Fernando comenzará a tener algunos quebrantos de salud. Los primeros cinco meses del 2015 vivirás experiencias muy fuertes viendo cómo se deteriora la salud de tu esposo, estarás entre hospitales, centros de diálisis, aprenderás a hacer curaciones para la herida que tendrá en su espalda y el 17 de mayo morirá".

¿Crees que si hubiera sabido todo el plan lo hubiera aceptado? ¡No! Le hubiese dicho: "Señor, déjame solita, yo paso, creo que no resistiría la partida de mi esposito y el dolor que sentiría con su ausencia".

La pildorita y reflexión de hoy es:

Dios no te muestra todo el plan, pero sí te equipa para pasar por esos momentos que no esperas. Te da su gracia, su paz que sobrepasa todo entendimiento y camina a tu lado. **No temas...** *yo soy quien te dice: yo te ayudaré.*

Pildorita
47
Parte III

Josué 10:25a (NTV)

Jamás tengan miedo ni se desanimen.

El libro que escribió Rick Warren, "Una vida con propósito" se convirtió en best seller por el número de libros vendidos. Resaltaría también el impacto que sigue haciendo en personas que no tienen una relación con Jesús, y su gran pregunta es: ¿Cuál es mi propósito aquí en la tierra?.

Tal vez quedaste prevenido de saber: ¿Y ahora, qué tiene Dios para mí? ¿Qué prueba me ha de venir? Eso no es lo que quiero que sientas ni en tu mente ni en tu corazón, quiero que sepas que Dios nos ama y nunca nos va a dar algo que no podamos soportar.

Como a los tres días de haber fallecido mi esposito, me llamó una amiga, María Cristina Rojas, y me dijo que estaba orando por mí y que le había preguntado a Dios: "Señor, ¿qué pasa con ella?" Y el Señor le dijo: "Ella vino a la tierra con un propósito y era hacer feliz a un hombre de Dios que había sufrido tanto y lo hizo con excelencia".

Ustedes no saben lo que esas palabras fueron a mi corazón. Fue un bálsamo saber que en medio de todo lo fuerte que estaba viviendo, se cumplió lo que Dios me encomendó y no me había rajado (término colombiano que significa reprobar) en la prueba.

La pildorita y reflexión de hoy es:

Lo verdaderamente importante es que tienes que estar a la altura de lo que Dios te pide. ¿Acaso no cumple lo que promete ni lleva a cabo lo que dice?
No temas... *Jamás tengan miedo ni se desanimen.*

Pildorita
48

Jeremías 1:8 (NVI)

«No le temas a nadie, que yo estoy contigo para librarte».
Lo afirma el SEÑOR.

Como les conté, hace veinte años realizo el programa "Pildoritas y Reflexiones" y una de las cosas que más me emociona es recibir correspondencia de la audiencia. Cuando comenzamos, transmitíamos por onda corta y nuestra gran audiencia era radioaficionados. Ellos generalmente nos enviaban postales. Luego empezamos a recibir cartas y cada vez que nos llegaba una, era motivo de alegría. Todos leíamos en voz alta lo que nos decían, luego comenzamos a recibir correos electrónicos. Hemos ido creciendo con la tecnología.

Muchas cartas y correos me han conmovido hasta las lágrimas, pero nunca olvidaré el correo de un pastor que tenía todo preparado para retirarse de la obra. Estaba muy triste, la gente había sido muy dura con él, se sentía juzgado y muy desanimado. Ya la decisión estaba tomada: el domingo siguiente se despediría de la iglesia. No se lo había comentado ni siquiera a su esposa. Llegó a su casa, se encerró en su estudio y encendió la radio.

En ese momento estaba saliendo al aire mi programa. Cuenta él en su carta que Dios le habló tan claro y le dijo que debía continuar en la obra. Se quebrantó mucho y el domingo le contó a la iglesia llorando lo que tenía pensado y cómo Dios le dijo que debería continuar. Toda la gloria es para el Señor Jesús.

La pildorita y reflexión de hoy es:

Dios conoce tus luchas diarias.
No temas... *que yo estoy contigo para librarte.*

Pildorita

49

I Samuel 17:11 (NVI)

Al oír lo que decía el filisteo, Saúl y todos los israelitas se consternaron y tuvieron mucho miedo.

La historia de David frente a Goliat es muy inspiradora. Un joven pastor que cuidaba su rebaño cumple la orden de su padre de ir a llevarles trigo tostado y panes a sus hermanos que estaban en la guerra. Cuando llega se encuentra con una escena increíble: había un gigante que medía casi tres metros y tenía amedrentado a todos los israelitas, comenzando por el rey Saúl y su ejército, en el cual estaban los tres hermanos de David. Cada vez que Goliat aparecía, todo el pueblo corría despavorido.

David escuchó que había una buena recompensa para aquel que venciera al gigante, le interesó mucho y dijo que él derrotaría a Goliat. Saúl le dijo que era muy joven para pelear con alguien que había sido guerrero toda la vida. El rey le puso su armadura, pero David no pudo con ella.

El final lo conocemos: David se quitó la armadura, tomó su honda y cinco piedras, corrió al frente de batalla y lanzó una de las piedras y la incrustó entre ceja y ceja y el gigante murió. David recibió su recompensa.

¿Cuál fue la diferencia entre esos hombres y David? Que él tenía una relación personal con el Señor. Sabía que estaba con él como tantas otras veces que defendía su rebaño de osos y leones y sabía que lo acompañaría en esta batalla contra alguien que estaba desafiando al ejército del Dios Viviente.

La pildorita y reflexión de hoy es:

¿Cuál es el gigante que tienes frente a ti? El Señor en más grande y poderoso que él.
No temas... Recuerda todo lo que ha hecho por ti.

Pildorita
50

Ester 4:4 (NVI)

Cuando las criadas y los eunucos de la reina Ester llegaron y le contaron lo que pasaba, ella se angustió mucho.

La Biblia tiene unas historias tan enriquecedoras de personas comunes como tú y como yo, que tuvieron propósitos divinos como los tenemos nosotros.

Miremos el caso de Ester, una joven judía, huérfana. Su primo Mardoqueo la adopta cuando sus padres mueren. Un día se hace un anuncio en Susa, lugar donde vivía. Se está convocando a todas las jóvenes porque el rey va a elegir quien será la reina que sustituirá a la destronada Vasti. Ester se presenta, al igual que muchas jóvenes. Las llevan a un harén donde comienzan a prepararlas por un año en tratamientos de belleza, comida especial y doce doncellas a su servicio (creo que cualquiera de nosotras nos conformamos solo con un día). Llegó el gran día.

Se presentaría delante del rey. Dice la Palabra que él se enamoró inmediatamente de ella, ya que se ganó su aprobación y simpatía. Se crea una conspiración para acabar con el pueblo judío, su tío le cuenta lo que está sucediendo y le dice algo muy sabio: "¿Quién sabe si no has llegado al trono precisamente para un momento como este?" Su vida también corría peligro y no se podía presentar ante el rey si él no la mandaba a llamar. Así que ella convoca a un ayuno de tres días, sin comer, ni beber y cumplido esto, dijo: "Me presentaré ante el rey, y si perezco, ¡que perezca!" La historia culmina en victoria, el rey la apoya y el pueblo judío se salva gracias a esta valiente mujer.

La pildorita y reflexión de hoy es:

Nada en tu vida es casualidad, todo tiene un porqué y un para qué. **¡No temas!**

Pildorita
51

Jonás 2:1-2a (NVI)

Entonces Jonás oró al SEÑOR su Dios desde el vientre del pez. Dijo: En mi angustia clamé al SEÑOR, y él me respondió.

Sé que muchos nos podemos identificar con Jonás. Dios le da una orden de que vaya a Nínive y él decide que no va a hacerlo. Literalmente dice que se fue para otro lado para huir del Señor porque, según él, el pueblo no merecía escuchar lo que Dios quería decirles.

Se monta en un barco rumbo a Tarsis y cuenta la Biblia que el Señor lanzó sobre el mar un fuerte viento y se desencadenó una tormenta tan violenta que el barco amenazaba con hacerse pedazos. Los demás tripulantes lo lanzan al mar porque se dieron cuenta de que había sido su culpa. Dice la Palabra que Dios dispuso un enorme pez para que se lo tragara y pasó allí tres días y tres noches. Desde ese extraño lugar clamó a Dios para que lo ayudara y el Señor escuchó su súplica.

¿Acaso no somos iguales que Jonás? Dios nos dice cómo debemos actuar y nosotros pasamos por alto lo que nos pide. Hacemos todo lo contrario y cuando las cosas no salen bien o nos metemos en algún tremendo problema, ahí nos volvemos a acordar del Señor y clamamos pidiendo auxilio y misericordia.

La pildorita y reflexión de hoy es:

No esperes que se levante una gran tormenta en tu vida para actuar como Dios te pide. Si te encuentras en medio de ella, clama con todo el corazón y Papá te ayudará. ¡No temas!

Pildorita
52

Deuteronomio 31:8 (NVI)

«El SEÑOR mismo marchará al frente de ti y estará contigo; nunca te dejará ni te abandonará. No temas ni te desanimes».

Una historia que me gusta mucho y me ha permitido dar muchas enseñanzas está en Ezequiel 37:1-14. Habla acerca de un valle de huesos secos y la conversación entre el Señor y el profeta Ezequiel se desarrolla de una manera diferente a lo que nos podríamos imaginar. Dios le dice: *"Hijo de hombre, ¿podrán revivir estos huesos?"* Y él le responde: *"Señor omnipotente, tú lo sabes"*. Es aquí donde el Señor nos da la clave, y espero hoy llegue a tu corazón y tú también les des vida a los huesos secos. Dios le dijo: *"Profetiza sobre estos huesos secos y diles: Huesos secos, ¡escuchen la palabra del Señor! Yo les daré aliento de vida y ustedes volverán a vivir"*.

Papá Dios quiere que mires cuál es el hueso seco que tienes en tu vida: ¿un sueño roto?, ¿una enfermedad?, ¿tu economía?, ¿tu matrimonio?, ¿un hijo?, ¿una herida en el corazón que no has podido sanar?, ¿una quiebra económica y desde ese momento no has podido volver a levantarte?

Jesús nos dice en este día que hay que pararnos frente a ese hueso seco y hablarle con nombre propio, y decirle en voz alta: "Escucha hueso seco _____ (nómbralo), escucha la palabra del Señor: Él me ha prometido que les dará aliento de vida y ustedes volverán a vivir por su poder, en el nombre de Jesús" Amén y amén.

La pildorita y reflexión de hoy es:

¿Te acostumbraste a tener uno o varios huesos secos en tu vida? Solo hasta hoy.
No temas... *El SEÑOR mismo marchará al frente de ti y estará contigo.*

Pildorita
53

2 Crónicas 20:15b (NVI)

Así dice el SEÑOR: No tengan miedo ni se acobarden cuando vean ese gran ejército, porque la batalla no es de ustedes, sino mía.

Escribiendo sobre estos personajes bíblicos en las pildoritas anteriores, reflexionaba sobre las diferentes maneras en que Dios obra, aunque siempre hay una parte vital que nos corresponde a nosotros y de esa manera le mostramos qué tanto confiamos en Él.

David no se atemorizó a pesar del gigante porque sabía que Dios lo había ayudado en varias ocasiones, pero él tuvo que hacer su parte, pararse firme y combatir al gigante. Él sería en el futuro el rey de Israel.

A Ester, Dios la coloca en un lugar inesperado: ser reina y esposa de un rey tan poderoso como era Asuero, porque tenía un propósito que era salvar a su pueblo judío, pero ella tuvo que tomar acción, usar estrategias espirituales, ayuno, oración y exponer su vida y así obtuvo la victoria.

Para Jonás fue un poco más difícil. Con temperamento fuerte, refutaba todo el plan que Dios tenía. En dos oportunidades Dios le dice: "¿Tienes razón de enfurecerte tanto?" A lo que él contestó: "¡Me muero de rabia!" Y a regañadientes cumplió la encomienda.

A Ezequiel lo hizo hablarle a los huesos secos. ¿No es emocionante saber que Dios cuenta con nosotros en su plan, con tu familia, en tu trabajo, donde estudias, en el barrio donde vives, tu ciudad y, por qué no, tu país?

La pildorita y reflexión de hoy es:

Que Dios encuentre en ti esa disposición como Isaías y le digas: *"Heme aquí, envíame a mí".*
No temas... *porque la batalla no es de ustedes sino mía.*

Pildorita
54

Mateo 1:20b (NVI)

Se le apareció en sueños un ángel del Señor y le dijo: «José, hijo de David, no temas recibir a María por esposa, porque ella ha concebido por obra del Espíritu Santo».

En el corazón de Dios solo había un plan A para restablecer la relación entre Él y la humanidad. Era necesario que su Hijo Jesús naciera en condición de hombre, como mencioné en la pildorita 45. El Señor no mostró todo el plan que tenía para la vida de Jesús a sus padres terrenales, pero alguien sí lo conocía perfectamente, ese era Él. Sabía que era necesario un cordero, era necesario el derramamiento de sangre. No había plan B, el único que podía hacer un camino para reconciliar al mundo con Dios era Él.

Debe ser muy difícil vivir sabiendo todo lo que te va a pasar, bueno y malo. Cuando Jesús lavó los pies de los discípulos, también lavó los de Judas, el traidor. Les dice a los discípulos que uno de ellos lo va a traicionar, y más adelante, directamente le dijo: *Lo que vas a hacer, hazlo pronto—le dijo Jesús.*

En Getsemaní sintió temor, angustia y tristeza. Dice la palabra que sudó gotas de sangre. *Por segunda vez se retiró y oró: «Padre mío, si no es posible evitar que yo beba este trago amargo, hágase tu voluntad».* No hubo respuesta del Padre. El plan continuaba, era necesario pasar todo lo que vivió para darnos perdón, paz, sanidad, libertad. Eso se llama amor por nosotros.

La pildorita y reflexión de hoy es:

Él sintió temor, angustia, tristeza, traición, abandono, soledad para que seas verdaderamente libre en Él. **¡No temas!**

Pildorita 55

Zacarías 8:13b (RVR1960)

No temáis, más esfuércense vuestras manos.

Cuando me siento frustrada y no sé cómo orar le escribo cartas al Señor y, créanme, han pasado los años y cuando me las encuentro, me doy cuenta que todas esas peticiones que en su momento le pedí fueron respondidas.

Un día le escribí una, ya que había sufrido mucho en la parte sentimental, y le dije: "Señor, si tú tienes alguien para mí, escógelo Tú, siempre me he equivocado y he salido lastimada. Te pido que lo coloques frente a mí y me confirmes que es él". No sé cuánto tiempo pasó desde que la escribí hasta que Fernando llegó a Miami y Esther Lucía (la esposa del pastor Darío) me lo presentó en la iglesia.

Él llevaba muy poco viviendo en Miami y una tarde que entré a las oficinas, cuando pasé frente a la de él (nunca olvidaré que tenía una camisa amarilla), escuché la voz de Dios que me dijo: "Es él". Me quedé aturdida, ¡no todos los días escuchas la voz de Dios! Éramos amigos, a mí no me gustaba. Lo sorprendente es que el Señor me borró eso que me dijo de la mente. Nosotros continuamos nuestra amistad por año y dos meses.

Luego nos hicimos novios y duramos siete meses y cuando estábamos a un mes de casarnos, el Señor me lo trajo a memoria y me dijo: "¿Recuerdas que yo te dije que era él?" Lo compartí con Fernando y quedamos sorprendidos de ver cómo obra el Señor.

Mis tres peticiones fueron: Lo escoges tú, lo colocas frente a mí y me confirmas que es él. Las tres me las concedió y además Jesús sanó mi corazón en la parte sentimental.

La pildorita y reflexión de hoy es:

Dios te escucha, sea hablando, escribiendo o tan solo anhelando.
¡No temas!

Pildorita

56

Hechos 18:9 (NVI)

No tengas miedo; sigue hablando y no te calles, pues estoy contigo.

Fernando contaba que después de que se hizo cristiano, se encontró en la iglesia con una compañera de la universidad y le dijo: "¡Qué alegría verte aquí! ¿Hace cuánto estás asistiendo a esta congregación?" Ella le dijo: "Soy cristiana desde pequeña". Y Fernando, con gran sorpresa le dijo: "¿Por qué nunca me hablaste de Jesús cuando fuimos compañeros en la universidad?"

¡Qué dolor para el Señor Jesús que nos dé pena hablar de Él! ¿Después de su sacrificio, de su entrega y que nosotros escojamos ser del departamento secreto de los cristianos que andan camuflados y bien escondidos? Tenemos que hablar de su amor, de su perdón. La Palabra dice que no nos preocupemos de lo que vamos a decir, que Él llena nuestra boca. Somos portadores de este gran mensaje de amor de Dios a los hombres al enviar a su único Hijo a morir por nosotros. Jesús tomó nuestro lugar y pagó por los pecados de la humanidad siendo inocente.

El Señor dice que somos sal y que si la sal pierde su sabor no sirve de nada. También dice que somos luz y esa luz se pone bien arriba para que alumbre bastante. Las personas necesitan escuchar todo lo que Él ha hecho en nuestras vidas.

La pildorita y reflexión de hoy es:

Cuéntale a tu familia, amigos, compañeros de estudio, trabajo, todo lo que ha hecho en ti y por ti.
No temas... *sigue hablando y no te calles, pues estoy contigo.*

Pildorita 57

Génesis 18:15 (NVI)

Sara, por su parte, tuvo miedo y mintió al decirle: Yo no me estaba riendo. Pero el Señor le replicó: Sí te reíste.

Leyendo estos textos me encontré con algo que nunca había percibido sobre la promesa del hijo de esta adulta pareja.

Siempre supe que cuando Sara escuchó a Dios decirle a Abraham que tendrían un hijo en su vejez, ella se rio, pero grande fue mi sorpresa cuando leí en el capítulo anterior que el primero que se rio fue Abraham:

Génesis 17:17: *Entonces Abraham inclinó el rostro hasta el suelo y se rio de pensar: «¿Acaso puede un hombre tener un hijo a los cien años, y ser madre Sara a los noventa?»*

¿Acaso no somos nosotros igual que ellos, que miramos las circunstancias y tal vez no nos reímos, pero sí lloramos, nos angustiamos, tratamos de ayudarle a Dios como lo hizo Sara? Ella vio sus circunstancias y pensó: "Vieja, estéril y sin menstruación, creo que Dios no contempló estos tres detalles. Voy a darle a mi criada Agar para que tenga el hijo con ella". Bastantes lágrimas y malestares le produjo esa decisión de hacer las cosas a su manera.

La pildorita y reflexión de hoy es:

No sé qué estás viviendo y humanamente es imposible ver la solución y tu corazón está lleno de dudas. Ojalá el Señor no tenga que decirte como a Sara: "¿Te estás riendo porque no crees que pueda hacerlo?"
No temas... ¿acaso hay algo imposible para el Señor?

Pildorita
58

Génesis 15:1 (NVI)

Después de esto, la palabra del SEÑOR vino a Abram en una visión: «No temas, Abram. Yo soy tu escudo, y muy grande será tu recompensa».

Abraham es el Padre de la fe. Él vivió lo que la Biblia describe que es fe en Hebreos 11:1

Ahora bien, la fe es la garantía de lo que se espera, la certeza de lo que no se ve.

No fue fácil recibir la promesa de un hijo a los casi cien años, con una esposa de noventa, estéril y que había dejado de menstruar.

En esta historia hay muchas enseñanzas que seguramente compartiré en otros capítulos. Lo que hizo que este patriarca fuera llamado padre de una multitud de naciones y la promesa que de él saldrían reyes y naciones fue su obediencia.

Le creyó a Dios y grande fue su recompensa. Si él miraba a sus circunstancias, su mente humana y su razón le hubieran dicho que eso era absurdo e imposible, y aquí está la gran perla: ¡Para Dios nada hay imposible! Entonces, ¿por qué hay tanta duda en el corazón del ser humano que no nos deja recibir sus promesas? El problema está en la razón.

Ella es la que se pone en el medio y te hace dudar con sus razonamientos. La fe y la razón no tienen nada en común: para la razón, hay que ver para creer; para la fe, hay que creer para ver.

La pildorita y reflexión de hoy es:

Cree lo que Dios te ha dicho.
No temas... *y muy grande será tu recompensa.*

Pildorita
59

Salmos 37:39 (NVI)
La salvación de los justos viene del SEÑOR; él es su fortaleza en tiempos de angustia.

En enero 5 de 2016 comencé a escribir este devocional con la esperanza de terminarlo a mitad de año y que al comenzar el 2017 estuviera en las manos de muchos lectores. Me dediqué a escribir tres o cuatro y a veces hasta cinco pildoritas al día.

Eso era casi cuatro horas diarias y estaba muy feliz, había encontrado el camino a seguir, ya tenía una ilusión en mi corazón y un hermoso proyecto en el cual trabajar.

El miércoles 27 de enero me levanté con la idea de comenzar a escribir temprano. Acababa de escribir la pildorita 57, coloqué el versículo y en eso recibí una llamada de mi hermana para contarme que mami había sufrido un accidente, la había atropellado una moto cuando se bajó del transporte público, llegando a su trabajo en las afueras de Bogotá y que una ambulancia la estaba llevando a la clínica más cercana.

¡Solo quiero que se imaginen por un momento la situación! Todo lo que alcanza a pasar por la mente cuando recibes una noticia como esta, viviendo en otro país, sin saber en qué condición está ese ser que tanto amas.

Mi mamá estaba solita. Mi hermano iba camino a la clínica. La información era mínima y la angustia muy grande, así que este devocional se paró. Tenía que viajar a Colombia, mi madre me necesitaba. Solo podía clamar al cielo que el Señor la ayudara y protegiera.

La pildorita y reflexión de hoy es:

Aunque las cosas estén difíciles y fuera de tu control, confía en el Señor.
No temas... *Él es su fortaleza en tiempos de angustia.*

Pildorita 60

2 Samuel 22:7 (NVI)

En mi angustia invoqué al SEÑOR;
llamé a mi Dios, y él me escuchó desde su templo;
¡mi clamor llegó a sus oídos!

Definitivamente los tiempos son del Señor. Como les dije en la pildorita anterior, yo había hecho planes en mi cabeza de culminar este devocional en un tiempo y el Señor me frenó y me dijo: "Aún te faltan algunas vivencias que también van a enriquecer este libro".

Cuando ocurrió el accidente de mami, solo habían pasado ocho meses del fallecimiento de mi esposito y allí estaba yo, nuevamente entre médicos y enfermeras, con largas horas junto a la cama donde mi madre estuvo por veinte días.

Vimos a Dios obrar de manera milagrosa. Al momento del accidente, ella tenía 76 años. Ha sido profesora de gimnasia por mucho tiempo y gracias a ello tiene muy buen estado físico. Aunque el accidente fue muy delicado, mi madre solo sufrió doble golpe en la cabeza, uno con el casco del señor de la moto y otro cuando cayó contra el pavimento en la calle, y solamente tuvo una fisura en la pelvis. Los médicos estaban sorprendidos de que ni una fractura tuviera. El hematoma interno en su cerebro se reabsorbió por completo. Nos habían dicho que podía quedar con fuertes dolores de cabeza como los tuvo esos veinte días en la clínica, pero tampoco. Su fisura también selló perfectamente. Fueron milagros tras milagros. Hubo muchas personas en cadena de oración por ella, clamando sin cesar.

La pildorita y reflexión de hoy es:

En tiempo de angustia clama al Señor.
No temas... *Y él me escuchó desde su templo; ¡mi clamor llegó a sus oídos!*

Pildorita
61

Salmos 34:4 (NVI)
Busqué al SEÑOR, y él me respondió;
me libró de todos mis temores.

Quise dedicar estas tres pildoritas al accidente que sufrió mi madre, porque en tantos momentos críticos, de angustia, temor y preocupación, el Señor nos permitió ver su amor, fidelidad y cuidado. Apenas lo supimos, mi hermana y yo nos propusimos viajar a estar con ella, pero mi hermana vive en Little Rock (Arkansas) y yo en Orlando (Florida).

No era nuestro mejor momento económico y tuvimos gastos muy elevados: la clínica, una enfermera que estuviera con ella en la noche para nosotras poder descansar y, cuando le dieron de alta, enfermera de día y de noche para atenderla.

Tuvimos que conseguir un hotel donde quedarnos por trece días ya que la clínica estaba en Chía, un pueblo en las afueras de Bogotá (Esto también fue otro milagro que en otro momento les contaré).

Quisiera darle las gracias a la iglesia Casa sobre la Roca Iglesia Cristiana Integral y a la Fundación M.A.S. encabezada por el Pastor Darío Silva Silva y su esposa Esther Lucía por toda la ayuda y apoyo que nos dieron para mamá.

También me encantaría nombrar a cada ángel que Dios usó para ayudarnos económicamente, pero la lista es grande. Solo quiero decirles de todo corazón y en nombre de mis hermanos y mío: ¡Muchas gracias, angelitos! Papá Dios los bendiga y multiplique.

La pildorita y reflexión de hoy es:

¿Estás pasando un momento crítico en tu vida?
Él sabe lo que necesitas.
No temas... *Busqué al SEÑOR, y él me respondió.*

Pildorita 62

Proverbios 17:17 (RVR1960)

En todo tiempo ama el amigo,
Y es como un hermano en tiempo de angustia.

En la pildorita anterior les hablé de unos amigos hermosos que se hicieron presentes en momentos difíciles y que llenaron mi corazón de agradecimiento a Dios por sus vidas. Sé que el Señor les bendecirá y multiplicará este gesto de amor y generosidad. Recuerdo a mi madre decirnos, a mis hermanos y a mí, cuando éramos niños: "Hay muy pocos amigos, se pueden contar con los dedos de una mano y te sobran dedos". En esta nueva etapa de mi vida he podido comprobar cuánta razón tenía ella. Con la muerte de mi esposo mi vida cambió ciento ochenta grados.

Antes era la esposa del pastor, teníamos una congregación, un ministerio grande de mujeres, nuestra vida funcionaba cien por ciento en torno a la obra, y luego de su partida ya nada fue igual. Ahora no tengo esposo ni iglesia ni el ministerio de mujeres.

En mi corazón pensé que una congregación de setecientas personas a la que amaste, cuidaste, estuviste para ellos, te tendrían más presente en sus vidas y la verdad es que así no pasó. Muchos que consideré que eran buenos amigos nunca más volvieron ni a llamar. Me enterraron con Fernando.

Esta pildorita va en agradecimiento a los que han permanecido presentes en mi vida, que me aman y me consideran su amiga, no por lo que fui, sino por quién soy.

La pildorita y reflexión de hoy es:

No temas...
En todo tiempo ama el amigo, y es como un hermano en tiempo de angustia.

Pildorita
63

Salmos 71:20 (NVI)

Me has hecho pasar por muchos infortunios, pero volverás a darme vida; de las profundidades de la tierra volverás a levantarme.

Les compartí que con la muerte de mi esposo me quedé sin piso, sin rumbo, sin saber qué sería de mi futuro y si Dios tenía algo bueno para mí.

En esos días recibí la invitación de mis amigos Gilberto y Patricia Villegas para estar cinco días con ellos en Miami, antes del nacimiento de su primer nieto varón, un bebé muy esperado ya que sus padres nunca dudaron que lo que Dios les había prometido se cumpliría a pesar de las circunstancias.

Llevaba dos días allí. Había ido a visitar a la futura mamá y oré por su bebé Natán sin imaginarme que a los dos días estaría naciendo. Era un hermoso niño que, como el profeta Natán, trajo palabra a mi vida. Llamé inmediatamente a mi hija Carolyn y le conté que el bebé de Pipe y Ana María se había adelantado una semana. Ella me dijo: "Mami, Dios te está diciendo que este es un nuevo nacimiento en tu vida, que Él tiene una nueva vida para ti". Y les cuento que a partir de ese momento Papá Dios comenzó a darme palabra de sus nuevos planes para mí.

Aún no los tengo claros, pero sé que mi Padre Celestial no miente y que todas sus promesas son sí y amén. Él lo está haciendo, está trabajando en ese nuevo futuro para mí.

La pildorita y reflexión de hoy es:

Tal vez, al igual que yo, has pasado muchas situaciones difíciles y dolorosas.
No temas... *de las profundidades de la tierra volverás a levantarme.*

Pildorita 64

Salmos 59:16 (RVR1960)

Pero yo cantaré de tu poder,
Y alabaré de mañana tu misericordia; porque
has sido mi amparo
Y refugio en el día de mi angustia.

Recién fallecido Fernando, muchas personas, entre ellas el pastor Darío Silva Silva, me dijeron que escribiera un libro. Que con tantas vivencias que he experimentado sería de inspiración para muchas personas, pero la verdad no sabía por dónde empezar, qué tipo de libro escribir y si era lo que Dios quería que hiciera.

Como les conté en la pildorita anterior, estuve cinco días en Miami con mis amigos Villegas y espiritualmente fue muy significativo, no solo por lo que Dios habló a mi corazón a través del nacimiento de Natán, sino que una mañana, sentada en el balcón de su lindo apartamento, contemplando una hermosa vista al mar, empecé a preguntarle a Dios: "¿Qué libro quieres que escriba?". Y no pasaron dos minutos cuando el Señor habló a mi corazón y me dijo: "¿Recuerdas el devocional que tantas veces Fernando dijo que haría sobre el temor y que nunca lo pudo realizar? Lo vas a escribir tú en homenaje a él".

¡Wow! Ustedes no saben el gozo que sentí en mi corazón. Era una mezcla de alegría e ilusión. Una esperanza comenzaba a brillar. Ahora tenía un proyecto para hacer y qué mejor que un trabajo en conjunto con mi esposito, ya que él había hecho un gran trabajo de búsqueda de versículos sobre el tema que hoy está en este libro.

La pildorita y reflexión de hoy es:

En el corazón de Fernando, así como en el mío, hay un anhelo de que este devocional sea de bendición para tu vida. **No temas...** *Pero yo cantaré de tu poder.*

Pildorita 65

Isaías 43:1 (NVI)

Pero ahora, así dice el SEÑOR, el que te creó,
Jacob, el que te formó, Israel:
No temas, que yo te he redimido;
te he llamado por tu nombre; tú eres mío.

En una pildorita compartí que la manera como recibo las promesas para mí es reemplazando los nombres. Así que vuelve a leer el versículo de hoy, pero en vez de Jacob e Israel, coloca tu nombre. ¡Qué poder tienen esas promesas de Dios a través de su Palabra! Cuando Él quiere hablar, se vale de lo que sea.

Así lo hizo una vez más conmigo, desde el 2 de octubre de 2016 con el nacimiento de Natán. Luego regresé a Orlando y el domingo 11 llegué a la iglesia El Pabellón de la Victoria (donde me he congregado desde el fallecimiento de mi esposo, por sugerencia del Pastor Darío, quien me dijo que no era bueno para mi corazón y mi luto estar en el entorno donde permanecí con Fernando). Así que llevo un buen tiempo con ellos. Sus pastores han sido muy especiales conmigo.

La iglesia estaba celebrando su veinte aniversario y el pastor invitado llamó a los pastores Rubén y Astrid Pérez para darles una palabra de parte de Dios, y entonces el Señor me dijo: "Escribe, porque esa palabra es también para ti". Tomé mi libreta y comencé a escribir todo lo que el Señor les decía. Era impresionante, porque esa palabra era justo lo que necesitaba escuchar (en la próxima pildorita les compartiré parte de lo que Dios me habló ese día).

La pildorita y reflexión de hoy es:

Tal vez, al igual que yo, no sabes para dónde vas.
No temas... *que yo te he redimido; te he llamado por tu nombre; tú eres mío.*

Pildorita
66

Job 11:15 (NVI)

Entonces podrás llevar la frente en alto
y mantenerte firme y libre de temor.

Ahora sí te comparto parte de lo que Dios me dijo ese día, y te insto a que te apropies de ella también, ya que la Palabra nunca vuelve vacía.

"Hijita mía, hijita mía, en esta nueva etapa te mostraré lo que tengo para ti. En este comienzo, hoy te digo: Hija mía, pequeña mía, yo estoy contigo. Lo que viene es más grande que este templo, que esta casa, porque es más grande lo que tengo para ti, cientos de almas que tocarás y bendecirás directa e indirectamente. Será tan grande la obra, será tan grande tu ministerio. Yo te doy fuerzas nuevas. Saldrás a las naciones porque tu misión es muy grande. Vas a sanar corazones, vidas. Tus palabras sanarán a muchos. Hijita mía, será grande porque no has trabajado en vano. Tu trabajo será recompensado aquí en la tierra y en el cielo. En un tiempo verás lo nuevo que tengo para ti. Hoy empezó una nueva temporada para tu vida, un nuevo tiempo... ¡Ya empezó!"

Cuando Dios habla tan claro y directo es como un manantial en el desierto. Así llegó esa palabra a mi vida y desde ese mes de octubre estoy expectante de lo que viene, de lo que Él va a hacer. En el nombre de Jesús lo recibo, lo creo y lo confieso.

La pildorita y reflexión de hoy es:

— Dios no se olvida de ti, lo mejor está por venir.
No temas... *Entonces podrás llevar la frente en alto.*

Pildorita
67

Salmos 31:7 (NVI)

Me alegro y me regocijo en tu amor, porque
tú has visto mi aflicción
y conoces las angustias de mi alma.

Hay personas que se preguntan que por qué yo no estoy al frente de la iglesia que pastoreaba con Fernando, y les tengo dos respuestas: primero, porque en la visión de la iglesia Casa sobre la Roca no hay pastoras y, la segunda, es que sin mi esposo no quiero estar ahí.

Mi llamado son las comunicaciones. El fuego que hay en mi corazón es llevar la palabra del Señor a las personas, ante una cámara, un micrófono y ahora a través de este devocional.

Les confieso que es muy difícil haber sido parte de una obra que ayudé a levantar, donde todo giraba en función de la vida ministerial y de un momento a otro ya no tener nada.

La soledad es algo muy difícil de manejar. Literalmente, si no llamo por teléfono a alguien, puedo pasar todo el día sin hablar. Ha pasado más de un año y he aprendido a vivir con ella. En los primeros meses, cocinar y sentarme a comer sola, inventar alguna salida y recorrer las calles y sentir ese vacío tan profundo, que duele la piel. Es irónico que la esposa de un pastor, que ayudó a consolar y levantar a muchas personas, tenga que pasar el duelo y luto sola. Que no hayan ministerios que ayuden a las personas que pasan por estos procesos de pérdidas o tantas otras pruebas que tenemos los siervos de Dios. Aquí, el que me levanta cada día es mi Señor Jesús.

La pildorita y reflexión de hoy es:

Gracias a Dios cuentas con el gran consolador que nunca te abandona.
No temas... *Me alegro y me regocijo en tu amor, porque tú has visto mi aflicción y conoces las angustias de mi alma.*

Pildorita
68

Isaías 41:14 (NVI)

No temas, gusano Jacob, pequeño Israel
—afirma el SEÑOR —,porque yo mismo
te ayudaré;
¡el Santo de Israel es tu redentor!

Se dice que la pérdida de la pareja es la más fuerte. Lo cierto es que la pérdida de cualquier ser amado es muy dolorosa y manejar el duelo no es tan sencillo. Leía que hay dos tipos de duelos: el no complicado y el complicado. Este último es el que se vuelve casi adictivo, donde la persona se aísla completamente y se caracteriza por sensaciones como el dolor intenso, continuo y demasiado prolongado en el tiempo, así como por actitudes que pueden irse agravando, como la somatización por identificación o los cambios radicales en los estilos de vida. Por ejemplo, hay madres que perdieron un hijo y se olvidan de los demás, de su esposo y todo gira en torno a su pérdida.

Si hablamos espiritualmente, cuando se está viviendo esta etapa en nuestra vida, uno se encuentra muy vulnerable y el enemigo se aprovecha de esta situación para crear en el corazón enojo contra Dios, contra la vida, deseos de morir y no podemos permitir que esto suceda. Como les he comentado, he pasado este duelo a solas con Jesús. Cada vez que me invade el dolor, la nostalgia, la soledad, escucho música cristiana y es la época de mi vida en que más predicaciones he escuchado. No he dejado de congregarme en ningún momento, porque sé las terribles consecuencias del enfriamiento espiritual y, ante todo, soy una hija de Dios.

La pildorita y reflexión de hoy es:

El Señor te dice:
No temas... *porque yo mismo te ayudaré; ¡el Santo de Israel es tu redentor!*

Pildorita

69

Josué 10:25 (NVI)

«No teman ni den un paso atrás; al contrario, sean fuertes y valientes. Esto es exactamente lo que el SEÑOR hará con todos los que ustedes enfrenten en batalla.»

Esta es una palabra de ánimo para tu vida. Nosotros no somos de los que retrocedemos, somos del bando del vencedor y sabemos que no estamos solos porque Jesús ha prometido estar con nosotros todos los días de nuestra vida, hasta el fin del mundo.

Nada de lo que nos sucede toma a Dios por sorpresa, pero Él necesita saber si somos de los que nos quebrantamos ante una prueba y nos desanimamos, perdemos el rumbo y olvidamos todas las promesas que Él nos ha dado.

Todo lo que vivimos es parte de un plan perfecto y no podemos olvidar que Dios es soberano y que hay muchas cosas que no entenderemos mientras estemos en la tierra.

Aceptar la voluntad de Dios es renunciar a nuestros deseos y, como lo dijo Jesús: "Que se haga tu voluntad, no la mía".

Cuando hablamos de enemigos, no necesariamente es un ejército que te tiene rodeado para atacarte, pero sí, unos que nos pueden invadir y hacer incluso más daño que aquellos. Por ejemplo, el temor que nos paraliza, la culpa, la falta de perdón, la amargura y tantos otros que nos roban lo que con tanto sacrificio Jesús nos otorgó. Él dijo: "Conoceréis la verdad y la verdad os hará libres".

La pildorita y reflexión de hoy es:

El Señor nos dice que llevemos nuestros pensamientos cautivos a su obediencia.
No temas... *Esto es exactamente lo que el SEÑOR hará con todos los que ustedes enfrenten en batalla.*

Pildorita

70

Josué 10:8 (RVR1960)

No tengas temor de ellos; porque yo los
he entregado en tu mano, y ninguno de ellos
prevalecerá delante de ti.

La palabra del Señor es tan poderosa que nunca vuelve vacía. Oro a Papá Dios que cada palabra que recibas caiga en tierra fértil y te levantes como su hijo, lleno de promesas maravillosas.

Sabemos que el diablo es un mentiroso. El Señor lo llama el padre de la mentira. Es un usurpador que le encanta llenarnos de temor y distorsionar la Palabra. Constantemente te está hablando a la mente y si no sabes discernir qué voz estás escuchando, podrías llevarte la sorpresa que has estado hablando con él y no con Jesús.

Dirás: "¿Cómo distingo las voces?" Si te encuentras pensando que no sirves para nada, que tal vez lo mejor es dejar de vivir, no tienes deseos de orar, te encuentras enojado con Dios, con la vida y con todo lo que te rodea, esos son síntomas de que has tenido conversaciones con el enemigo, porque él vino a matar, robar y destruir. Sus palabras son de muerte, pero Jesús vino a darnos vida y vida en abundancia.

¿Qué hacemos cuando llegan esos pensamientos? Cámbialos por las verdades que están en la Biblia. Recuerda quién eres y quién es tu Papá y todo lo que te ha dicho. Estás sentado a su mesa. Él te adoptó como su hijo, te ama y nadie puede meterse con un hijo de Dios, porque tenemos quién nos defienda.

La pildorita y reflexión de hoy es:

Dios nos ha entregado su palabra llena de vida y promesas.
No temas... *Porque yo los he entregado en tu mano, y ninguno de ellos prevalecerá delante de ti.*

Pildorita
71

Mateo 17:7 (RVR1960)

Entonces Jesús se acercó y los tocó, y dijo:
Levantaos, y no temáis.

Creo que el corazón de Jesús se entristece al vernos caídos por las circunstancias. Es que esa es nuestra humanidad, que nos lleva siempre a pensar lo malo, a dudar. Tenemos memoria corta y pensamos que, en lo que estamos viviendo, nadie nos puede ayudar y, aunque decimos que estamos confiando en Dios, nuestros gestos corporales, nuestras acciones y hasta nuestra cara dicen todo lo contrario.

Incluso nuestra salud es reflejo de ello. La gastritis, las úlceras, las arrugas, la caída del cabello, el sobrepeso o la falta de peso, la falta de sueño, todo esto se resume en la famosa enfermedad del siglo XXI: estrés severo. El Señor en su palabra nos dice una y otra vez: *"Por nada estéis afanosos, vengan los cargados y trabajados y yo los haré descansar"*. *"En paz te acostarás y dormirás, puedes estar confiado en mí"*.

Pero aquí estamos nosotros, dudando, angustiados, decaídos, y Jesús a nuestro lado diciéndonos: "Déjame a mí resolver esa situación, a fin de cuentas tú eres mi hijo y yo tengo control de todo. Abro camino donde no lo hay, soy el dueño del oro y la plata. Yo te formé y puedo darte un órgano nuevo, puedo hacer un trabajo especialmente para ti. Lo único que quiero es que vivas en mi paz, que disfrutes la vida que te he dado, tu familia, tus amigos, tu trabajo, que rías más y te preocupes menos. La vida es una sola, vívela tomado de mi mano".

La pildorita y reflexión de hoy es:

No te pierdas la oportunidad de ver quién está a tu lado.
No temas... *Jesús se acercó y los tocó, y dijo: Levantaos, y no temáis.*

Pildorita
72

Marcos 5:15 (NVI)

Llegaron a donde estaba Jesús, y cuando vieron al que había estado poseído por la legión de demonios, sentado, vestido y en su sano juicio, tuvieron miedo.

Esta historia siempre ha llamado mucho mi atención porque era un hombre poseído por muchos demonios que vivía en los sepulcros, gritando de noche y de día y golpeándose con piedras. Habían tratado varias veces de atarlo con cadenas y grilletes, pero él los destrozaba y nadie tenía fuerza para dominarlo.

Llega Jesús y el primero que sale a su encuentro es este hombre. Se postra ante él, reconoce que es el Hijo del Altísimo, le pide que no se entrometa, que no lo atormente. Jesús lo libera de dos mil demonios que fueron los que entraron en los cerdos y cayeron por un despeñadero y se ahogaron.

Pero aquí viene lo que verdaderamente llama mi atención: Cuando la gente llega y ve a ese hombre sentado, vestido y en su sano juicio, ¡tuvo miedo! Y no solo eso, la gente comenzó a suplicarle a Jesús que se fuera de la región. ¿No es esto increíble? ¡La reacción correcta debía haber sido de admiración! Todo un pueblo era testigo del poder de Dios. Había sucedido un milagro frente a ellos. Era un privilegio que Jesús estuviera ahí y tenían la oportunidad de que muchas otras personas fueran sanas y libres. Pero así es el ser humano, quieres compartirles del amor de Jesús, del poder que tiene para transformar sus vidas y algunas personas responden: "Yo estoy bien, no necesito de Él. Me quedo con mis creencias de tradición".

La pildorita y reflexión de hoy es:

Dale la oportunidad a Jesús de entrar en tu vida y sanarla. Él te ama. ¡No temas!

Pildorita 73

Marcos 5: 33 (RVR1960)

Entonces la mujer, temiendo y temblando, sabiendo lo que en ella había sido hecho, vino y se postró delante de él, y le dijo toda la verdad.

Esta mujer es el contraste de lo que compartía en la pildorita anterior. Ella había perdido toda esperanza de sanarse. Doce años buscando los mejores especialistas que la ayudaran con las hemorragias que padecía. Había gastado todo lo que tenía y en lugar de mejorar iba de mal en peor, pero oyó hablar de Jesús y supo en su corazón que esa era la única esperanza que tenía. Era tanta su fe en Él que decía: "Si tan solo tocara el borde de su manto seré sana". Cuando ella toca su ropa en medio de la multitud, Jesús se dio cuenta de que de Él había salido poder, se detiene y pregunta: "¿Quién me ha tocado la ropa?" Y los discípulos, que veían con ojos humanos, responden: "Pero en esta multitud todos te están apretujando". Él supo que alguien con una fe sincera había traspasado todos los obstáculos hasta obtener su milagro.

Yo tengo algo de estas dos historias. Necesitaba a gritos de Jesús, pero cuando me hablaban de los planes que Dios tenía para mí, me cerraba en mis propias opiniones y tradiciones.

En otro capítulo les contaré qué impidió que llegara antes a su camino, pero también el día que abrí mi corazón a Él, me entregué por completo, creí cada una de sus promesas para mi vida y para toda mi familia.

La pildorita y reflexión de hoy es:

¿Cuál es el milagro que necesitas? No dudes, cree solamente, Jesús está vivo. Él es el mismo ayer, hoy y mañana. ¡No temas!

Pildorita 74

Malaquías 4:2 (RVR1960)

Más a vosotros los que teméis mi nombre, nacerá el Sol de justicia, y en sus alas traerá salvación.

Siempre he creído que la mejor manera de presentar a Jesús es hablando de su gran amor por la humanidad.

Muchas veces me encuentro con líderes cuyo enfoque es en el pecado y la condenación y yo difiero con esto, ya que lo que a mí me arrojó a los brazos de Jesús fue sentirme amada y aceptada por Él. Nosotros no somos el Espíritu Santo, que nos muestra dónde nos hemos equivocado. Por amor al Señor nuestra vida va siendo transformada poco a poco. Es tan sutil y obra dentro de nosotros que de repente las cosas que antes nos atraían y gustaban tanto ya no queremos hacerlas.

Si a una persona le damos la gran lista de lo que no debe hacer para poder seguir a Jesús, estamos limitando el poder de Dios y estamos poniendo una barrera entre ellos y el Señor. Tenemos que mirar con amor y compasión a aquellos que caminan sin esperanza y están sin rumbo y perdidos. Ya suficiente tienen con el gran vacío que sienten.

Jesús dijo: "Yo soy el camino, la verdad y la vida y nadie llega al Padre si no es a través de mí".

La pildorita y reflexión de hoy es:

Pídele al Señor que te permita mirar a los demás con sus ojos y ganar muchas almas para Él.
No temas... *nacerá el Sol de justicia, y en sus alas traerá salvación.*

Pildorita

75

Marcos 14:33-34 (NVI)

Se llevó a Pedro, a Jacobo y a Juan, y comenzó a sentir temor y tristeza. «Es tal la angustia que me invade que me siento morir —les dijo—. Quédense aquí y vigilen.»

No podemos olvidar que Jesús vino en condición humana. Él fue un bebé, tuvo que ser alimentado, le cambiaron los pañales, le enseñaron a hablar y a caminar como a cualquier niño (Me imagino que más de una vez se raspó sus rodillas).

Me encanta ver en los Evangelios a ese Jesús humano que se cansó, sintió sed, verlo dormido en la barca, cuando lloró ante la tumba de su amigo Lázaro, etc. Pero me duele el corazón cuando veo a Jesús en el Getsemaní. En el Evangelio de Lucas, quien era médico, él registra que era tanta la angustia que lo invadía, que su sudor eran gotas de sangre. Yo creo que ninguno de nosotros hemos llegado a tal nivel de agonía, y todo lo que Jesús sufrió fue para liberarnos.

Mira lo que dice en Isaías 53:4-5: *"Ciertamente él cargó con nuestras enfermedades y soportó nuestros dolores, pero nosotros lo consideramos herido, golpeado por Dios, y humillado. Él fue traspasado por nuestras rebeliones, y molido por nuestras iniquidades; sobre él recayó el castigo, precio de nuestra paz, y gracias a sus heridas fuimos sanados".*

Jesús te entiende mejor que nadie, porque Él vivió en su cuerpo humano todas las situaciones con las que te puedas enfrentar día a día.

La pildorita y reflexión de hoy es:

Él tuvo angustia y temor para que hoy seas libre de ellos.
En la cruz dijo: "Consumado es".
El precio fue pagado en su totalidad para que tengas una vida victoriosa. ¡No temas!

Pildorita
76

Jueces 6:23 (NVI)

Pero el SEÑOR le dijo: ¡Quédate tranquilo!
No temas. No vas a morir.

Como les he contado, vivo hace más de nueve años en Orlando, Florida. Esta ciudad se ha caracterizado por ser segura y familiar. Después de París, es la más visitada del mundo. Aquí todos sueñan con venir y tiene mucho que ver con un ratón amado y querido por grandes y chicos. En lo personal, es al único de esta especie que no le tengo fobia y es Mickey Mouse (el ratón Mickey). El eslogan de Disney es muy lindo: "Donde tus sueños se hacen realidad".

Pero en el mes de junio de 2016, en cinco días nos sacaron de este ambiente de fantasía para convertirlo en una historia de terror. El viernes 10, un fanático, enfermo de su mente, asesinó a una cantante cristiana. En la madrugada del domingo 12 sucedió una de las masacres más grandes de los Estados Unidos: Un hombre entró a un bar y mató a cuarenta y nueve personas y dejó decenas de heridos. Estábamos apenas tratando de digerir esta aterradora noticia y el día martes 14 un cocodrilo en un hotel de la cadena de Disney arrastró a un bebé de tan solo dos años, a quien después encuentran muerto.

Obviamente fueron acontecimientos que nos desconcertaron, pero en esos momentos, lo que nos alentó, consoló y nos dio esperanza para seguir adelante, fueron todas las promesas del Señor. Mismas que nos llenan de confianza y que nos recuerdan que Él nos cuida y protege siempre.

La pildorita y reflexión de hoy es:

Nunca sabes con lo que te puedes encontrar más adelante, por eso, pon tu vida en las manos seguras de Papá Dios. **No temas... ¡Quédate tranquilo!**

Pildorita

77

Deuteronomio 31:17b (NVI)

Entonces les sobrevendrán muchos desastres y adversidades, y se preguntarán: "¿No es verdad que todos estos desastres nos han sobrevenido porque nuestro Dios ya no está con nosotros?"

En la pildorita anterior les hablé de lo que vivimos en la ciudad de Orlando, pero lo cierto es que desde el año 2016 comenzaron actos de terror en Europa y en otros lugares del mundo, como el de las Vegas, que nos han dejado sin aliento. Los escenarios han sido aeropuertos, desfiles, salas de concierto y celebraciones al aire libre que han cobrado la vida de niños y adultos. Sé que ante tantos eventos, los no creyentes tienen la gran pregunta: Si Dios es bueno, ¿por qué permite estas situaciones?

Cabe recordar que a Dios lo han sacado de sus vidas y no quiero decir con esto que Él los está castigando, pero a veces sí permite que sucedan cosas para que volvamos a mirarlo y a buscarlo de todo corazón.

Les confieso que esta ha sido mi oración: ¡Que volvamos a mirar a Jesús! En Él encontramos paz, amor, perdón y reconciliación. ¡Qué gran oportunidad tenemos para llevar una palabra de esperanza a esos corazones rotos! Nosotros, los que confiamos en Dios, tenemos que orar por ellos y pedirle al Señor que tenga misericordia.

La pildorita y reflexión de hoy es:

El enemigo ha querido atemorizar al mundo. Escuchas a las personas y están llenas de miedo y no podemos permitir que esto suceda.
A Jesús le costó su vida para que nosotros tengamos paz y no nos la dejaremos robar por nada, ni nadie. Jesús sí está con nosotros. ¡No temas!

Pildorita
78

Proverbios 3:24 (NVI)

Al acostarte, no tendrás temor alguno,
te acostarás y dormirás tranquilo.

¡Qué hermosa promesa recibimos de parte de Dios en este día! Cuando estamos atemorizados o preocupados, generalmente lo primero que perdemos es el sueño. Los primeros meses que mi esposito ya no estaba, me mudé de la casa donde vivimos por seis años y medio desde que llegamos a Orlando a un apartamento. Mi madre, que me acompañó los últimos cinco meses de la enfermedad de Fernando y me ayudó en estos cambios tan fuertes y dolorosos, había regresado a Colombia.

Empecé a luchar con temores nocturnos. Escuchaba ruidos y me desvelaba. Al parecer esto es un proceso normal cuando hay pérdidas. Y a esto se le sumó que de mi apartamento desaparecieran un par de aretes que hasta hoy siguen extraviados. No hay una explicación de cómo pasó si vivo sola y nadie había entrado en él, porque si fuera un robo se hubieran llevado más cosas.

Esto aumentó aún más mis temores. Estaba muy nerviosa, lloraba mucho. Sé que mi gran amiga Lina Molano y mi hermana Claudia oraron e intercedieron por mí hasta que un día me paré frente al temor y le dije: "No me vas a robar más la paz que Papá Dios me ha dado. Él vive aquí conmigo, es mi esposo y nada ni nadie se puede meter conmigo". Y sabes, el temor se fue de mi vida, gracias al Señor.

La pildorita y reflexión de hoy es:

No temas... *Al acostarte, no tendrás temor alguno; te acostarás y dormirás tranquilo.*

Pildorita

79

Salmos 138:7ª (NVI)

Aunque pase yo por grandes angustias,
tú me darás vida.

En una oportunidad, alguien me preguntó si esta etapa de mi vida que estoy viviendo es una dura prueba, y me hizo pensar detenidamente en esto. Mi respuesta fue: "La prueba ya la pasé durante esos cinco meses de enfermedad de mi esposito".

Esos días fueron largos e interminables en los hospitales, llegando muy temprano y saliendo muy tarde, con la esperanza que pronto todo pasaría y regresaríamos a nuestra casa y podríamos continuar con nuestra vida, que como saben, no fue así. Lo que estoy viviendo ahora es un desierto. Sé que Dios está conmigo. Veo cómo me cuida, me suple, me consiente, responde mis oraciones, pero no tengo claro el horizonte. Hay días, debo confesar, que me levanto muy triste y lloro mucho, y en esos momentos la soledad pesa más.

Cierta vez que me encontraba en ese sentir, me llamaron mis amigos Luis y Lupe Ramírez. Lloré tanto con ellos, oraron por mí y ella me dijo: "En este momento estás como el águila cuando pasa el proceso de renovación. Está sola, no tiene plumas ni pico ni uñas y es un momento de mucho dolor, pero ella lo tiene que vivir para volver a salir, pero ahora con nuevas alas y así podrá volar aún más alto. Dios te está renovando para lo nuevo que está preparando para ti".

La pildorita y reflexión de hoy es:

Este proceso no es fácil y trae mucho dolor.
No temas... *Aunque pase yo por grandes angustias,
tú me darás vida.*

Pildorita
80

Salmos 49:16 (RVR1960)

No temas cuando se enriquece alguno,
cuando aumenta la gloria de su casa.

Cada situación que pasa a mí alrededor tiene una razón de ser y siempre le pido a Papá Dios que me muestre qué es lo que me quiere hablar a través de cada una de ellas.

En el momento que estoy escribiendo el devocional, tres parejas amigas y muy cercanas compraron terreno para construir sus casas, y las tres me pidieron que fuera a orar por esos terrenos donde se edificarían sus nuevos hogares. Los tres están ubicados en lugares diferentes y los tres diseños van a ser totalmente distintos: una casa será muy grande, otra mediana y otra más pequeña.

Esas diferencias solo se verán cuando estén terminadas, porque cuando estuve en cada terreno, todos eran exactamente iguales, tierra seca y con maleza. Si les mostrara una foto de cada uno, nadie notaría la diferencia.

Pensando en ello, le dije al Señor: "Esto no es coincidencia, que estas tres parejas de amigos estén exactamente en el mismo punto de ilusión en sus vidas de construir la casa de sus sueños, ¿qué me quieres mostrar?" Entonces me dijo: "Te has parado sobre esos terrenos y has visto cómo la tierra está llena de grietas porque está árida, pero después de un tiempo volverás a pasar por ellas y lo que tus ojos verán será muy diferente.

Así es tu vida en este momento: la sientes seca, inerte, pero muy pronto verás lo que levantaré, una nueva y maravillosa vida".

La pildorita y reflexión de hoy es:

La promesa está en Hageo 2:9: "*El esplendor de la segunda casa será mayor que el de la primera*". ¡**No temas**!

Pildorita

81

Juan 14:1-2 (RVR1960)

No se turbe vuestro corazón; creéis en Dios, creed también en mí. En la casa de mi Padre muchas moradas hay; si así no fuera, yo os lo hubiera dicho; voy, pues, a preparar lugar para vosotros.

Leyendo sobre la vida del rey David, me llamó la atención que en el momento de su muerte la Biblia dice: *"Y David durmió con sus padres"*. Cada vez que un rey moría, se hace referencia a que dormía con su padres y me encantó esta manera de referirse a un paso de la vida que es inevitable, doloroso y, aunque sabemos que nuestros seres amados están descansando y en el mejor lugar de todos, que es en la presencia del Señor, no por eso deja de doler el desprendimiento de ellos.

Pero mi corazón se llena de esperanza de saber que están dormidos ya que si alguien está dormido significa que pronto se despertará y nos volveremos a encontrar y gozaremos juntos de la vida eterna con la que tanto soñamos. Llegaremos a casa, a ese hermoso lugar que Jesús dijo que iba a preparar para todos nosotros.

Dice la palabra de Dios que ya no habrá enfermedad, ni dolor. Lo describe con calles de oro y mar de cristal y creo que todo esto es secundario ya que lo verdaderamente importante es que por fin estaremos cara a cara con Papá Dios, en plenitud de gozo, uniéndonos al coro de los ángeles, cantando Santo, Santo, Santo.

La pildorita y reflexión de hoy es:

La decisión de dónde pasarás tu eternidad es solo tuya. Acepta esta invitación personal de Jesús:
En la casa de mi Padre muchas moradas hay; si así no fuera, yo os lo hubiera dicho; voy, pues, a preparar lugar para vosotros.
Él nos está esperando. ¡**No temas**!

Pildorita
82

Salmos 145:19 (NVI)

Cumple los deseos de quienes le temen.

Hoy les quiero compartir una hermosa historia. Resulta que años atrás abrí una cuenta de ahorros en mi país, Colombia, y había colocado la dirección del apartamento de mi madre para que los extractos llegaran allí. Por su parte, ella había escuchado en la iglesia que se realizaría un viaje a Israel. Estaba muy ilusionada de poder asistir, pero no contaba con el dinero para hacerlo.

Un día llegó a su apartamento, recogió el extracto y lo abrió, ya que no se acordaba que era de mi cuenta y las dos nos llamamos Norma.

Mi madre comenzó a llorar de la emoción y le dijo a Dios: "Señor, me estás regalando el dinero para viajar a Tierra Santa, muchas gracias". Hasta al rato se dio cuenta de que ese dinero no era de ella y comenzó a reírse. Y dijo resignada: "Ay Señor, me ilusioné con un dinero que no era mío". Pero Dios ya había escuchado su deseo de viajar a Jerusalén.

Mi hermana no sabía nada de esta historia, pero ese año, la radio donde ella trabaja estaba organizando un viaje a Israel y podía llevar un acompañante y le dio esa sorpresa a mi madre. ¡Ese es nuestro Dios Padre! Como dice el Salmo 37:4: *"Deléitate en el SEÑOR, y él te concederá los deseos de tu corazón"*.

Ese mismo año, mi madre pudo hacer realidad su gran sueño de ir a Israel, no con mi dinero, pero sí con las alcancías celestiales que el Señor tiene para sus hijos amados.

La pildorita y reflexión de hoy es:

No importa cuál sea ese anhelo que hay en tu corazón, el Señor *cumple los deseos de quienes le temen.* **¡No temas!**

Pildorita
83

Proverbios 15:33 (NVI)

El temor del SEÑOR es corrección y sabiduría; la humildad precede a la honra.

Crecí entre estudios de radio y televisión por la profesión de mi padre, quien me enseñó a amar y respetar los medios de comunicación. Desde niña soñaba con estar frente a las cámaras. Fui actriz y presentadora de televisión en Colombia y tuve la oportunidad de actuar con actores internacionalmente reconocidos.

Fui reportera de espectáculos, entrevisté personas que admiré como Rocío Dúrcal, Raphael, Emmanuel, Franco de Vita, Ricardo Montaner, Juan Gabriel, Joan Sebastián, Lucero, Ricky Martin, mi preferido Roberto Carlos y muchos más. Quería ser famosa. Soñaba con que una de las novelas en las que participé fuera conocida en el exterior y que yo recibiera grandes reconocimientos por ello.

Cuando conocí a Jesucristo, mi corazón cambió radicalmente. Entendí que el único que merecía tener todo reconocimiento era Él. A Dios le gusta que soñemos y nos da talentos, no para que los guardemos, sino para que los usemos para Él y, cuando vio que en mi corazón no quería brillar yo, sino Él, me permitió entrar a trabajar a CVC La Voz.

Ahora me conocen en toda América Latina. Realicé, junto al Pastor Darío Silva Silva, el audiolibro del best seller "Una Vida con Propósito", y mi voz es la que da las introducciones en la Audio Biblia de la Nueva Versión Internacional. Ahora, todo lo que hago es para que lo conozcan a Él a través de mí.

La pildorita y reflexión de hoy es:

Los talentos y habilidades que tienes Dios te los dio. Sigue soñando, pero nunca olvides quién debe brillar. ¡No temas!

Pildorita
84

Sofonías 3:7b (NVI)
"¡Ciertamente me temerás; aceptarás corrección!"

El rey David tenía el corazón conforme al de Dios. Fue un hombre valiente que siempre estuvo frente a su ejército peleando todas las batallas.

La Biblia no da muchos detalles del porqué un día él no fue a la guerra, quizá estaba cansado o enfermo, porque dice que una tarde se levantó y comenzó a pasearse por la azotea del palacio y vio a una mujer sumamente hermosa que se estaba bañando. Averiguó quién era, la mandó llevar a su presencia y se acostó con ella. Betsabé quedó embarazada y este acto trajo muchas consecuencias a las malas decisiones que David tomó, porque no fue solamente el adulterio, sino que además quiso hacerle creer al esposo que ese hijo era de él y como no lo logró, lo mandó a matar.

Después David se casó con ella, pero todos nuestros actos, malos o buenos, tienen consecuencias. El hijo de esa unión murió, pero la historia no terminó allí, Dios vio el arrepentimiento genuino de David y no solo lo perdonó, sino que permitió que de esa unión naciera Salomón, el hombre más sabio y rico que ha existido en la tierra y, de esta genealogía, nació el Señor Jesucristo, nuestro Salvador.

Con esta historia de la vida real quiero animarte a volver a empezar. Si fallamos y nos arrepentimos de todo corazón, el Señor dice que toma nuestras faltas y las envía al fondo del mar y se olvida de ellas.

La pildorita y reflexión de hoy es:

Dios nos da segundas y terceras oportunidades. Él es especialista en restaurar las vidas de sus hijos. ¡No temas!

Pildorita

85

Proverbios 9:10 (NVI)

El comienzo de la sabiduría es el temor del SEÑOR;
conocer al Santo es tener discernimiento.

Como les conté en la pildorita anterior, Salomón fue el hombre más sabio y rico del mundo. Pero todo tiene un porqué. Este texto habla por sí solo:

I Reyes 3:5-13 (NVI) *Y allí mismo se le apareció el SEÑOR en un sueño, y le dijo: Pídeme lo que quieras.*

Salomón respondió: Tú trataste con mucho amor a tu siervo David, mi padre, pues se condujo delante de ti con lealtad y justicia, y con un corazón recto. Y, como hoy se puede ver, has reafirmado tu gran amor al concederle que un hijo suyo lo suceda en el trono. Ahora, SEÑOR mi Dios, me has hecho rey en lugar de mi padre David. No soy más que un muchacho, y apenas sé cómo comportarme. Sin embargo, aquí me tienes, un siervo tuyo en medio del pueblo que has escogido, un pueblo tan numeroso que es imposible contarlo. Yo te ruego que le des a tu siervo discernimiento para gobernar a tu pueblo y para distinguir entre el bien y el mal. De lo contrario, ¿quién podrá gobernar a este gran pueblo tuyo?

Al Señor le agradó que Salomón hubiera hecho esa petición, de modo que le dijo: — Como has pedido esto, y no larga vida ni riquezas para ti, ni has pedido la muerte de tus enemigos sino discernimiento para administrar justicia, voy a concederte lo que has pedido. Te daré un corazón sabio y prudente, como nadie antes de ti lo ha tenido ni lo tendrá después. Además, aunque no me lo has pedido, te daré tantas riquezas y esplendor que en toda tu vida ningún rey podrá compararse contigo.

La pildorita y reflexión de hoy es:

Si hoy el Señor te dijera: "Pídeme lo que quieras", pídele que te conceda un corazón sabio y prudente para guiar tu vida conforme a su voluntad. **¡No temas!**

Pildorita 86

Isaías 37:6 (RVR1960)

Así ha dicho el Señor:
No temas por las palabras que has oído.

Tanto la fe como el desánimo entran por el oír. De ahí la importancia de vigilar con quién y en qué invertimos nuestro tiempo y, sobre todo, de qué hablamos.

¿Cuáles son los programas que ves y escuchas? ¿Puedes decir que cuando hablas eres una persona que ve todo lo bueno de las circunstancias, o de los que solo ve lo malo?

El amarillismo es lo que vende, por eso, los noticieros de este tipo tienen tanto éxito popular. Los programas de radio y televisión, periódicos y revistas están llenos de malas noticias.

¡Todo lo magnifican! A veces pareciera que más que informar, quisieran que vivamos atemorizados. Con esto no quiero decir que no estemos informados de lo que pasa en el mundo, pero un noticiero en la noche es suficiente para tener una panorámica de lo que pasó en el día. Hay personas que viven el día entero llenando su mente de malas noticias, de situaciones que no dan paz, sino que perturban la mente.

La Biblia dice: *"De la abundancia del corazón habla la boca"*. Dependiendo de qué se nutren tus oídos y ojos, de eso mismo estarás hablando ¿Con quién pasas la mayor parte del día y qué escuchas de tus compañeros de trabajo, amigos y familiares? ¿Se viven quejando todo el día de todo y por todo, o te llenan de paz? La Biblia dice: *"Busca la paz y síguela"*.

La pildorita y reflexión de hoy es:

Llénate de su Palabra. Cree y espera todas las promesas que Dios te ha dado para ti y los tuyos.
No temas *por las palabras que has oído.*

Pildorita
87

Génesis 26:24b (RVR1960)

No temas, porque yo estoy contigo, y te bendeciré,
y multiplicaré tu descendencia.

En otra pildorita les había contado que fui la primera de mi familia que tuvo su encuentro personal con Jesucristo y, tal vez, cuando damos ese paso no somos tan consientes que estamos cambiando el futuro de los nuestros y de las generaciones venideras.

Hay enfermedades en familias que pasan de generación en generación o cadenas de drogas, alcoholismo. En mi familia había madres solteras, divorcio y ocultismo, pero cuando llegó Jesús, esas cadenas se rompieron.

Él dice en su palabra que somos nuevas criaturas, que las cosas viejas pasaron y que todas son hechas nuevas, pero tenemos que ser conscientes de cortar, renunciar, cancelar toda enfermedad generacional, todo vicio y cadenas.

Hay un material que recomiendo mucho del pastor Neil Anderson: Los pasos a la libertad en Cristo para que seamos verdaderamente libres. Han pasado muchos años y hoy en nuestra familia hay una nueva generación que nació bajo la cobertura de Jesús. Se rompió esa cadena de madres solteras. Tanto mi hija Carolyn como mi sobrina Nathalie se casaron con hombres de Dios.

Hoy, mi hermana Claudia y yo disfrutamos del regalo de nuestros nietos, ella con Agustín y Nicolás y yo con Antonella y Leandro, todos nacidos en hogares cristianos, bendecidos por el Señor.

La pildorita y reflexión de hoy es:

Puedes cambiar el futuro de esta generación y de las que vienen.
No temas, *porque yo estoy contigo, y te bendeciré, y multiplicaré tu descendencia.*

Pildorita
88

Isaías 54:14 (NVI)

Serás establecida en justicia; lejos de ti estará la opresión, y nada tendrás que temer; el terror se apartará de ti, y no se te acercará.

Este versículo nos debería infundir aliento, esperanza, confianza, certeza y decimos "amén" entre dientes, pero, ¿qué tanto hacemos viva esta palabra cuando nos sentimos atemorizados porque estamos frente a un diagnostico inesperado o ante cualquier otra noticia que nos toma por sorpresa y quiere robarnos la paz?

El Señor nos ha dejado en su palabra un sinnúmero de promesas. Es como una caja de herramientas de la cual, de acuerdo a la necesidad, sacamos la correcta para aplicarla y confiar que esa situación no ha tomado por sorpresa a Dios.

Nuestra vida y futuro están en sus manos y sus promesas son sí y amén. En Él no hay engaño ya que no es hombre para mentir, ni hijo de hombre para arrepentirse de todo lo que nos ha dicho.

Tú no dependes del gobierno ni de la economía de tu país ni del trabajo en el que estás, si has entregado tu vida a Jesús es haberle dicho: "Tú manejas mi vida y yo voy de copiloto. Sé que me amas y tienes para mí planes de bienestar y no de calamidad, a fin de que tenga un futuro y una esperanza".

Esto debe llenar de paz tu corazón.

La pildorita y reflexión de hoy es:

Lee nuevamente el versículo de hoy...
Serás establecida en justicia; lejos de ti estará la opresión, y nada tendrás que temer; el terror se apartará de ti y no se te acercará porque Jesús está contigo. **¡No temas!**

Pildorita 89

Apocalipsis 1:17b (RVR1960)

No temas; yo soy el primero y el último.

Todo comienza en Dios y termina en Él. Es el primero y el último, el principio y el fin, el alfa y la omega.

Un día leí una reflexión que describe esto perfectamente. Contaba que un pastor tenía problemas con el parqueo de su iglesia y alguien le dijo que hablara con el dueño de un negocio que estaba al lado de ellos y que no abría los domingos a ver si le prestaba su parqueadero. Él fue y le expuso su problema y le preguntó acerca de la posibilidad de usar su parqueo el domingo ya que ellos no abrían ese día. El dueño le dijo que no tenía ningún problema, solo que un domingo al año ellos iban a llegar y encontrarían unas cintas y que ese día no podrían usarlo. El pastor muy agradecido le dijo: "Claro que sí, muchas gracias. Pero, solo por curiosidad, ¿por qué ese día estará cerrado?" Y el dueño le dijo: "¡Para que no se le olvide que ese parqueo es mío!"

Eso mismo necesitamos tener presente. Nuestra vida le pertenece a Dios y todo lo que somos es gracias a Él. Lo que tenemos es suyo: nuestra familia, casa, carro, cama, etc. Nosotros solo somos administradores de lo que es de Él y ojalá podamos ser buenos mayordomos de todo lo que nos ha entregado.

Como dice en su palabra en: Mateo 25:21: *¡Hiciste bien, siervo bueno y fiel! En lo poco has sido fiel; te pondré a cargo de mucho más.*

La pildorita y reflexión de hoy es:

Es tiempo de corregir tu forma de hablar y recordar que "el parqueo" es suyo.
No temas; *yo soy el primero y el último.*

Pildorita
90

Éxodo 20:20 (RVR1960)

No temáis; porque para probaros vino Dios,
y para que su temor esté delante de vosotros,
para que no pequéis.

Gracias a mi programa radial, son muchas las reflexiones que han pasado por mi mano y así como la anterior, esta también me hizo reflexionar acerca de la falta de contentamiento que tiene el ser humano y cómo no valoramos las muchas bendiciones que Dios nos ha dado.

Es acerca de un hombre que tenía un terreno muy grande, con un riachuelo que lo atravesaba. Tenía ganado, árboles frutales, pero vivía de mal genio. Desde que se levantaba, se quejaba del gran esfuerzo que le demandaba mantener esta propiedad: podar los árboles frutales, tener en buen estado el ganado, el riachuelo, las flores y, ya cansado, pensó en vender esta finca lo antes posible.

Así que llamó a la persona de los clasificados en el periódico local. Este le dijo que le diera un tiempo y le devolvería la llamada para leerle cómo había redactado el anuncio. Pasó como media hora, lo llamó y le dijo: "Tengo listo el anuncio para que usted lo apruebe. Dice así: Se vende hermosa propiedad, con árboles frutales y las más bellas flores. Se incluye el ganado y un apacible riachuelo que atraviesa el terreno".

Cuando el hombre escuchó la descripción que se hacía de su casa, se quedó muy pensativo y dijo. "¡Ese es el lugar donde siempre he soñado vivir!"

La pildorita y reflexión de hoy es:

¿Eres consciente de todas las bendiciones que te rodean? Pídele a Dios tener un corazón agradecido. ¡No temas!

Pildorita
91

I Samuel 21:12 (NVI)

Al oír esto, David se preocupó
y tuvo mucho miedo.

La vida de David es inspiradora para todos nosotros, porque este joven, de profesión pastor de ovejas, es ungido rey. Pero, desde el momento que recibe la promesa hasta que es coronado, pasa por muchas situaciones. Sus hermanos no lo querían y les generaba envidia porque tenía una gracia especial. El actual rey de Israel, Saúl, al principio lo quiso y lo puso a trabajar cerca de él, pero cuando se dio cuenta que lo superaba en batalla y que la gente lo amaba, comenzó a tenerle envidia y, en varias ocasiones, quiso matarlo.

Esto hizo que David se escondiera en la cueva de Adulam y dice la Biblia que se le unieron todos los afligidos, endeudados y todos los que se hallaban en amargura de espíritu, o sea, deprimidos. Ellos lo hicieron su jefe y eran como cuatrocientos hombres.

A veces nos queremos esconder donde nadie nos vea ni nos encuentre, pero Dios sí nos ve, sabe lo que estamos viviendo, nuestras angustias y necesidades, pero Él tiene un plan y propósito que cumplirá en nuestras vidas.

Lo inspirador de esta historia es que más adelante estos mismos hombres son llamados los valientes de David.

Había un llamado sobre él, pero Dios tuvo que trabajar con su vida, carácter, temperamento y templanza para realizar lo que Él le había encomendado.

La pildorita y reflexión de hoy es:

Dios te mira y no te ve en la cueva, sino en la bendición que ya ha preparado para ti de antemano, porque eres su hijo amado.
¡No temas!

Pildorita
92

Salmos 118:6 (RVR1960)

El Señor está conmigo; no temeré lo que me
pueda hacer el hombre.

Si ves, el objetivo en común que tiene cada pildorita es mostrarte lo que el Señor nos ha dicho una y otra vez: "No temas, no te angusties, no tengas miedo y otros sinónimos más que tienen que ver con el temor".

Esta pildorita es para todos los que se encuentran ante una situación donde "supuestamente" el futuro depende de un hombre, sea juez, abogado, gerente de banco, policía, jefe, prestamista, director, compañía arrendataria, etc.(colócale el cargo que quieras). Tal vez ellos sienten que tienen ese poder de determinar de alguna manera una parte de tu vida, pero eso es lo que ellos piensan. Te tengo una gran noticia: en la Palabra, Jesús dice que es nuestro abogado y que nos defiende; que si alguien nos ha hecho algo no tenemos que ocuparnos nosotros, ya que la venganza es de Él..

El Señor es especialista en cambiar el corazón de piedra por uno de carne, de darnos gracia y favor ante nuestros enemigos. Dice que Él pone tanto el querer como el hacer, así que esa persona puede tener la intención de hacer algo en tu contra, y Papá Dios revertir a nuestro favor la decisión. Él está con nosotros, no contra nosotros. Dice que nos cuida como una gallina cuida a sus polluelos debajo de sus alas... ¡Y nosotros nos amedrentamos ante las personas y las situaciones! Nos sentimos indefensos y casi decimos como en el programa del Chapulín Colorado: "Y ahora, ¿quién podrá defendernos?"

La pildorita y reflexión de hoy es:

Tienes un Padre Todopoderoso que te defiende.
No temas... *El Señor está conmigo; no temeré lo que me pueda hacer el hombre.*

Pildorita

93

Marcos 6:50 (NVI)

Llenos de miedo por lo que veían. Pero él habló en seguida con ellos y les dijo: «¡Cálmense! Soy yo. No tengan miedo».

Para los que no conocen qué estaba pasando en el momento al que hace referencia este versículo, les cuento: Era la madrugada y Jesús vio que sus discípulos estaban en medio del lago tratando de remar. El viento estaba en su contra y Jesús se acercó caminando sobre el agua y los discípulos quedaron espantados y llenos de miedo. Pensaron que era un fantasma, pero Él les dijo: *"¡Cálmense! Soy yo, no tengan miedo".*

El ser humano es muy dado a aferrarse a una barca, que es la que le da estabilidad, confianza y seguridad. Hoy, Jesús te pregunta: "¿Cuál es tu barca?"

Hace poco hablaba con mi amiga Sol Pérez. Ella es venezolana y está sola, sacando adelante a sus dos hijos varones adolescentes aquí en Estados Unidos. Es una luchadora y lo que tenga que hacer por sus hijos lo hará ya que los ama con todo el corazón. En este momento tiene tres trabajos para poder suplir los gastos de ellos y seguir apoyando a su hermana que se vino de su país buscando un futuro mejor.

Hablando con ella acerca del momento en que sus hijos se casen y vuelen del nido, se puso a llorar y me dijo: "No quiero ni pensar en ese momento, porque ellos son los que me han dado una razón para vivir y luchar". Le dije: "Sol, esa es tu barca a la que estás aferrada y el Señor quiere ser nuestro todo".

La pildorita y reflexión de hoy es:

¿Cuál es la barca a la que estás aferrado? Escucha su voz que te dice: *¡Cálmense! Soy yo. No tengan miedo.* **¡No temas!**

Pildorita
94
Parte I

Proverbios 1:33 (RVR1960)
Mas el que me oyere, habitará confiadamente y vivirá tranquilo, sin temor del mal.

Después de la partida de mi esposo, uno de los momentos más difíciles fue salir de la casa donde vivimos por siete años y medio. Ese lugar fue tan especial y significativo en nuestras vidas. ¡Ha sido la casa más hermosa en la que he vivido! Tenía todo lo que un día soñé: era grande, espaciosa, un patio donde pasamos tantos momentos inolvidables como pareja, con nuestros hijos, padres, hermanos, amigos. Como estábamos comenzando la iglesia, era la oficina donde dábamos consejería. La piscina fue, durante el primer año, el bautisterio de tantas nuevas almas que llegaron a los pies de Cristo. Vimos poco a poco cómo comenzaba a crecer la iglesia.

Las puertas de nuestra casa se abrieron siempre para compartir con familias que estuvieran solas en la cena de Acción de Gracias, Navidad y Año Nuevo. ¡Cuántos momentos vividos! Todo ha cambiado y esos momentos no volverán.

Lloré tanto desbaratando mi casa y luego buscando un apartamento donde vivir sola, sin mi amor. Pero el Señor dirigió mis pasos a un lugar muy hermoso donde estoy escribiendo este devocional (En la segunda parte les contaré cómo el Señor me trajo y confirmó que este era el lugar donde estaría bien y en paz).

La pildorita y reflexión de hoy es:

Dios te aparta para estar a solas con Él y prepararte, porque largo camino te espera.
No temas... *Y vivirá tranquilo, sin temor del mal.*

Pildorita
95
Parte II

Éxodo 2:14b (RVR1960)
Moisés tuvo miedo.

Como les comentaba en la pildorita anterior, ¡busqué tantos apartamentos! Salía llorando de todos... eran viejos o muy oscuros, ¡no me gustaba ninguno! Mi madre, quien me acompañó en todo ese proceso de enfermedad y muerte de Fernando y también desbaratando mi gran y hermosa casa, para reducirme a un apartamento, me decía: "Hija, no llores más, porque te va a dar algo". Yo oraba y le decía a mi Señor: "¿Dónde voy a vivir?" Y, a través de otra querida amiga venezolana, Angie Amate, quien trabaja en bienes raíces, me llevó a un hermoso lugar. Un tercer piso con vista a dos lagos.

Cuando entramos a este apartamento, abrimos la puerta y vi que tenía buena luz, techo alto y hermosa vista, sentí mucha paz. Lo que terminó de confirmar que este era el lugar donde Dios me había traído, fue algo que me pasó, tal vez me creas o no, pero así sucedió.

Desde que mi esposo partió con el Señor, siempre llevaba la argolla de matrimonio de él colgada en mi cuello y cuando estaba dentro de ese apartamento, sentí como si se hubiera roto la cadena. Cayó al piso y la argolla quedó al lado.

La gran sorpresa es que no se había roto, estaba perfecta. Para mí, esa fue la confirmación de parte de Dios: "Este es el lugar donde te he traído, aquí estarás bien y en paz".

La pildorita y reflexión de hoy es:

Como Moisés, ¿tienes miedo al futuro? Él te lleva a puerto seguro. ¡No temas!

Pildorita

96

I Juan 4:18 (RVR1960)

En el amor no hay temor, sino que el perfecto amor echa fuera el temor; porque el temor lleva en sí castigo. De donde el que teme, no ha sido perfeccionado en el amor.

Cuando leemos este pasaje, pareciera un trabalenguas, pero analicémoslo juntos:

Dios es amor, por lo tanto, en Él no existe el temor y Él, que es el perfecto amor, lo echa fuera. El que teme, espera un castigo y no ha sido perfeccionado en el amor.

Después de todos los eventos violentos y de terror que se vivieron en el 2015 y 2016, recibimos una carta del fundador del Ministerio Christian Vision, Bob Edmiston, y decía así: "El terror es una palabra fuerte. El terror es un miedo extremo que paraliza, que hace que uno sea incapaz de actuar o de pensar con claridad o incluso controlar las funciones del cuerpo".

Los terroristas logran su objetivo, no cuando cometen los atentados, sino cuando llenan de temor a la gente.

Mira lo que dice parte de este hermoso Salmo 46:1-3:

Dios es nuestro amparo y nuestra fortaleza, nuestra ayuda segura en momentos de angustia. Por eso, no temeremos aunque se desmorone la tierra y las montañas se hundan en el fondo del mar; Aunque bramen y se turben sus aguas, Y tiemblen los montes a causa de su braveza.

La pildorita y reflexión de hoy es:

No hay temor en el amor, *sino que el perfecto amor echa fuera el temor.* A pesar de lo que veas y escuches, recuerda quién está a tu lado todos los días. **¡No temas!**

Pildorita
97

Isaías 35:4b (RVR1960)

Decid a los de corazón apocado:
Esforzaos, no temáis; he aquí que vuestro Dios
viene con retribución, con pago; Dios mismo
vendrá, y os salvará.

Esta pildorita es una exhortación para todos aquellos que conocemos a Jesús. Cada uno de nosotros está rodeado de personas que no conocen de Él, de su amor y salvación. No tienen de qué aferrarse y caminan por la vida llenos de temor porque, a diferencia de nosotros los que le hemos entregado nuestra vida, futuro y familia al Señor y estamos llenos de promesas que podemos reclamar, ¿a quién acuden ellos?

La gran pregunta es, ¿qué vamos a hacer al respecto? Esta es la gran comisión que Jesús nos dejó a todos los que hemos tenido un encuentro personal con Él. No podemos ser egoístas, hay mucha gente que está realmente aterrorizada con todo lo que está pasando en el mundo, no solo en el ámbito de los terroristas, sino los mismos desastres naturales (hasta el Zika se ha convertido en una amenaza para la humanidad).

Dice en Romanos 10:14: *Ahora bien, ¿cómo invocarán a aquel en quien no han creído? ¿Y cómo creerán en aquel de quien no han oído? ¿Y cómo oirán si no hay quien les predique?*

¿No te parece maravilloso que en medio de tantas malas noticias tengas el mensaje más grande de amor y esperanza para compartir?

La pildorita y reflexión de hoy es:

Hoy puede ser el día de la salvación de alguien que Dios ponga en tu camino. *No temáis; he aquí que vuestro Dios viene con retribución, con pago; Dios mismo vendrá y os salvará.*

Pildorita 98

Job 21:9 (NVI)

Tienen paz en su hogar, y están libres de temores; la vara de Dios no los castiga.

Quizá muchos de los que tienen este devocional en sus manos, no viven en el país que nacieron. En otra pildorita te hablaba de amar la nación donde Dios te colocó, porque es allí donde cumplirás el propósito que Él tiene para ti. Tenemos que ser conscientes de que la bendición no está en determinado lugar. ¡La bendición es Él! Seremos bendecidos si somos obedientes. Tú y el Señor son mayoría y mientras Él esté a tu lado, nada te faltará y esta bendición se extiende a tus hijos, nietos y bisnietos, mientras Papá Dios siga siendo el centro de sus vidas.

Me encanta cuando es la palabra la que habla. Mira lo que dice Jeremías 29:4-7: *Así dice el SEÑOR Todopoderoso, el Dios de Israel, a todos los que he deportado de Jerusalén a Babilonia: «Construyan casas y habítenlas; planten huertos y coman de su fruto. Cásense, y tengan hijos e hijas; y casen a sus hijos e hijas, para que a su vez ellos les den nietos. Multiplíquense allá, y no disminuyan. Además, busquen el bienestar de la ciudad adonde los he deportado, y pidan al SEÑOR por ella, porque el bienestar de ustedes depende del bienestar de la ciudad».*

Mira lo significativo de esta palabra. Cuando uno construye casas, planta huertos, se une en matrimonio, tiene hijos y los hijos se casan y nos dan nietos, es porque hemos echado raíces en el lugar donde estamos.

La pildorita y reflexión de hoy es:

Te motivo a que quites de tu boca la crítica y empieces a orar por la ciudad y país donde vives, porque si a ellos les va bien, tú estarás bien.

No temas... *Tienen paz en su hogar, y están libres de temores.*

Pildorita

99

Juan 9:22 (NVI)

Sus padres contestaron así por miedo a los judíos, pues ya éstos habían convenido que se expulsara de la sinagoga a todo el que reconociera que Jesús era el Cristo.

De todos los milagros extraordinarios que Jesús hizo, el que se hace mención en este versículo, es de los que más me impactan, por varias razones. Este hombre nació ciego y se sentaba a mendigar, me imagino que en las afueras de algún templo, esperando que le dieran cualquier limosna.

Lo lindo es que el Señor fue el que se le acercó. La manera de sanarlo fue diferente: escupió en el suelo, hizo barro con la saliva y se lo untó en los ojos, luego lo envió a lavarse. Él, obedientemente, fue y se lavó y al volver ya veía. Esto creó una gran revolución entre la gente que lo conocía y lo había visto pedir limosna. Le preguntaban cómo se le habían abierto los ojos y él contó todo lo que sucedió. Fue llevado ante los fariseos y le preguntan una vez más: "¿Cómo pasó?" Y él repite cómo sucedió su milagro. Mandan a llamar a sus padres para que testifiquen si había nacido ciego y ellos afirman que era ciego de nacimiento, pero con temor de ser expulsados por decir que Jesús lo había sanado. Vuelven a llamar al hombre y le hacen jurar por Dios, y me encanta la respuesta de él: "Lo único que sé es que yo era ciego y ahora veo". Estaban frente a un milagro sobrenatural, pero estaban más preocupados por lo periférico, que por lo que estaban presenciando.

La pildorita y reflexión de hoy es:

Jesús es el mismo ayer, hoy y siempre. Él sigue haciendo milagros. **No temas...** ni calles lo que has oído y visto de Él.

Pildorita
100
Parte l

Mateo 19:26 (NVI)
Para los hombres es imposible —aclaró Jesús, mirándolos fijamente, más para Dios todo es posible.

Quiero dedicar dos pildoritas a un acontecimiento que nosotros hemos escuchado muchas veces y que encierra varias perlas. La Biblia dice que Jesús amaba a Lázaro, Marta y María.

Seguramente pasaba tiempo con ellos de forma regular y, poniendo a volar mi imaginación, pienso que cuando llegaba a su casa se debía sentir tranquilo, ya que podía ser Él. Estaba entre amigos y no tenía la presión de la gente siguiéndolo o de los fariseos buscando cómo atraparlo para matarlo. Tuvieron una relación muy cercana con el Maestro. Una escena es cuando Jesús se encuentra en la casa de ellos y Marta le da quejas, porque María no le ayuda a poner la mesa o terminar la comida, y Jesús le dice: "Marta, Marta, tú siempre corriendo. María ha discernido que lo mejor es estar a mis pies escuchándome".

Llama la atención que cuando su amigo Lázaro se enferma y le avisan, en lugar de salir corriendo a verlo, se demora dos días más en ir. Cuando llega a Betania, se encuentra con que Lázaro llevaba cuatro días en el sepulcro. Las dos hermanas le dicen lo mismo: "Señor, si hubieras estado aquí, mi hermano no habría muerto". Y Marta añade: "Pero yo sé que aún ahora Dios te dará todo lo que le pidas". "Tu hermano resucitará", le dijo Jesús.

Ella no sabía lo que Él haría, pero sí sabía de quién era hijo Jesús y el gran poder que Él tenía.

La pildorita y reflexión de hoy es:

¿Sabes quién es Jesús y conoces su gran poder?
No temas... *Más para Dios todo es posible.*

Pildorita

101

Parte II

Juan 11:33 (RVR1960)

Jesús entonces, al verla llorando, y a los judíos que la acompañaban, también llorando, se estremeció en espíritu y se conmovió.

Jesús se encuentra con María y al verla llorar se conmueve. El versículo 35, que es el más corto de la Biblia dice: *"Jesús lloró"*.

Luego vendría el gozo de estas hermanas, ante la mirada atónita de todos, por la resurrección de Lázaro. Muchos creyeron en Jesús al ver los milagros que hacía y lo reconocían como el Mesías, el Salvador, pero ¿no es irónico que los fariseos, que conocían la Palabra de principio a fin, estuvieran totalmente ciegos de forma espiritual? Ellos se basaron únicamente en lo que decía la ley y no en lo que Dios vino a darles a través de Jesús: su gracia, amor, perdón y redención. Estos fariseos, que exaltaban que el único que tenía poder para dar vida y quitarla era Dios, decían que Jesús era un endemoniado y después ya no solo querían matarlo a Él, sino también a Lázaro.

No hay peor ciego que el que no quiere ver. A Jesús no lo podemos meter en un molde, porque Él hace cómo quiere, dónde quiere, con quién sea y de la forma que sea. Estos tres hermanos tuvieron el privilegio de conocer a Jesús, el ser humano, y tener el privilegio de decir que el Hijo de Dios era su amigo.

Lázaro, además, pudo decir: "Estuve muerto cuatro días y Él me resucitó". ¿Quién les puede quitar estas vivencias? Pidámosle al Señor que limpie nuestro corazón de toda religiosidad que nos impida verlo en nuestro día a día.

La pildorita y reflexión de hoy es:

Jesús te dice hoy: *¿No te he dicho que si crees, verás la gloria de Dios?* ¡No temas!

Pildorita
102

1 Samuel 10:19 (VR1960)

Vosotros habéis desechado hoy a vuestro Dios, que os guarda de todas vuestras aflicciones y angustias.

¿Recuerdan que les conté que mi madre había sido atropellada por una moto? Resulta que el que la atropelló era un muchacho joven, quien pudiendo irse como hacen muchas personas en este tipo de accidentes, se quedó allí, llamó a la ambulancia y todos los días que mi madre estuvo en la clínica fue a visitarla.

Un día llegó con su esposa y fuimos a tomar un café cerca de allí. Estaba conmigo mi gran amiga Lina Molano y hablando con ellos nos contaron que les estaban sucediendo cosas extrañas. Tenían un bebé recién nacido que tuvieron hospitalizado por varios días, estaban muy apretados económicamente y otras situaciones más. Comenzamos a compartirles de Cristo, y resulta que los dos eran cristianos y habían servido en sus respectivas iglesias, pero estaban apartados por situaciones que les hicieron y vieron de sus líderes. Se conocieron cuando ya no asistían a la iglesia.

Los instamos a que volvieran su mirada a Jesús, que pusieran su vida en orden y en un momento les pregunté: "¿Quieren hacer una oración para reconciliarse con el Señor?" Los dos dijeron que sí. No saben el gozo que mi corazón sintió de saber que en medio de esa triste situación de mi madre, dos hijos pródigos regresaban a casa.

La pildorita y reflexión de hoy es:

El Señor se vale de lo que sea con tal de que sus hijos vuelvan a casa y a sus brazos.
Déjate usar por Dios. ¡No temas!

Pildorita
103

Nahúm 1:7 (NVI)

Bueno es el SEÑOR; es refugio en
el día de la angustia,
y protector de los que en él confían.

A todos nos gustaría ver las promesas que el Señor nos ha dado realizarse como en un horno microondas, en un abrir y cerrar de ojos, pero cuando vemos la vida de hombres y mujeres de Dios sabemos que no es así, que cuando Él nos mira sabe a dónde nos quiere llevar, pero es necesario ser moldeados por el Alfarero y hay muchos momentos donde nos duele el cincel. Otras veces sentimos como si nos hubiera dejado a mitad de camino y se olvidó de nosotros. Toda prueba produce cinco resultados en nosotros:

1- Carácter, 2- Madurez, 3- Sabiduría, 4- Renovación y 5- Un nuevo nivel de bendición.

Nuestro carácter es moldeado hasta mostrar el fruto del Espíritu, que son amor, alegría, paz, paciencia, amabilidad, bondad, fidelidad, humildad y dominio propio. En la prueba mostramos nuestra madurez espiritual, que no depende de cuántos años llevamos asistiendo a la iglesia. Se manifiesta a través de cómo actuamos o qué decimos en esos momentos. Se nos da sabiduría de lo alto para obrar de la mejor manera y así, de los desiertos salimos renovados, porque allí hemos sido sentados en el taller y nos han pulido unas cuantas imperfecciones, y entonces ya estamos listos para cumplir el propósito de Dios y recibir esas bendiciones prometidas y esperadas por nosotros.

La pildorita y reflexión de hoy es:

Tal vez estás en medio del desierto y sientes que no va a terminar nunca. El Señor *es refugio en el día de la angustia, y protector de los que en él confían.* ¡No temas!

Pildorita
104

Salmos 66:16 (NVI)

Vengan ustedes, temerosos de Dios,
escuchen, que voy a contarles todo
lo que él ha hecho por mí.

Mi esposo tenía un ejemplo que ilustraba muy bien nuestra área espiritual y era usando la comparación de dos perros, uno blanco y otro negro; obviamente el blanco representaba la vida espiritual y el negro la vida carnal, y decía: "¿Cuál de esos perros es el que tú alimentas? Porque ese será el que se va a manifestar día a día".

En la pildorita anterior mencionaba el fruto del Espíritu que son amor, alegría, paz, paciencia, amabilidad, bondad, fidelidad, humildad y dominio propio, pero la carne también tiene varias manifestaciones. Algunas de ellas son envidias, celos, odio, discordia, arrebatos de ira y otras más.

Dice en Mateo 7:20: *Así que, por sus frutos los conoceréis.* ¿Cuál es el fruto que ven en ti? ¿Te la pasas peleando todo el tiempo, o estás lleno de celos, envidias, con arrebatos de ira y tu excusa es que "yo soy así"? La Biblia dice que somos nuevas criaturas, que las cosas viejas pasaron y que todas son hechas nuevas. Si una persona dice ser cristiana y va solo los domingos a la iglesia, nunca ora, no lee la Palabra, entonces se está alimentando de lo que la rodea, lo que ve y oye. La responsabilidad de crecer espiritualmente es nuestra.

La pildorita y reflexión de hoy es:

Sé portador de su paz. Que las personas vean en ti el reflejo de Jesús, que quieran estar contigo y te digan: "Quiero eso que tú tienes, alegría, amabilidad, paciencia".
Podrás decirles: *Escuchen, que voy a contarles todo lo que él ha hecho por mí.* **¡No temas!**

Pildorita

105

2 Corintios 4:8-9 (RVR1960)

Que estamos atribulados en todo, mas no angustiados; en apuros, mas no desesperados; perseguidos, mas no desamparados; derribados, pero no destruidos.

La primera vez que leí este versículo, llamó profundamente mi atención, porque es un recordatorio para nuestras vidas que hay momentos donde las cosas no marchan bien, pero no somos de los que retrocedemos ni nos vamos a desanimar. Pero no se trata de nosotros, sino de Él. Mira lo que dice el versículo 7: *Pero tenemos este tesoro en vasos de barro, para que la excelencia del poder sea de Dios, y no de nosotros.*

Él es el gran tesoro que está en nosotros, que somos vasijas de barro, imperfectos, con grietas, muchas veces rotos y, a pesar de lo que somos, su excelencia y poder se manifiestan a través nuestro y por eso confiadamente podemos decir: "Estamos atribulados, mas no angustiados; en apuros, mas no desesperados; perseguidos, mas no desamparados; derribados, pero no destruidos, porque lo que somos es por Él y para Él.

Dice en Juan 15:5b: *Separados de mí no pueden ustedes hacer nada.*

Antes de tener nuestro encuentro personal con Jesús, nos echábamos flores pensando que todo lo que obteníamos era por mérito propio, pero qué hermoso es reconocer que nuestros talentos y habilidades han sido dadas por Él y para Él y nos ha prometido estar siempre con nosotros hasta el fin del mundo, y que a Papá Dios no le gusta vernos atemorizados ante ninguna situación.

La pildorita y reflexión de hoy es:

Quizá hoy te levantaste ante una montaña gigante que parece imposible de pasar. Papá Dios es el poderoso gigante que está de tu lado. **¡No temas!**

Pildorita
106

Isaías 43:5 (NVI)

No temas, porque yo estoy contigo; desde el oriente traeré a tu descendencia, desde el occidente te reuniré.

La oración es la manera que tenemos de hablar con Dios y también es una herramienta poderosa que Él nos ha entregado y que a veces no usamos de la manera correcta.

En la pildorita 30 les conté que mientras mi hija no había tenido su encuentro genuino con Jesús, yo entraba a su cuarto, oraba por ella, la reclamaba para Él y le pedía que la protegiera. Otra oración que siempre hice fue por el esposo que Dios tenía para ella y en ese momento Caro no tenía más de catorce años.

Mi oración era más o menos así:

"Señor, te pido por el hombre que tienes para mi hija, que te amé y sirva con todo su corazón, que la ame, la cuide y la acepte con su discapacidad y siempre la vea a través de tus ojos". Esa oración la hacía diariamente. Pasó el tiempo, mi hija ya había entregado su corazón por completo al Señor y un día me dijo: "Mami, yo quiero un esposo argentino, porque me han dicho que son buenos esposos, familiares y buenos padres". Pues Dios escuchó esta petición de su corazón y le regaló un hombre maravilloso que trajo desde Argentina, que la ama, cuida de ella, es un excelente papá y sirve a Dios con todo su corazón. Hoy quiero honrar la vida de mi yerno (hijo) Pablo Pierotti: ¡Eres un regalo de Dios!

La pildorita y reflexión de hoy es:

Desde ya comienza a orar por los esposos de tus hijos y nietos, porque estas oraciones no vuelven vacías.
No temas... *Desde el oriente traeré a tu descendencia.*

Pildorita
107

I Samuel 12:20 (NVI)

No teman —replicó Samuel—. Aunque ustedes han cometido una gran maldad, no se aparten del SEÑOR; más bien, sírvanle de todo corazón.

La culpa es algo con lo que el ser humano lidia y de lo que el enemigo saca buen provecho. Mientras pastoreábamos, recibíamos muchos casos en consejería donde nos encontrábamos con personas sintiéndose mal por algo que hicieron y, aunque estaban arrepentidos y les leíamos lo que dice Miqueas 7:19: *Él volverá a tener misericordia de nosotros; sepultará nuestras iniquidades, y echará en lo profundo del mar todos nuestros pecados,* seguían sintiéndose culpables y no entendían que cuando vamos con un corazón verdaderamente arrepentido delante del Señor, Él nos da esta promesa.

El único que nos recuerda el pasado es el enemigo, porque es un acusador y a él sí le encanta bucear y sacar nuestros pecados de donde Dios los echó, pero ¿sabes por qué lo hace? Porque quiere mantenerte lejos de Él y de sus planes, quiere hacerte sentir indigno y que ya perdiste la oportunidad de servirle, que tu ministerio se acabó, y hoy tienes que saber que eso es mentira.

Después de reconocer tu falta delante de Dios, debes perdonarte tú, recibir el perdón y, manos a la obra, hay mucho por hacer. Papá Dios te necesita.

Él te ha dotado de talentos y capacidades para que seas parte de su plan donde vives, estudias o trabajas.

La pildorita y reflexión de hoy es:

Cuando el enemigo venga a recordarte el pasado, recuérdale su futuro. **No temas...** *No se aparten del SEÑOR; más bien, sírvanle de todo corazón.*

Pildorita

108

I Crónicas 4:10 (NVI)

Jabes le rogó al Dios de Israel: «Bendíceme y ensancha mi territorio; ayúdame y líbrame del mal, para que no padezca aflicción». Y Dios le concedió su petición.

En muchas ocasiones he escuchado que Dios sabe lo que necesitamos y que no debemos cansarlo con nuestras oraciones repetitivas, sino esperar que Él responda en su tiempo y, la verdad, es que también difiero sobre esto, porque Jesús dice en Mateo 7:7 *Pidan, y se les dará; busquen, y encontrarán; llamen, y se les abrirá.*

Y claro que sabe lo que anhelamos antes de que hablemos, pero a Él le gusta escuchar nuestra voz. Una vez hablando con una señora que estaba recién caminando con el Señor, le dije: "Las personas no tienen lo que quieren, porque no se lo piden a Dios". Y ella me abrió los ojos y me contestó: "A mí me da pena pedirle a Dios". Pero en este versículo, bien claro nos dice: *"Pidan y se les dará; busquen y encontrarán; llamen y se les abrirá".*

La Biblia nos dice que Jabes fue más importante que sus hermanos, ¿será porque él sí se atrevió a pedirle a Dios? En su oración vemos que le pide bendición, que ensanche su territorio (prosperidad), le pide que su mano esté con él, que lo libre del mal y lo proteja. Y el resultado de esta pequeña, pero poderosa oración fue que Dios le concedió su petición.

La pildorita y reflexión de hoy es:

Puedes ir confiadamente al Padre y hacer tu petición.
No temas... *Y Dios le concedió su petición.*

Pildorita
109

Hebreos 13:6ª (NVI)

Así que podemos decir con toda confianza:
El Señor es quien me ayuda; no temeré.

Una prédica que marcó mi vida, por su título y contenido, se la escuché a una amiga, la pastora Mirta Colloca, cuando nos visitó en Orlando. Se llama "Tu árbol ya está plantado" y habla de cómo Dios ha preparado de antemano cosas para suplir nuestras necesidades inmediatas.

Cuando mi madre tuvo el accidente con la moto fue en una ciudad a las afueras de Bogotá. Llegar ahí nos tomaba más de dos horas de ida y lo mismo de regreso.

A mi hermana y a mí nos frustraba tanto tiempo que perdíamos dentro de un carro, pudiendo estar con nuestra madre. Pues resulta que mi hermana Claudia se quedó una noche con ella y la habitación fue compartida con una jovencita que había sido operada del apéndice y que al otro día ya daban de alta.

Esa noche, ni mi hermana ni la joven podían dormir. Comenzaron a hablar de lo que cada una hacía y la gran sorpresa fue que sus padres eran dueños de un hotel pequeño en esa ciudad y que quedaba a quince minutos de la clínica en donde estaba nuestra madre.

Cuando mi hermana me contó, le dije: "Esa es la solución, preguntemos en cuánto nos dejan cada noche y así podremos estar cerca y no nos tocan esas jornadas tan largas entre un terrible tráfico de ida y venida".

Gracias al Señor nos dieron un precio especial y estuvimos allí hospedadas por trece días. Dios tenía ese lugar listo para nosotras y para suplir esa necesidad inmediata.

La pildorita y reflexión de hoy es:

¿Cuál es hoy tu necesidad? Tu árbol ya está plantado.
¡No temas!

Pildorita
110

Marcos 14:34 (NVI)
Es tal la angustia que me invade que me siento morir —les dijo—. Quédense aquí y vigilen.

De las preocupaciones más comunes del ser humano es el futuro, porque nosotros solo contamos con el aquí y el ahora, pero ni siquiera podemos saber qué va a pasar una hora después. Este no era el caso de Jesús. Él vino en condición humana, pero su esencia divina era parte de Él. Conocía lo que las personas pensaban, hablaban, planeaban y eso lo vemos en diferentes pasajes de la Biblia.

Siendo conscientes de esto, veamos este cuadro: La última cena. Él está sentado con sus discípulos amados y mientras Jesús les está lavando los pies, sabía que todos lo abandonarían, que Judas lo traicionaría, que Pedro lo negaría tres veces y que se acercaba la hora donde sería humillado, coronado con espinas, su cuerpo flagelado hasta quedar en una sola llaga.

Sentiría por primera vez el abandono del Padre y, sobre su cuerpo, caería el pecado de toda la humanidad. Jesús siempre fue genuino y transparente con los suyos; que ellos no entendieran mucho de lo que Él hablaba, no quiere decir que no fue absolutamente sincero con ellos.

Luego, vemos esta escena donde, aunque era el Hijo de Dios, su humanidad se expone completamente al abrir su corazón y decirles: *"Es tal la angustia que me invade, que me siento morir"*. Imagina este momento de temor, aflicción y miedo, tanto que se sentía morir. ¡Nadie ha vivido ni vivirá lo que Jesús pasó!

La pildorita y reflexión de hoy es:

¿Qué te tiene tan angustiado? Sé sincero y transparente delante de Jesús. Recuerda que Él pasó por eso y te entiende. **¡No temas!**

Pildorita
111

Salmos 115:11 (NVI)

Los que temen al SEÑOR, confíen en él;
él es su ayuda y su escudo.

¿Te has sentido desilusionado al enterarte que algo, en lo cual has creído por años, no es verdad? Te hace sentir engañado y muy ofendido, ¿cierto? Eso me pasó a mí.

Asistía regularmente a la iglesia católica y hasta le encendía velas a uno que otro santo, pero cuando tengo mi encuentro personal con Jesucristo y comienzo a leer la Biblia y a conocer el corazón de Papá Dios, qué le agrada y qué le ofende, me encuentro con este versículo que me dejó, literalmente, con la boca abierta:

Éxodo 20:4-5 «*No te hagas ningún ídolo, ni nada que guarde semejanza con lo que hay arriba en el cielo, ni con lo que hay abajo en la tierra, ni con lo que hay en las aguas debajo de la tierra. No te inclines delante de ellos ni los adores. Yo, el SEÑOR tu Dios, soy un Dios celoso*».

Me di cuenta que durante años he hecho lo que al Señor le ofende por total desconocimiento. Si ves, al final del versículo dice que es celoso y en otro dice que no comparte su gloria con nadie. Después me encuentro el Salmo 115, el cual dice que los ídolos que son de oro y plata, producto de manos humanas, tienen boca, pero no pueden hablar; ojos, pero no pueden ver; oídos, pero no pueden oír; nariz, pero no pueden oler; manos, pero no pueden palpar; pies, pero no pueden andar.

En ese momento cayó una venda de mis ojos y entendí que había estado engañada y equivocada por años, ya que ante el único que me debo postrar es ante Jesucristo.

La pildorita y reflexión de hoy es:

Puedes tener la certeza que el Señor te ve, te huele, te toca y se inclina y te escucha.
Confíen en él, solo en Él. ¡No temas!

Pildorita

112

2 Reyes 17:38 (RVR1960)

No olvidaréis el pacto que hice con vosotros,
ni temeréis a dioses ajenos.

Espero que la pildorita de hoy quede sellada en tu corazón y logres comprender, al orar, en nombre de quién lo debes hacer.

Es muy común escuchar a personas cristianas decir: "En el nombre de Dios todo saldrá bien", o: "En el nombre de Dios podré hacer esto o aquello". Lo que pretendo, a través de este sencillo devocional, es que sea la misma Palabra la que nos hable, nos revele y nos lleve a toda verdad. Cuando hablamos de Dios, en ese momento, todas las religiones dicen: "Es el mismo Dios".

Algunas veces hasta se crean conflictos cuando hablamos de Jesús como el único camino al Padre. Vayamos a la Palabra. Jesús nos dice en Juan 14: 6:

Yo soy el camino, la verdad y la vida —le contestó Jesús—. Nadie llega al Padre sino por mí.

Después de que Jesús cumplió con lo que el Padre le encomendó, dice en Filipenses 2: 8-11: *Y estando en la condición de hombre, se humilló a sí mismo, haciéndose obediente hasta la muerte, y muerte de cruz. Por lo cual Dios también le exaltó hasta lo sumo, y le dio un nombre que es sobre todo nombre, para que en el nombre de Jesús se doble toda rodilla de los que están en los cielos, y en la tierra, y debajo de la tierra; y toda lengua confiese que Jesucristo es el Señor, para gloria de Dios Padre.*

Jesús mismo nos indicó a quién debemos pedirle en Juan 14:13: *Y todo lo que pidiereis al Padre en mi nombre, lo haré, para que el Padre sea glorificado en el Hijo.*

La pildorita y reflexión de hoy es:

El nombre que tiene poder y al que debes orar es Jesús.
No temas... *No olvidaréis el pacto que hice con vosotros.*

Pildorita 113

Jeremías 1:17 (NVI)

Pero tú, ¡prepárate! Ve y diles todo lo que yo te ordené. No temas ante ellos, pues de lo contrario, yo haré que sí les temas.

Cuando comencé a escribir este devocional, a comienzos de 2016, tenía la ilusión que para septiembre de ese año estuviera listo, pero pasó el accidente de mi madre. Los dos meses que estuve con ella en Bogotá y el mes que estuvo conmigo en Orlando recuperándose, detuvieron por completo el ritmo que traía escribiendo. Les confieso que retomarlo fue difícil y apartar unas horas diarias para escribir también. Cada noche me hacía la misma reflexión: "Hoy tampoco escribí..."

Resulta que un día, estando en mi apartamento, me doblé el tobillo del pie derecho y, algo que supuestamente era muy sencillo y que en dos semanas estaría caminando, llevó más de un mes para sanarse, lo cual me mantuvo totalmente quieta.

Las tres primeras semanas no podía apoyar el pie; tuve que recibir, durante mes y medio, terapias tres veces por semana. Entonces mi hija Carolyn me dijo: "Mami, el Señor tuvo que doblarte la patica para que te sentaras a escribir". Y fue verdad, esto me obligó a concentrarme en hacer lo que Dios me pidió que hiciera, y se ha hecho vida en mí lo que dice Hebreos 10:36: *Porque os es necesaria la paciencia, para que habiendo hecho la voluntad de Dios, obtengáis la promesa.*

Tuve que desarrollar mucha paciencia al no poder valerme por mí misma al salir, conducir mi vehículo o hacer mi rutina diaria, sobre todo viviendo sola, pero quise hacer su voluntad y obtener la promesa. Me tomó más de ocho meses regresar a la normalidad.

La pildorita y reflexión de hoy es:

Si el Señor te ha pedido que hagas algo, es mejor que comiences hoy mismo. **No temas...** *Pero tú, ¡prepárate! Ve y diles todo lo que yo te ordene.*

Pildorita
114

Marcos 4:40 (NVI)

¿Por qué tienen tanto miedo?
dijo a sus discípulos.
¿Todavía no tienen fe?

Ciertamente, hay situaciones que suceden en nuestra vida de una manera inesperada. Se podría decir que, cuando el viento cambia de dirección, la barca de nuestra vida toma un rumbo con el que no contábamos.

Quizá tú, que tienes este devocional en tus manos, estarás moviendo la cabeza afirmativamente, ya que ninguno nos hemos escapado, ni nos escaparemos, de pasar por estas pruebas que nos producen dolor, ansiedad, desconcierto y preocupación. El diccionario de la Real Academia define la palabra tribulación como: "Congoja, pena, tormento, aflicción moral, persecución o adversidad que padece una persona".

La gran pregunta es: ¿Cómo vas a lidiar con esa tribulación que llega a tu vida? Me encanta cómo el Señor nos pone de frente ante las circunstancias con las que nos vamos a enfrentar y nos muestra cómo de lo malo sale algo bueno, para nuestro crecimiento y madurez espiritual. Dice en Romanos 5:3b-4:

Sino que también nos gloriamos en las tribulaciones, sabiendo que la tribulación produce paciencia; y la paciencia, prueba; y la prueba, esperanza.

Quiere decir que, al enfrentar esas pruebas y dificultades, se desarrolla en nosotros paciencia, y la paciencia desarrolla firmeza de carácter, y el carácter fortalece nuestra esperanza que está puesta en Jesús.

La pildorita y reflexión de hoy es:

Si estás en medio de una gran tormenta, recuerda la promesa del Señor de que todo obra para el bien de quienes lo aman. ¿*Todavía no tienen fe?* ¡**No temas!**

Pildorita
115

Marcos 16:6 (NVI)

No se asusten —les dijo—. Ustedes buscan a Jesús el nazareno, el que fue crucificado. ¡Ha resucitado! No está aquí.

Aún no había amanecido y María Magdalena fue a la tumba de Jesús y la encontró vacía. Lloró desconsoladamente, porque se habían llevado al Señor y no sabía dónde lo habían puesto. ¿No nos pasa a nosotros lo mismo en algún momento de nuestras vidas? Pensamos que Jesús se nos perdió, lloramos y nos sentimos confundidos y, en medio de esos sentimientos, nuestra mente está tan bloqueada que ni siquiera nos enteramos de lo que está pasando a nuestro alrededor.

Al igual que María Magdalena, solo sentimos una profunda desolación. Pero la realidad era otra: ella fue la primera en ver a Jesús resucitado, pero estaba tan abrumada que no lo reconoció. Entonces Él le dijo: "¿Por qué lloras mujer, a quién buscas?" Y ella le cuenta que se le llevaron a su Maestro. En ese momento, Jesús la llama por su nombre y ella lo reconoció.

Aunque no lo oigas y no veas lo que el Señor está haciendo, hoy te llama por tu nombre para que sepas que está a tu lado. Seca esas lágrimas, porque si aún en medio de la tumba vacía envió ángeles que hablaran con esa mujer, igual hoy lo hace contigo.

En los momentos más oscuros es cuando más se manifiesta su amor y poder. Enviará su maná diario a través de personas que conozcas o simplemente ángeles que suplan tus necesidades.

La pildorita y reflexión de hoy es:

Aunque tus ojos no lo vean, Él sí te ve y sabe perfectamente tu nombre y aquello que te acontece.
No olvides lo que has visto y oído, para que no se te vuelva a perder el Maestro. ¡No temas!

Pildorita

116

Romanos 8:35 (NVI)

¿Quién nos apartará del amor de Cristo? ¿La tribulación, o la angustia, la persecución, el hambre, la indigencia, el peligro, o la violencia?

Si este versículo penetrara en nuestra mente y corazón, y en verdad lo creyéramos y nunca dudáramos a pesar de lo que estemos viviendo, de lo que veamos, escuchemos y nos mantuviéramos confiados en su amor, te aseguro que viviríamos de una manera diferente, como verdaderos hijos de Dios.

Varios versículos de la Biblia hablan de su plan con la humanidad; nos muestran que no somos una rueda suelta, sino que Él nos conoció de antemano, nos predestinó para que fuéramos transformados según la imagen de su Hijo Jesús, y que a los que predestinó, también los llamó, justificó, glorificó e intercede por nosotros.

En este versículo, el Señor nos deja claro que nada ni nadie nos aparta de su amor. Ni la tribulación, o la angustia, persecución, hambre, indigencia, el peligro o la violencia y, como si fuera poco, mira lo que dice en Romanos 8:37-39: *Sin embargo, en todo esto somos más que vencedores por medio de aquel que nos amó. Pues estoy convencido de que ni la muerte ni la vida, ni los ángeles ni los demonios, ni lo presente ni lo por venir, ni los poderes, ni lo alto ni lo profundo, ni cosa alguna en toda la creación, podrá apartarnos del amor que Dios nos ha manifestado en Cristo Jesús nuestro Señor.*

La pildorita y reflexión de hoy es:

Empieza a vivir como ese hijo amado y escogido de Dios; como un vencedor, porque nada ni nadie podrá apartarte de sus brazos y de su amor. **¡No temas!**

Pildorita

117

Juan 16:33 (NVI)

Yo les he dicho estas cosas para que en mí hallen paz. En este mundo afrontarán aflicciones, pero ¡anímense! Yo he vencido al mundo.

No recuerdo el día exacto en que hice mi oración de fe y abrí mi corazón a Jesús, lo que sí recuerdo, como si fuera ayer, era que mi vida estaba tan oscura, errada, tenía tanta angustia, me sentía en un túnel sin salida, derrotada, frustrada y con pensamientos de muerte.

Todos los días salía al balcón del apartamento donde vivíamos con mi hermana y nuestras hijas y miraba el lago que se veía desde allí con unos deseos de acabar con mi vida, pero un día llegó Jesús e interrumpió mi tristeza. Y lo que recuerdo después de hacer esa sencilla oración fue la paz que inundó mi vida. Una paz que necesitaba a gritos y no podía encontrar en ninguna parte. No estaba en la nueva era, ni en la meditación trascendental, no estaba en la lectura de las cartas, ni de cigarrillos, no estaba en la religión de tradición con sus santos ni en los astros y signos del zodíaco.

Esa paz que nuestra alma necesita no se puede comprar ni nadie te la puede ofrecer, solo el Señor tiene ese poder. Tu corazón tiene la forma de Jesús y, mientras trates de llenar ese vacío de cualquier manera, seguirás sintiendo que algo te falta.

La pildorita y reflexión de hoy es:

Solo en Jesús está la paz que tu vida necesita y, a pesar de lo que tengas que enfrentar día a día, sentirás que ella te inunda y sobrepasa todo entendimiento.
No temas... *Yo les he dicho estas cosas para que en mí hallen paz.*

Pildorita

118

Parte I

I Crónicas 22:13 (RVR1960)

Entonces serás prosperado, si cuidares de poner por obra los estatutos y decretos que el Señor mandó a Moisés para Israel. Esfuérzate, pues, y cobra ánimo; no temas, ni desmayes.

Fernando siempre decía que lo último que se convertía era la billetera, porque a muchas personas les cuesta entender la parte del diezmo. Todo lo que Dios nos enseña en su Palabra es para bendecirnos y que nos vaya bien, y eso es justamente lo que quiere con el diezmo. Todo lo que tenemos es de Él y, si lo analizamos bien, nos deja el noventa por ciento para nosotros y tan solo nos pide diez. Como mi esposo decía, el Señor es judío y con cosas de dinero es bien delicado.

De hecho, en la Biblia encontramos cantidad de versículos que hablan de dinero y de cómo los grandes hombres de Dios no solo daban sus diezmos y sus ofrendas, sino que siempre daban lo mejor y de una forma generosa.

Cuando me compartieron sobre ello, no dudé ni un segundo en hacerlo y en enseñarle a mi hija este principio y puedo dar testimonio que el Señor nos ha prosperado, que nunca ha faltado en nuestro hogar su provisión y, al contrario, siempre nos ha dado más abundantemente de lo que le damos.

Mira lo que dice en Malaquías 3:8

¿Robará el hombre a Dios? Pues vosotros me habéis robado. Y dijisteis: ¿En qué te hemos robado? En vuestros diezmos y ofrendas.

La pildorita y reflexión de hoy es:

El Señor quiere bendecir tu economía, pero para ello, lo primero que hay que hacer es obedecer.
No temas... *Entonces serás prosperado.*

Pildorita
119
Parte II

2 Reyes 17:34a (RVR1960)
Hasta hoy hacen como antes: ni temen a Jehová, ni guardan sus estatutos ni sus ordenanzas.

Es importante aclarar que Dios nunca nos va a pedir cuentas de algo que desconocemos. Los que compartimos su Palabra, tenemos la obligación de hablar sobre el tema del diezmo para que sus finanzas sean liberadas. En la iglesia podíamos notar claramente que algunas personas no lo hacían a pesar de saberlo.

Uno como pastor entiende que hay momentos en que se está un poco apretado económicamente, pero familias o personas que por años siempre están con problemas económicos, que ves que no prosperan, te puedo decir, sin dudarlo, que no están diezmando y eso es una puerta que se le abre al enemigo. Ten la seguridad que te mina la economía y que te roba por otras partes. Se te daña el carro, o te multan, o te estafan, etc.

Sabes que en la Biblia, el único versículo donde Dios reta al hombre a que le crea en esa área se encuentra en Malaquías 3:10 *Traigan íntegro el diezmo para los fondos del templo, y así habrá alimento en mi casa.*

Pruébenme en esto —dice el Señor Todopoderoso—, y vean si no abro las compuertas del cielo y derramo sobre ustedes bendición hasta que sobreabunde.

¿Quieres recibir todas las bendiciones en tu área financiera? Comienza a diezmar y serás un testimonio más de su fidelidad y prosperidad.

La pildorita y reflexión de hoy es:

No digas que no diezmas porque no tienes; no tienes porque no diezmas. Pruébalo en esto. **¡No temas!**

Pildorita
120

Josué 8:1b (RVR1960)

No temas ni desmayes.

Estas mismas palabras que el Señor le dijo a Josué, te las dice a ti hoy, porque la combinación de ellas no nos hace ningún bien.

El temor nos paraliza y, si desmayamos, es como rendirnos. ¿Qué hacer entonces ante esa promesa que aún no llega y llevamos tiempo esperando por ella? El Señor en este texto nos dice cómo hacerlo:

Habacuc 2:2-3:

Escribe la visión, y haz que resalte claramente en las tablillas, para que pueda leerse de corrido. Pues la visión se realizará en el tiempo señalado; marcha hacia su cumplimiento, y no dejará de cumplirse. Aunque parezca tardar, espérala; porque sin falta vendrá.

Es importante que siempre anotes las promesas que el Señor te ha dado y cuando ores, lee aquello que un día Él te dijo que te daría o que vendría a tu vida. Recuerda que Él sí sabe cuándo es el tiempo oportuno para que se cumpla. Aunque te parezca que tarda, espérala porque sin falta llegará.

Jesús es digno de confianza. Todo lo que ha dicho y prometido lo ha cumplido; recuerda que ante todo es Padre, te ama y desea lo mejor para ti y no te va a ilusionar con algo que luego no va a entregar.

La pildorita y reflexión de hoy es:

Si Él lo dijo, Él lo hará. *No temas ni desmayes.*

Pildorita
121

Parte I

2 Reyes 19:6b (RVR1960)

No temas por las palabras que has oído, conlas cuales me han blasfemado los siervos del rey de Asiria.

En una de las primeras pildoritas mencioné algo sobre el poder que tenemos para bendecir y maldecir, porque somos propensos a hablar más de la cuenta y, sobre todo, si estamos enojados.

En esos momentos, sentimos que tenemos licencia para decir todo lo que nos pasa por la mente, sin medir las consecuencias y, cuando ya ha pasado el enojo y hemos explotado como un volcán que arrasa con todo lo que está por delante, recapacitamos, pero ya es demasiado tarde.

Tal vez la explosión de enojo duró unos minutos, pero las consecuencias de tus ofensas durarán toda la vida en el corazón del que las escuchó.

En el Libro de Santiago, capítulo 3, se nos dice que hay que domar la lengua, porque aunque es un miembro muy pequeño del cuerpo, es capaz de crear un gran incendio con una pequeña chispa; y dice que contamina todo el cuerpo, que es un mal irrefrenable, lleno de veneno mortal.

También dice que con ella bendecimos a nuestro Señor y Padre, y con ella maldecimos a las personas, creadas a imagen de Dios. Por lo tanto, de una misma boca, sale bendición y maldición, y concluye con una pregunta: ¿Puede acaso brotar de una misma fuente agua dulce y agua salada?

La pildorita y reflexión de hoy es:

Cuando no tengas nada bueno que decir... es de sabios callar.
¡No temas!

Pildorita

122

Parte II

Salmo 66:13b-14 (NVI)

Cumpliré los votos que te hice, los votos
de mis labios y mi boca
que pronuncié en medio de mi angustia.

Cuando Dios hizo la creación, fue a través de su palabra. La palabra tiene poder. Les decía en la pildorita anterior que somos muy ligeros al hablar; hablamos mal de nosotros, de nuestro matrimonio, de nuestro esposo(a), hijos, trabajo, economía, país, etc. y no somos conscientes que eso es maldecir.

Dice la Biblia que todo lo que confesemos con nuestra boca, eso es lo que tendremos. Entonces, definitivamente tenemos que hacer un cambio en nuestra manera de hablar. Sigamos el consejo de Dios que está en Romanos 4:17: *"Él llama las cosas que no son como si fuesen"*.

Así que de hoy en adelante, no importa lo que tus ojos vean, vas a empezar a hablar bien, y eso es bendecir. Confiesa con tu boca, habla bien de ti, de tu jefe y de todo aquello que por tanto tiempo sin saberlo estabas maldiciendo.

También somos ligeros al hablar cuando se trata de las promesas que le hacemos a Dios y no le cumplimos. Olvidamos que Él está atento cuando hablamos, pedimos y prometemos. Él cumple lo que promete y espera lo mismo de nosotros, que si hablamos para prometer, seamos igualmente prontos para cumplir.

La pildorita y reflexión de hoy es:

Dios te ha entregado ese poder para que a través de tus palabras seas portador de bendición. ¡No temas!

Pildorita
123
Parte III

Job 5:21 (NVI)
Estarás a salvo del latigazo de la lengua, y no temerás cuando venga la destrucción.

En las pildoritas anteriores hablamos de controlar la lengua por el daño que puede hacer, del poder que tienen nuestras palabras y cómo podemos dar vida o muerte con ellas.

Ahora, quiero que sepas que también el Señor nos brinda protección de aquellas personas que quieran hacernos daño con sus palabras. Mira lo que dice en Isaías 54:17:

Ninguna arma forjada contra ti prosperará, y condenarás toda lengua que se levante contra ti en juicio. Esta es la herencia de los siervos del Señor, y su salvación de mí vendrá, afirma el Señor.

Es una herencia dada a nosotros, como también nos ha entregado las llaves del Reino de los cielos. También dice que todo lo que atemos en la tierra, quedará atado en el cielo; y que todo lo que desatemos en la tierra, quedará desatado en el cielo.

Dios nos ha entregado un gran poder que afecta positiva o negativamente nuestras vidas y las vidas de los demás. Una vez escuché a un pastor compartir una historia acerca de un hombre que viajó por primera vez en avión y durante todo el vuelo le ofrecieron bebidas y comida, pero no aceptó. Cuando ya estaban por aterrizar, le preguntó a la señora que estaba a su lado: "¿Cuánto costaban las bebidas y alimentos que ofrecieron?" Ella le dijo: "Nada, todo estaba incluido en la compra del tiquete".

La pildorita y reflexión de hoy es:

¿Has aceptado a Jesús como Señor de tu vida? Entonces eres su hijo y todo lo de Él es tuyo. **No temas**... está incluido.

Pildorita
124

Jeremías 46:28 (NVI)

Siervo mío, no temas,
porque yo estoy contigo
—afirma el SEÑOR —.

El contentamiento va de la mano de no perder la capacidad de asombro. Eso era algo que siempre oraba con mi esposo, y aún lo sigo haciendo. Es tan fácil acostumbrarse a las bendiciones de Dios que ya no nos sorprendemos al ver un amanecer, un atardecer o ver el imponente mar. Se nos olvida agradecer por la familia que tenemos, el lugar donde vivimos, por el plato de comida que no falta en nuestra mesa, la cama donde podemos descansar, etc.

Cuando mi hija Carolyn estaba en la adolescencia que, como dice el pastor Silvano Espíndola, es la edad en que "adolecen de todo", siempre se estaba quejando y nunca nada era suficiente. Yo le decía: "Siempre te falta cinco pal peso y pelo pal moño".

La falta de contentamiento no creo que le agrade a Dios. Él dice en su Palabra que estemos siempre gozosos, que oremos sin cesar y que demos gracias en todo porque esa es su voluntad para nosotros.

Dar gracias por lo que tenemos y no tenemos, por lo que entendemos y lo que no entendemos. Mira lo que dice en Habacuc 3:17-18:

Aunque la higuera no dé renuevos, ni haya frutos en las vides; aunque falle la cosecha del olivo, y los campos no produzcan alimentos; aunque en el aprisco no haya ovejas, ni ganado alguno en los establos; aun así, yo me regocijaré en el SEÑOR, ¡me alegraré en Dios, mi libertador!

La pildorita y reflexión de hoy es:

Ten un corazón alegre, agradecido y no pierdas la capacidad de asombro. **No temas...** *Porque yo estoy contigo, afirma el SEÑOR.*

Pildorita
125
Parte I

Salmo 115:13 (RVR1960)
Bendecirá a los que temen al Señor,
a pequeños y a grandes.

Esta historia es inspiradora y tiene que ver con el profeta Eliseo. Dice que un día pasaba por Sunen y había una mujer de buena posición que le insistió que comiera en su casa.

Desde entonces, siempre que pasaba por ese pueblo comía allí, pero ella no se conformó solo con invitarlo a comer, sino que habló con su esposo y le dijo: "Yo estoy segura que este hombre que siempre nos visita es un santo hombre de Dios. Hagámosle un cuarto en la azotea y pongámosle una cama, una mesa con una silla y una lámpara para que cuando nos visite tenga un lugar donde quedarse". Antes de continuar, quiero resaltar varios detalles:

El Señor nos pide que seamos hospitalarios y esta mujer no solo lo invitaba a comer a su casa siempre que pasaba por el pueblo, sino que discierne que no es un hombre cualquiera, sino un santo hombre de Dios y, en común acuerdo con su esposo, le hacen una habitación donde él pueda descansar tranquilamente.

Estos actos generosos trajeron como resultado una gran bendición sin ella pedirlo. Eliseo quiso retribuir en algo sus atenciones y le preguntó a Giezi, su criado: "¿Qué puedo hacer por ella?" Este le dice que no tiene hijos y que su esposo es anciano. La manda a llamar y le promete que el otro año, por esa misma época, tendrá un hijo; y así fue.

La pildorita y reflexión de hoy es:

Ni te imaginas la bendición que tiene el Señor preparada cuando te ocupas de un hombre o una mujer de Dios. ¡No temas!

Pildorita
126
Parte II

2 Reyes 4:27b (NVI)

¡Déjala! Está muy angustiada, y el SEÑOR me ha ocultado lo que pasa; no me ha dicho nada.

Pasó el tiempo y el niño había crecido; un día estaba jugando, le dio un fuerte dolor de cabeza y murió. La mamá lo acostó en la cama donde dormía Eliseo cuando pasaba por su casa y salió en busca del profeta y le reclamó el por qué le había dado un hijo que ella no había pedido, si se lo iba a quitar.

Entonces, él fue donde estaba el niño muerto, se acostó sobre él siete veces, hasta que estornudó y volvió a vivir. Pasó el tiempo y Eliseo le advierte a esta mujer que se vaya del país con su familia, porque vienen siete años de hambre.

Ella obedeció y se fue. Pasados estos años, regresa y va donde el rey a rogarle que le devuelva su casa y sus tierras. En ese momento el rey estaba hablando con Giezi, el criado del hombre de Dios, porque quería saber todas la maravillas que había hecho el profeta Eliseo y le estaba contando que había revivido al hijo de una sunamita. ¡Qué "coincidencia"! En ese mismo momento entra ella con su hijo y Giezi le dice: "Mi Señor y rey, esta es la mujer y este es el hijo que revivió". Ella le contó al rey cómo había pasado todo.

Después de escucharla, ordenó devolverle todas sus pertenencias, incluso las ganancias que habían producido sus tierras desde el día que salió del país hasta ese momento.

El Señor bendijo a esta mujer y a su familia, porque tuvo un corazón generoso al atender al profeta de Dios, dándole comida y hospedándolo en su casa.

La pildorita y reflexión de hoy es:

No sabes a quién el Señor pondrá en tu camino para poder servirle. Hazlo. **¡No temas!**

Pildorita
127

Apocalipsis 2:10 (RVR1960)

No temas en nada lo que vas a padecer.

Una de mis prédicas preferidas de mi esposo se llama: "Las firmas de Jesús". En otra pildorita les conté algunos diagnósticos que le dieron los médicos a Fernando y muchos de sus problemas de salud.

Él contaba que en su cuerpo tenía trece cicatrices y que le gustaba mirarlas, porque cada una de ellas llevaba la firma de Jesús. "En esta cicatriz, te libré de las balas del atentado; aquí te sané de cáncer; en esta te diagnosticaron..., y Yo te sané". ¡Qué forma tan especial de ver con otra óptica lo que tal vez para muchos podría ser una queja, al ver en su cuerpo tantas de ellas!

Todos tenemos varias cicatrices en el cuerpo, algunas que se ven y otras que no, donde Jesús ha firmado. Por ejemplo, aquellas que ha sanado en nuestro corazón cuando lo hemos tenido roto en mil pedazos y nos recuerdan que estuvo a nuestro lado, velando por nosotros. También tenemos cicatrices ocasionadas por los pecados del pasado, donde Jesús firmó con su sangre en cada uno de ellos y dijo: "Ya fue pagado por mí".

La pildorita y reflexión de hoy es:

Tu vida es una carta de presentación de lo que Cristo ha hecho en ti. En ella habla de su amor, perdón, restauración, liberación... y todos podrán leerla. Lleva su firma.
Muestra lo que ha hecho en tu vida. ¡**No temas**!

Pildorita
128

Salmo 94:19 (NVI)

Cuando en mí la angustia iba en aumento,
tu consuelo llenaba mi alma de alegría.

Muchos de los Salmos fueron escritos por el rey David y si algo admiro de ellos es la transparencia de su corazón. Decía lo que sentía sin adornar nada. En algunos comienza hablando triste, derrotado y a medida que pasaba tiempo en la presencia del Señor, sus palabras cambiaban y su espíritu se fortalecía.

Miremos el Salmo 94, versículos uno y dos, comienza hablándole al Señor así: *"Señor, Dios de las venganzas, ¡manifiéstate! Levántate, Juez de la tierra y dales su merecido a los soberbios"*. Fuerte, ¿verdad?

Dios ve y escucha todo. En el versículo 9 dice:*¿Acaso no oirá el que nos puso las orejas, ni podrá ver el que nos formó los ojos?¿*Qué tal si respondiera a todas las oraciones que hacemos cuando estamos enojados con nosotros o con alguien más? ¿O en el día malo, donde todo nos sale al revés, o nos sentimos tristes, desanimados, sin fuerzas, deprimidos, sin ganas de vivir y hemos hecho oraciones peligrosas? Gracias a Dios las escucha, pero entiende cómo nos sentimos y como buen padre deja que se nos pase el enojo o la frustración.

La pildorita y reflexión de hoy es:

Él sabe cómo te sientes hoy y tiene la solución.
No temas... *Cuando en mí la angustia iba en aumento, tu consuelo llenaba mi alma de alegría.*

Pildorita 129

Salmo 64:9 (NVI)

La humanidad entera sentirá temor: proclamará las proezas de Dios y meditará en sus obras.

Este libro devocional tiene como propósito llevarte a vivir una vida libre del temor, porque Jesús vino a la tierra para darnos libertad en todas las áreas y el temor es como una cadena que te amordaza, y a medida que le demos más cabida en nuestra vida, más nos va a paralizar, llevándonos a tener una vida sin propósito y dejando que el enemigo gane terreno y llene nuestra mente de engaños. Ese es el campo perfecto donde él mina nuestra mente. Si admitimos uno solo de esos pensamientos de temor, ya logró su objetivo, que es robarnos la paz.

¿Han notado que en varias pildoritas he usado sinónimos de temor, como angustia, aflicción, terror, pánico, susto, turbar, abatir y que obviamente se encuentran en versículos de la Biblia? Pero hay otro concepto de temor en la Biblia, el temor a Dios, que no es de miedo, sino de reverencia. Es saber quién es Él.

En Proverbios 1:7 dice que el principio de la sabiduría es el temor del Señor y en el versículo de hoy nos habla que la humanidad entera sentirá ese temor; van a hablar de todas las grandezas que ha hecho en nuestras vidas y oramos que muchos lleguen a su conocimiento y confiesen que Él es el Señor de señores, el Rey de reyes. No hay otro como Él ni lo habrá.

La pildorita y reflexión de hoy es:

Jesús es la respuesta. ¡No temas!

Pildorita
130

I Reyes 19:3 (NVI)

Elías se asustó y huyó para ponerse a salvo.

Esta pildorita va dedicada a todos los hombres y mujeres de Dios que en algún momento de sus vidas se han sentido o se sienten como estuvo el profeta Elías: sin ganas de seguir viviendo. Sintiendo, como dice la canción de Jesús Adrián Romero: "Cansado del camino..." y con la armadura desgastada.

Elías estaba huyendo, porque lo habían amenazado con matarlo. Tenía ganas de morirse y hace una oración peligrosa, como decía en una pildorita anterior: "Estoy harto, quítame la vida".

Me gusta ver que estos hombres de Dios abrían su corazón sincero delante del Señor.

I Reyes 19:4: *Y caminó todo un día por el desierto. Llegó adonde había un arbusto, y se sentó a su sombra con ganas de morirse. «¡Estoy harto, SEÑOR! —protestó—. Quítame la vida, pues no soy mejor que mis antepasados».*

Es importante aclarar que muchas aflicciones que sufrimos, Dios las permite, pero en otros casos, nosotros mismos las hemos provocado por actuar a nuestra manera, por desobedecerlo y, todo ello, tiene sus consecuencias y no debemos culpar a Dios o reclamarle por qué nos pasó esto o aquello, si solitos ocasionamos estar pasando esa prueba.

Esta historia de Elías termina con ese corazón bondadoso del Señor por sus hijos. Después de que durmió, un ángel lo despertó para que comiera; comió, se volvió a dormir, el ángel regresó, lo despierta y le dice: "Levántate y come porque te espera un largo viaje".

La pildorita y reflexión de hoy es:

El Señor te dice: "Levántate y come, porque largo camino te espera". ¡No temas!

Pildorita
131
Parte I

Isaías 51:7b (NVI)
No teman el reproche de los hombres, ni se desalienten por sus insultos.

Quiero compartirte esta reflexión:

«Cuentan que una vez en la carpintería hubo una extraña asamblea: fue una reunión de herramientas para arreglar sus diferencias. El martillo ejerció la presidencia, pero la asamblea le notificó que tenía que renunciar. ¿La causa? ¡Hacía demasiado ruido! Y, además, se pasaba el tiempo golpeando.

El martillo aceptó su culpa, pero pidió que también fuera expulsado el tornillo; dijo que había que darle muchas vueltas para que sirviera de algo. Ante el ataque, el tornillo aceptó también, pero a su vez pidió la expulsión de la lija. Hizo ver que era muy áspera en su trato y siempre tenía fricciones con los demás.

Y la lija estuvo de acuerdo, a condición de que fuera expulsado el metro que siempre se la pasaba midiendo a los demás según su medida, como si fuera el único perfecto.

En eso, entró el carpintero, se puso el delantal e inició su trabajo. Utilizó el martillo, la lija, el metro y el tornillo. Finalmente, la tosca madera inicial se convirtió en un fino mueble.

Cuando la carpintería quedó nuevamente sola, la asamblea reanudó la deliberación. Fue entonces cuando tomó la palabra el serrucho, y dijo: ¡Señores, ha quedado demostrado que tenemos defectos, pero el carpintero trabaja con nuestras cualidades! ¡Eso es lo que nos hace valiosos! ¡Así que no pensemos ya en nuestros puntos malos y concentrémonos en la utilidad de nuestros puntos buenos!

La asamblea encontró entonces que el martillo era fuerte, el tornillo unía y daba fuerza, la lija era especial para afinar y limar asperezas y observaron que el metro era preciso y exacto. Se sintieron entonces un equipo capaz de producir muebles de calidad. Se sintieron orgullosos de sus fortalezas y de trabajar juntos».

La pildorita y reflexión de hoy es:

Dios nos hizo únicos y especiales. Acepta a los demás como son, con sus diferencias y trabaja como parte de ese cuerpo. ¡No temas!

Pildorita
132
Parte II

Job 15:4 (NVI)

Tú, en cambio, restas valor al temor a Dios y tomas a la ligera la devoción que él merece.

Como en la reflexión anterior, se nos olvida que Dios colocó cada miembro del cuerpo como mejor le pareció.

I Corintios 12:14-22: *Ahora bien, el cuerpo no consta de un solo miembro sino de muchos. Si el pie dijera: «Como no soy mano, no soy del cuerpo», no por eso dejaría de ser parte del cuerpo. Y si la oreja dijera: «Como no soy ojo, no soy del cuerpo», no por eso dejaría de ser parte del cuerpo. Si todo el cuerpo fuera ojo, ¿qué sería del oído? Si todo el cuerpo fuera oído, ¿qué sería del olfato? En realidad, Dios colocó cada miembro del cuerpo como mejor le pareció. Si todos ellos fueran un solo miembro, ¿qué sería del cuerpo? Lo cierto es que hay muchos miembros, pero el cuerpo es uno solo.*

El ojo no puede decirle a la mano: «No te necesito.» Ni puede la cabeza decirles a los pies: «No los necesito.» Al contrario, los miembros del cuerpo que parecen más débiles son indispensables.

La iglesia cristiana es la que más denominaciones tiene y lo más curioso de todo es que cada una es un mundo aparte. Se debería trabajar para la unión de todas y que seamos un solo cuerpo.

Nos llamamos cristianos porque somos seguidores de Cristo, Él murió por cada uno de nosotros, ante sus ojos todos somos iguales, nadie es más importante que otro.

Dice que los miembros que parecen más débiles son los más indispensables. Dejemos de estar mirando lo que los demás tienen y más bien concentrémonos en ser útiles en su cuerpo y como su iglesia que somos.

La pildorita y reflexión de hoy es:

Eres original y no copia. Dios te ha dotado de talentos y cualidades, únicos y especiales, para su obra. **¡No temas!**

Pildorita
133

Salmo 34:19 (NVI)

Muchas son las angustias del justo,
pero el SEÑOR lo librará de todas ellas.

He tratado en cada una de estas páginas de ser lo más transparente posible. Nunca me ha gustado mostrarme como una súper mujer, porque no lo soy; al contrario, quiero que las personas que me ven, escuchan y ahora me leen, sepan que soy como cada uno de ustedes. Tampoco intento que me miren con lástima, lo único que pretendo es que vean a Dios obrar en cada situación, que es real y que aunque pasemos por muchas aflicciones, Él está a nuestro lado y como dice el versículo de hoy: "Nos libra de todas ellas".

Desde octubre de 2014 que mi esposito comenzó con quebrantos de salud, empezaron una serie de situaciones que no han parado hasta hoy. Les conté que 2015 fue uno de los años más difíciles que he vivido, con los problemas de salud de Fernando hasta que falleció en mayo, adaptarme a mi nueva condición de soledad, de pérdidas. Fue un año de luto y duelo.

Al comienzo de 2016, a mi madre la atropella la moto y tuve que estar dos meses en Colombia. Después de mitad de año, que todo volvió a la normalidad, en agosto me doblo el tobillo y algo que supuestamente solo tomaría dos semanas, me hace estar dos meses sin poder caminar, manejar, etc. No ha sido fácil y he aprendido a vivir un día a la vez, con contentamiento y agradecimiento con el Señor, porque Él es bueno y fiel.

La pildorita y reflexión de hoy es:

Muchas son las angustias del justo, pero el SEÑOR lo librará de todas ellas. **¡No temas!**

Pildorita
134
Parte I

Salmo 112:7 (NVI)

No temerá recibir malas noticias;
su corazón estará firme, confiado en el SEÑOR.

Durante los dieciséis años que viví en Miami, tuve que acostumbrarme que de junio a noviembre de cada año es temporada de huracanes. Tuvimos muchas alertas y en octubre 24 del 2005 fuimos impactados por el huracán Wilma que llegó como categoría uno y, sin embargo, nos dejó sin electricidad por tres días e hizo mucho daño.

Comenzando el mes de octubre de 2016, los medios de comunicación hacían referencia a una tormenta tropical llamada Matthew que en cuestión de días se convirtió en huracán categoría 5, la máxima que hay, y fue uno de los más peligrosos que se ha registrado en los últimos tiempos; por donde pasó, dejó ruina y muerte.

Algo impactante fue que, cuando llegó a Haití, tomó forma de calavera; así se vio en una foto tomada desde el espacio que se volvió viral. Eso fue lo que dejó por su paso por este país, novecientos muertos y unas imágenes impactantes de devastación, como si hubiera pasado un terremoto. Así también quedó Cuba.

Los meteorólogos comenzaron a mostrar la ruta de este monstruo, que se enfilaba con toda su fuerza hacia su nuevo blanco, el centro de la Florida. El ojo de este terrible huracán pasaría el viernes 07 sobre Orlando. Pasamos de ser espectadores a protagonistas.

Esta historia continuará... ¡Verán la Gloria de Dios, su amor, cuidado y protección!

La pildorita y reflexión de hoy es:

No temerá recibir malas noticias; su corazón estará firme, confiado en el Señor. **¡No temas!**

Pildorita
135
Parte II

Isaías 7:4a (NVI)

Dile que tenga cuidado y no pierda
la calma; que no tema.

Les decía en la pildorita anterior que cada año, en Miami, por lo menos una vez hay alerta de huracán ya que esta ciudad está ubicada en el sur de la Florida, rodeada de mar y esto la hace muy propensa a ser afectada por estos fenómenos atmosféricos.

No es el caso de Orlando. Sin embargo, el jueves 06 de octubre la ciudad estaba en alerta roja. Seguíamos las instrucciones de las autoridades de comprar enlatados, agua, linternas, tener los papeles más importantes a la mano, tener los carros con suficiente combustible y tratar de proteger de la mejor manera las viviendas. Los albergues se prepararon para recibir a muchas personas que serían desalojadas de sus hogares. Les puedo decir que ese huracán era diabólico, vino a matar y destruir.

La función del enemigo es llenarnos de temor y ansiedad y más cuando nuestros ojos están viendo lo que está pasando a nuestro alrededor; pero nosotros, como hijos de Dios, tenemos que pararnos firmes, creyendo, tomando autoridad, porque sabemos que su palabra es verdad y que en tiempo de malas noticias confiaremos en cada una de sus promesas.

Eso fue lo que nosotros hicimos: oramos y clamamos sin cesar, y ante nuestros ojos, el Señor hizo un milagro. Es como si hubiera soplado y no dejó que tocara nuestra ciudad de Orlando.

La pildorita y reflexión de hoy es:

Aunque un huracán esté rugiendo en tu vida y pareciera que solo deja muerte y ruina, el Señor te dice:
*"Dile que tenga cuidado y no pierda la calma; que **no tema**".*

Pildorita
136
Parte III

Job 11:19a (NVI)
Descansarás sin temer a nadie.

Desde que comencé a escribir este devocional, le he pedido a Papá Dios poder estar muy atenta a lo que me hable, que me muestre, a través de las circunstancias, de su Palabra, de las personas y es por esto que este capítulo tiene que ver con un paralelo que el Señor me mostró con toda esta situación del huracán Matthew.

Me llama la atención los nombres que le colocan a estos huracanes. Cada año se prepara una lista con los nombres que recibirán los que se vayan formando a lo largo de la temporada.

Estas listas se repiten cada seis años, incluyen un nombre por cada letra del alfabeto y se alternan nombres masculinos con femeninos, pero lo que más me sorprendió es que son retirados de la lista los que han ocasionado más destrucción y muertes, así que Matthew y María saldrán para siempre de ella.

¿No deberíamos hacer lo mismo nosotros con las situaciones que nos han causado dolor en nuestra vida?

Mira lo que dice Job 11:16:

Ciertamente olvidarás tus pesares, o los recordarás como el agua que pasó.

Cuando estamos en medio de la tormenta, sentimos que eso no va a terminar nunca, que no tendremos la fuerza y el valor para soportarlo, pero ¿sabes?... ¡eso también pasará!

La pildorita y reflexión de hoy es:

Papá Dios te dice: "Olvida tus pesares y simplemente recuérdalos como el agua que pasó y sácalo definitivamente de la lista". **¡No temas!**

Pildorita
137

Salmos 66:14 (RVR1960)

Que pronunciaron mis labios y habló mi boca,
cuando estaba angustiado.

Fernando contaba que un día estaba lloviendo muy fuerte en Bogotá, Colombia, donde él vivía, y estaba muy triste ya que su exesposa lo había abandonado y se había llevado a sus hijos.

Aún estaba muy reciente lo del atentado que había sufrido, había entregado la iglesia de Armenia que amaba y donde pastoreaba, sentía su vida completamente desolada, sin rumbo. Dice que lloraba tan fuerte como la lluvia que caía.

Él estaba parado al lado de la ventana y Dios le habló a su corazón y tuvieron este diálogo:

— Fernando, ¿ves el edificio que está al frente?

— No Señor, la lluvia no me deja verlo.

— Pero, ¿está ahí?

— Sí Señor, ahí está.

— Pero, ¿lo ves? —insistió Dios.

— No, Señor, la lluvia no me deja verlo. —repitió Fernando.

— Eso mismo pasa contigo en este momento. Las lágrimas no te dejan verme, pero aquí estoy contigo y cosas lindas y grandes tengo para ti.

No sé cuánto tiempo pasó desde ese día hasta que viajó a Miami para hablar con el Pastor Darío, quien le propuso que se viniera a vivir a esta ciudad como copastor de la iglesia Casa sobre la Roca Miami. Yo ya estaba asistiendo a esta iglesia, y allí fue el comienzo de lo que sería nuestra historia de amor.

La pildorita y reflexión de hoy es:

Ni te imaginas lo que el Señor tiene preparado para ti.
¡No temas!

Pildorita
138

Daniel 5:10b (RVR1960)

No te turben tus pensamientos,
ni palidezca tu rostro.

En una de las tantas conversaciones con Fernando, me confesó que a veces luchaba por no menospreciar lo que las personas le contaban que estaban pasando, porque terminaba comparándolo con lo que él había vivido y pensaba: "Eso no es nada comparado con lo que yo viví, pues tuve cáncer, fui desahuciado en varias oportunidades, el atentado, problemas de corazón, en fin..."

A mí también me ha pasado, quiero compartir algo que estoy viviendo y me encuentro con personas que, no termino de contarles, y me dicen: "No te imaginas mis situaciones y lo que estoy pasando, eso sí es algo difícil".

En ese momento opto por callarme y escuchar lo que sí es verdaderamente importante para ellos. Cuando nos pasamos quejándonos y mirando solo nuestros problemas, es un acto egoísta y tal vez, sin darnos cuenta, estamos buscando autocompasión, nos sentamos a lamernos las heridas para que los demás pasen y digan: ¡Pobrecito!

¿Tú crees que el Señor quiere que nos vean así, que proyectemos eso? ¿Dónde está entonces su victoria? El Señor nos dice en su Palabra que estemos siempre gozosos y esto incluye esos momentos difíciles que todos tenemos.

El Señor nos dio dos oídos para que escuchemos más y una sola boca para que hablemos menos.

La pildorita y reflexión de hoy es:

Cuando te ocupas de los demás, Dios se ocupa de lo tuyo. ¡No temas!

Pildorita
139

Romanos 8:15 (RVR1960)

Pues no habéis recibido el espíritu de esclavitud para estar otra vez en temor, sino que habéis recibido el espíritu de adopción, por el cual clamamos: ¡Abba, Padre!

Tengo varias parejas muy queridas y cercanas que tienen hijos adoptados y dicen que el amor que sienten por ellos es más fuerte que si los hubieran concebido.

Fernando hizo una prédica sobre la adopción y explicaba que no necesariamente cuando una mujer queda embarazada es un hijo deseado, porque pudieron suceder varios factores: Hicieron mal las cuentas, o fue una noche de pasión, o un descuido, pero en el caso de una pareja que adopta un hijo, su embarazo nació en el corazón y fue anhelado, esperado con mucha alegría y gozo.

En la Nueva Versión Internacional, este mismo versículo dice que hemos recibido el Espíritu que nos adopta como hijos y nos permite clamar: ¡Abba, Padre! Esto significa: Papito lindo. No sé si esto llega a tu corazón y te hace sentir amado y especial para Dios.

Él nos dice en su Palabra que con amor eterno nos ha amado. Antes de que naciéramos, Él ya nos amaba y fuimos concebidos en su corazón. No importa si tus padres te amaron o no, Él sí te ama y cuida de ti. Mira lo que dice en este versículo: Salmo 27:10: *Aunque mi padre y mi madre me abandonen, el SEÑOR me recibirá en sus brazos.*

La pildorita y reflexión de hoy es:

No eres uno más, eres su hijo amado y anhelado.
¡No temas!

Pildorita

140

2 Corintios 2:4 (NVI)

Les escribí con gran tristeza y angustia de corazón, y con muchas lágrimas, no para entristecerlos, sino para darles a conocer la profundidad del amor que les tengo.

Les había comentado mi preocupación sobre el índice tan alto de suicidios en niños y adolescentes. Es increíble que en esas etapas de la vida, cuando se debe vivir más tranquilo y feliz ya que la única y verdadera preocupación es estudiar, vemos que están siendo atrapados por algo que se llama depresión blanca. Es un estado patológico de fastidio y aburrimiento. Se caracteriza en parte por inactividad e indiferencia. Su vida no tiene rumbo, hay ausencia de valores y de sentido de la vida.

Lo increíble es que los niños y jóvenes lo están viviendo y los padres no se están dando cuenta. Los sociólogos lo llaman anomia, que es la pérdida de valores. ¿Hasta dónde los adultos somos culpables de esto? Hemos reemplazado nuestro tiempo de calidad con ellos por tabletas, celulares y juegos electrónicos que les están afectando su mente; los embotan, los aíslan por completo de nosotros y se han vuelto autistas de la juguetería que disponen hoy, y un blanco perfecto para los vicios.

Esta pildorita es un llamado para que rescatemos a nuestros niños y jóvenes, compartamos más con ellos, salgamos al aire libre a hacer deportes, llenémoslos de amor y atención.

Ellos están pidiendo a gritos ayuda. Padres, nuestros hijos son de Dios y Él nos los prestó, y también tendremos que dar cuenta de ellos.

La pildorita y reflexión de hoy es:

Hoy es el día para hacer correcciones y cambios en nuestra familia. ¡No temas!

Pildorita
141
Parte I

Ester 4:4 (NVI)

Cuando las criadas y los eunucos de la reina Ester llegaron y le contaron lo que pasaba, ella se angustió mucho.

En el libro de Ester que está en la Biblia no se menciona el nombre de Dios, pero en cada página se percibe su presencia y cómo sus propósitos y planes se cumplen.

La primera historia que encontramos es que, por capricho o enojo, la Reina Vasti no se presenta ante el rey Asuero y es destituida. Esto hizo posible que, entre muchas mujeres que se presentaron delante del rey, Ester fuera la que halló gracia ante sus ojos y, por lo tanto, fuera coronada como la nueva reina.

Y esto tenía un propósito divino; ella era judía y fue el instrumento que Dios usó para que, junto a su tío Mardoqueo, salvaran a su pueblo de ser aniquilados, ya que el malvado Amán había creado un plan para destruir a los judíos, porque Mardoqueo nunca se inclinó ni arrodilló ante él.

Es por esto que Mardoqueo buscó la manera de que su sobrina se enterara de lo que estaba pasando y le dijo algo, que es la clave de este libro: *"¿Quién sabe si no has llegado al trono precisamente para un momento como este?"* Cuando Dios quiere llevar a cabo su plan, mueve las fichas, nos llena de templanza, gracia y favor.

Ester convocó al pueblo judío a tres días de ayuno y oración para presentarse delante del rey, lo cual no era permitido si él no la mandaba a llamar. Esta valiente joven, arriesgando su vida, se presentó ante el rey, él la miró con agrado y Ester pudo interceder. ¡Se logró el propósito divino de que el pueblo de Dios se salvara!

La pildorita y reflexión de hoy es:

Sé obediente y sensible a lo que Dios te pida hacer por Él.
¡No temas!

Pildorita

142

Parte II

Jeremías 39:17 (NVI)

Pero en ese mismo día yo te rescataré —afirma el SEÑOR —, y no caerás en las manos de los hombres que temes.

Otra historia espectacular de este libro, es que Mardoqueo se da cuenta que dos miembros de la guardia real estaban enojados y tramaban asesinar al rey Asuero. Él se lo hace saber a su sobrina, la reina Ester, quien se lo comunica al rey y, a esos dos hombres, los mandaron a matar, y todo quedó debidamente anotado en los registros reales.

Cierta noche en que el rey no podía dormir, mandó que le trajeran las crónicas reales y se las leyeran. Allí constaba que Mardoqueo había delatado a los dos miembros de la guardia real que habían tramado matar al rey. Este pregunta:"¿Qué honor o reconocimiento se le ha dado a Mardoqueo?" Y sus ayudantes le dicen: "Nada".

En ese momento llega Amán y el rey le pregunta: "¿Cómo se debe tratar al hombre a quien el rey desea honrar?" Y Amán, pensando que se trataba de él, comienza a decir todo lo que anhelaba: "Que se le ponga un vestido que el rey haya usado, un caballo que él haya montado, que lleve en su cabeza un adorno real y que uno de los funcionarios más ilustres lo vista y lo pasee por las calles de la ciudad proclamando a su paso: "¡Así se trata al hombre a quien el rey desea honrar!" El rey le dice entonces: "Ve de inmediato y haz todo lo que has sugerido, sin omitir ningún detalle, con el judío Mardoqueo".

¿Se imaginan la cara de Amán?

La pildorita y reflexión de hoy es:

Dios es el Rey de reyes. No duerme y lee las crónicas de todo lo que has hecho por Él y para Él. ¡No temas!

Pildorita
143

Parte III

2 Crónicas 32:7ª (NVI)

¡Cobren ánimo y ármense de valor!
No se asusten ni se acobarden ante el rey.

No olvidemos que nada ni nadie puede meterse con un hijo de Dios. Les mencioné anteriormente el porqué del odio que Amán comenzó a tener por el judío Mardoqueo. Este pensó que su cuarto de hora le iba a durar para siempre y fue mal aconsejado por su esposa y amigos. Le dijeron: "Haz que se coloque una estaca a veinticinco metros de altura y por la mañana pídele al rey que empale en ella a Mardoqueo". Pero lo que él no sabía era que Ester le había solicitado al rey que Amán, en dos ocasiones, les acompañara a cenar. La segunda noche, en el banquete, el rey le pregunta a la reina que qué deseaba.

Ella le cuenta todos los planes que tenían de exterminar a su pueblo y el rey sorprendido dice: "¿Y quién ha hecho semejante barbaridad?" Entonces ella señala a Amán. El rey furioso sale al jardín del palacio y cuando regresa encuentra que Amán está casi encima de la reina, suplicándole clemencia por su vida.

El rey, muy enojado dice: "¿Y todavía se atreve este a violar a la reina en mi presencia y en mi casa?" Amán fue empalado en la estaca que él mismo preparó para Mardoqueo y este llegó a ser el segundo más importante del reino, después del rey. La gente lo respetaba, lo admiraba y tuvo mucho dinero y posiciones.

La pildorita y reflexión de hoy es:

El enemigo trama muchas cosas en contra tuya, pero el Señor le desbarata todas sus maquinaciones y las convierte en bendiciones. ¡No temas!

Pildorita
144
Parte I

Juan 14:27 (RVR1960)

La paz os dejo, mi paz os doy; yo no os la doy como el mundo la da. No se turbe vuestro corazón ni tenga miedo.

Como les conté, tuve un accidente casero donde me lastimé el tobillo derecho y eso me tuvo muy limitada en los movimientos. Lo bueno es que me llevó a escribir con más disciplina este devocional.

También tenía varios viajes pendientes que no pude realizar: a Expolit en Miami (el evento de música y literatura cristiana más importante) y a Coicom en México (el evento más grande de comunicadores cristianos).

También me habían hecho la invitación a un Festival de Jóvenes en el mes de septiembre a Paraguay, pero fue imposible viajar ya que era cuando más inflamado tenía mi pie y más limitada estaba. Tampoco pude asistir a Honduras.

No voy a decirles que no me dio tristeza el perder estas oportunidades, pero dialogando con mi hija, quien es muy sabia y Dios la usa para hablarme, me dijo: "Mami, el Señor no quiere que te vean así. Cuando estés lista, Él te llevará a donde debas ir".

Orando, le pedí al Señor que me hablara; me sentía muy frustrada y quería saber si volvería a la normalidad mi pie para así retomar mi vida y poder asistir a una capacitación que tenía pendiente con CVC La Voz y a predicar en Mendoza, Argentina.

En la siguiente pildorita les compartiré su respuesta.

La pildorita y reflexión de hoy es:

Antes de hacer tus planes, asegúrate que a donde te diriges el Señor va contigo. ¡No temas!

Pildorita
145
Parte II

Romanos 12:12 (RVR1960)

Gozosos en la esperanza; sufridos en la tribulación; constantes en la oración.

Cuando Dios habla, sencillamente nos deja con la boca abierta. Esta fue la respuesta que me dio, a través del devocional que leo diariamente de Charles Spurgeon:

Zacarías 10:12: *Y yo los fortaleceré en Jehová, y caminarán en su nombre, dice Jehová.*

Esto es un solaz para los santos enfermos. Se han debilitado y temen que no se levantarán nunca del lecho de la duda y del miedo; pero el grandioso Médico puede curar la enfermedad y quitar la debilidad proveniente de esa enfermedad.

Él fortalecerá a los débiles. Esto lo hará de la mejor manera posible, pues será "en Jehová". Nuestra fortaleza es mucho más sólida en Dios que en el yo. En el Señor, se produce comunión, en nosotros generaría orgullo. En nosotros estaría tristemente limitada, pero en Dios no conoce límites.

Cuando la fortaleza le es otorgada, el creyente la usa. Camina por todos lados en el nombre del Señor. ¡Qué gozo es caminar por todas partes después de una enfermedad, y qué deleite es ser fuerte en el Señor después de una temporada de postración! El Señor otorga a Su pueblo libertad para caminar por todos lados y un sosiego interior para ejercitar esa libertad. Él nos hace caballeros: no somos esclavos que no conocen el descanso y no disfrutan los paisajes, sino que somos libres de viajar cómodamente por toda la tierra de Emanuel. Vamos, corazón mío, ya no estés enfermo y afligido. Jesús te ordena que seas fuerte, y que camines con Dios en santa contemplación. Obedece Su palabra de Amor.

El día que recibí esta palabra comenzó mi recuperación.

La pildorita y reflexión de hoy es:

¡Qué hermoso es saber que tienes un Padre que no solo te escucha, sino que también te responde claro y directo! ¡No temas!

Pildorita
146

Jeremías 10:5 (RVR1960)

Derechos están como palmera, y no hablan; son llevados, porque no pueden andar. No tengáis temor de ellos, porque ni pueden hacer mal, ni para hacer bien tienen poder.

Fernando nos contó que cuando era pastor y sucedió el terremoto de Armenia en Colombia, en 1999, la ciudad quedó bastante afectada. Un día que visito el hospital, vio que en un piso estaba una imagen de una virgen, en yeso y del tamaño de una persona, que con el movimiento se la había caído la cabeza. Él contaba que le empezó a hablar a esta figura descabezada: "Si tienes tanto poder, por qué no te colocas la cabeza tú sola".

Quiero aclarar que los cristianos sí respetamos y admiramos a María, porque fue escogida por Dios entre todas la mujeres para que fuera la madre de su Hijo Jesús. Imaginemos todas las virtudes que el Señor vio en ella para darle tal honor, pero el problema está en volverla un ídolo y postrarnos delante suyo.

Recuerdan que en el Salmo 115, veíamos un versículo donde Dios dice que es celoso y no comparte su gloria con nadie, ni con la madre de Jesús ni con ningún otro santo.

La Biblia es tan clara cuando habla. Miremos este versículo de hoy: *"Estas figuras hechas por hombres están derechas como palmeras y no hablan, son llevadas porque no pueden andar."* Nos dice que no tengamos temor de esas imágenes, porque no tienen poder, ni de hacer mal ni de hacer bien.

La pildorita y reflexión de hoy es:

¿Por qué pedirle ayuda a un intermediario cuando tu Papá es el dueño de todo? ¡No temas!

Pildorita

147

Parte I

Deuteronomio 3:22 (NVI)

No les tengas miedo, que el SEÑOR tu Dios pelea por ti.

La Biblia tiene una gran cantidad de historias increíbles, como si fueran libretos de telenovelas o historias de Hollywood. Hoy quiero hablarte del nacimiento y llamado de Moisés. Resulta que los israelitas se habían multiplicado y estaban naciendo muchos niños varones, por lo cual, el faraón da la orden de tirar al río a todos los que nacieran.

Solo dejaban con vida a las niñas. Una de las hebreas queda embarazada y cuando nace su bebé, ve que es un hermoso niño. Lo esconde por tres meses y cuando ya no puede ocultarlo más, prepara una cesta donde mete al niño y lo deja a la orilla del río Nilo. La hermana del bebé se queda escondida para ver qué va a pasar con su hermanito.

En eso, la hija del faraón baja a bañarse en el río y de pronto ve la cesta y vio allí dentro un niño que lloraba. Dice la Biblia que tuvo compasión ya que sabía que era hebreo. En esto, llega la hermana del bebé y le dice: "¿Quiere usted que llame a una nodriza hebrea para que críe al niño por usted?" Ella estuvo de acuerdo y la muchacha sale en busca de su madre y la lleva delante de la hija del faraón.

Esta le dice: "Llévate al niño y críamelo. Yo te pagaré por hacerlo". ¡No me digan que esto no es como de telenovela! Cuando creció, se lo llevó a la hija del faraón, quien lo adoptó como su hijo y le puso por nombre Moisés, "porque de las aguas lo saqué".

La pildorita y reflexión de hoy es:

Antes de que nacieras, ya Dios tenía un plan para tu vida; te protegerá y lo cumplirá.
No temas... *que el SEÑOR tu Dios pelea por ti.*

Pildorita

148

Parte II

Éxodo 3:6 (RVR1960)

Y dijo: Yo soy el Dios de tu padre, Dios de Abraham, Dios de Isaac, y Dios de Jacob. Entonces Moisés cubrió su rostro, porque tuvo miedo de mirar a Dios.

Dios ya tenía un plan con Moisés. Fue criado con todos los lujos y beneficios de ser el nieto del faraón. Pasa el tiempo y por haber matado a un egipcio tiene que huir. Tiempo después, cuando Moisés era de edad avanzada y cuidaba el rebaño de su suegro, Dios se le presenta en una zarza ardiente y le dice que es el escogido para sacar de la opresión a su pueblo, los israelitas.

Liberarlos de los maltratos que el faraón y los egipcios cometían contra ellos; eran esclavos y cada vez el trabajo era más pesado y Dios escuchó su clamor. Ante esa encomienda, Moisés hizo lo que hemos hecho muchos de nosotros: ¡nos llenamos de excusas! Mira la conversación que tuvieron en Éxodo 4:10-13:

SEÑOR, yo nunca me he distinguido por mi facilidad de palabra —objetó Moisés—. Y esto no es algo que haya comenzado ayer ni anteayer, ni hoy que te diriges a este servidor tuyo. Francamente, me cuesta mucho trabajo hablar. ¿Y quién le puso la boca al hombre? —le respondió el SEÑOR —. ¿Acaso no soy yo, el SEÑOR, quien lo hace sordo o mudo, quien le da la vista o se la quita? Anda, ponte en marcha, que yo te ayudaré a hablar y te diré lo que debas decir. SEÑOR —insistió Moisés—; te ruego que envíes a alguna otra persona.

Dios no llama a los capacitados, Él capacita a los que llama, así que deja de darle excusas al Señor.

La pildorita y reflexión de hoy es:

Si Dios puso la mirada sobre ti, no te va a soltar hasta que se lleve a cabo lo que te encomendó. **¡No temas!**

Pildorita
149

Marcos 5:36b (RVR1960)
No temas, cree solamente.

En la primera pildorita, les compartí que por muchos años, junto a mi esposito, hacíamos una lista de propósitos para el nuevo año, pero cuando él partió, esa Navidad yo le pedí a Dios que escribiera Él cada una de esas trescientas sesenta y cinco páginas de mi vida del nuevo año.

Hoy quiero hablarte de dos listas que tenemos, y que Dios quiere que se las entreguemos. La lista de la insatisfacción: "Seré feliz cuando_____ (llena tú esta casilla), termine la escuela, vaya a la universidad, baje diez kilos, me case, tenga hijos, pueda viajar, etc.

Tenemos que decidir que no hay mejor momento como este; nunca habrá un día como hoy; esta fecha no volverá jamás y, mientras esperas lo que aún no tienes, se te está pasando la vida. La otra lista es la de la decepción y para explicar esta, quiero utilizar una ilustración:

Cierta vez, un hombre al que lo había mordido un perro, supo que tenía rabia. Comenzó a hacer una lista y el doctor le dijo: "Señor, no es necesario hacer el testamento; usted se va a mejorar". Pero el hombre le respondió: "No es mi testamento. Es la lista de las personas que voy a salir a morder".

Hay gente que vive pasándole la factura a todos los que están a su alrededor, o haciéndoles pagar lo que ellos no han hecho, o sienten que Dios, la vida y los demás les deben algo.

Somos deudores del Señor, Él no nos debe nada y tampoco mereceríamos nada, todo lo que Él nos da es por su gracia y misericordia.

La pildorita y reflexión de hoy es:

Gracias, Señor, por tu gran amor por mí. ¡No temas!

Pildorita
150
Parte I

Isaías 43:1 (NVI)

No temas, que yo te he redimido;
te he llamado por tu nombre; tú eres mío.

La intención de este devocional no es ofender a nadie, pero sí es mi oración que pueda traer libertad y respuestas a tu vida; quizá no las estabas buscando, pero el Señor quiere que las conozcas y entiendas el porqué de muchas cosas.

Les comenté en otra pildorita que de mi familia, mi mamá y yo teníamos una tendencia al ocultismo. Nos encantaba que nos leyeran las cartas, los cigarrillos, y hasta hacíamos rituales para recibir el año. En una ocasión, incluso visitamos una médium del fallecido doctor José Gregorio Hernández ("santo" venezolano al que erróneamente le atribuyen muchos milagros). Yo siempre cargaba un cuarzo para que me fuera bien y me alejara las malas "energías".

Cuando llegué a los caminos del Señor, así como entendí que Él no comparte su gloria con nadie, también entendí que aborrece que consultemos muertos o hechiceros y lo que no sabemos es que esto, al igual que la idolatría, trae miseria a nuestra vida y maldiciones para nuestros hijos y las generaciones venideras.

Mira lo que dice Deuteronomio 18:14:

Las naciones cuyo territorio vas a poseer consultan a hechiceros y adivinos, pero a ti el SEÑOR tú Dios no te ha permitido hacer nada de eso.

Tal vez es la primera vez que escuchas esto, pero Papá Dios te quiere hacer verdaderamente libre y bendecir esta generación y las venideras.

La pildorita y reflexión de hoy es:

Recibe esta palabra, porque es para ti. ¡Créela!
No temas, que yo te he redimido; te he llamado por tu nombre; tú eres mío.

Pildorita
151
Parte II

Isaías 8:12b-13 (NVI)

No teman lo que ellos temen, ni se dejen asustar. Sólo al SEÑOR Todopoderoso tendrán ustedes por santo, sólo a él deben honrarlo, sólo a él han de temerlo.

Venimos de diferentes culturas que tienen muchas tradiciones. Crecimos con ellas, participamos en ellas y tal vez nunca le dimos importancia al trasfondo espiritual que tienen.

Hoy me quiero referir a la celebración que se realiza en México el 2 de noviembre, el Día de los Muertos. Ese día, cada familia se prepara para recibir las almas de los seres queridos que han abandonado esta vida. Se realizan desfiles, sacan las pertenencias de las personas que ya no están, retratos y van por las calles rindiendo un culto a la muerte con su vestuario, maquillajes, preparan el pan de muertos y calaveritas de azúcar; todo parece una fiesta inocente, pero la verdad es que se le rinde homenaje y culto a la muerte.

El Señor Jesús venció a la muerte. Es la única tumba que está vacía. El enemigo vino a matar, robar y destruir y no podemos estar del lado del que quiere nuestra destrucción, sino de aquel que murió y al tercer día resucitó y hoy está a la derecha del Padre y sus brazos siguen abiertos, ya no en la cruz, sino para recibir y abrazar a todo aquel que quiera estar hoy, y una eternidad, junto a Él.

La pildorita y reflexión de hoy es:

No teman lo que ellos temen, ni se dejen asustar. Jesús vino a darte vida y vida en abundancia. **¡No temas!**

Pildorita

152

Job 23:15b (NVI)

Si pienso en todo esto, me lleno de temor.

Uno de los personajes bíblicos que pasó más pruebas fue Job. En un mismo día murieron todos sus hijos, perdió todas sus posesiones y su cuerpo se llenó de llagas desde la planta del pie hasta la coronilla. Su esposa, que fue lo único que le quedó, le reprochó: "¿Todavía mantienes tu integridad? ¡Maldice a Dios y muérete!" No quiero justificarla, pero imaginemos el dolor que ella estaba pasando con la pérdida de sus hijos, las pérdidas materiales y ver a su esposo en ese terrible estado de salud.

¡No se alcanzan a imaginar cuántas veces pensaba en este versículo mientras estábamos pasando esa prueba tan fuerte con mi esposito! Mi oración siempre fue: "Señor, no me dejes renunciar en esta prueba". Porque Fernando, como Job, a pesar de todo lo que vivió, no pecó ni de palabra y, como en algún momento les mencioné en otro capítulo, nunca se quejó, su amor por Jesús era tan grande que nos predicaba a todos en silencio desde esa cama de hospital.

Pero el cuerpo se cansa, el agotamiento, la incertidumbre, ver al ser que más amas pasar por situaciones que te desgarran el alma, todo eso pudo perfectamente llevarme a hacer una mala cara, un mal gesto, un feo comentario que lo lastimaría y me haría quedar en la mitad del camino.

Gracias al Señor, pude decir: ¡Prueba superada!

En Job 23:10b se nos dice: *Si me pusiera a prueba, saldría yo puro como el oro.*

La pildorita y reflexión de hoy es:

 En medio de la prueba tienes que vivir un día a la vez, porque *si pienso en todo esto, me lleno de temor.* **¡No temas!**

Pildorita
153

Números 12:8 (RVR1960)
¿Por qué, pues, no tuvisteis temor de hablar contra mi siervo Moisés?

Toda autoridad en la tierra es establecida por Dios, y ahora me quiero referir específicamente a nuestras autoridades espirituales. Si Dios colocó a alguien como pastor o líder, ¿quiénes somos nosotros para juzgarlo o criticarlo? Me encanta que la palabra hable por sí sola y ella nos redarguya.

Dice en Romanos 13:1:

Sométase toda persona a las autoridades superiores; porque no hay autoridad sino de parte de Dios, y las que hay, por Dios han sido establecidas.

En el versículo de hoy, los hermanos de Moisés, Aarón y Miriam, habían comenzado a murmurar contra él y Dios se enojó y les dijo: ¿Cómo se atreven a murmurar de mi siervo Moisés?

También en el Salmo 105:15:

«No toquen a mis ungidos; no hagan daño a mis profetas».

Si vemos que algún líder está distorsionando la Palabra del Señor, le está quitando o añadiendo algo, entonces podremos tomar acción; de lo contrario, calladitos nos vemos más bonitos.

La palabra es muy clara en Hechos 5:38-39:

En este caso les aconsejo que dejen a estos hombres en paz. ¡Suéltenlos! Si lo que se proponen y hacen es de origen humano, fracasará; pero si es de Dios, no podrán destruirlos, y ustedes se encontrarán luchando contra Dios.

La pildorita y reflexión de hoy es:

Si algo no te gusta o no estás de acuerdo de tu líder, no murmures, ora por él para que Dios lo guíe y le dé sabiduría. ¡No temas!

Pildorita

154

Parte I

Mateo 10:26 (NVI)

Así que no les tengan miedo; porque no hay nada encubierto que no llegue a revelarse, ni nada escondido que no llegue a conocerse.

Cuando escudriñamos la Palabra, nos encontramos cantidad de perlas que están allí y que Papá Dios nos revela a nosotros. Pero tenemos que pasar tiempo con Él para que recibamos lo que nos quiere mostrar y no nos pase como a sus discípulos, que se reveló a ellos, les dijo quién era, pero ellos no entendieron y muchas veces no le creyeron.

Mira lo que dice Lucas 10:21: *"En aquel momento Jesús, lleno de alegría por el Espíritu Santo, dijo: Te alabo, Padre, Señor del cielo y de la tierra, porque habiendo escondido estas cosas de los sabios e instruidos, se las has revelado a los que son como niños. Sí, Padre, porque esa fue tu buena voluntad"*.

Dios no ha escogido ni a los más instruidos ni a los más inteligentes para revelarse. Solo quiere que le creamos como niños, sin colocarle mucha cabeza, que solo nos hace dudar.

Quiero compartirles algunas perlas que me he encontrado y que son herramientas para orar de acuerdo a lo que necesitemos.

En Jeremías 33:3 dice: *"Clama a mí y te responderé, y te daré a conocer cosas grandes y ocultas que tú no sabes"*. La sabiduría divina empieza a través de la Palabra de Dios.

A Él le agrada que se la pidamos, como lo hizo Salomón, y dice que también le dio prudencia muy grande, porque estas dos deben ir de la mano; y le añadió anchura de corazón como la arena que está a la orilla del mar.

En la próxima pildorita encontrarás más perlas divinas.

La pildorita y reflexión de hoy es:

Pídele con todo tu corazón que se revele hoy a ti. ¡**No temas!**

Pildorita
155
Parte II

Juan 6:20 (NVI)
Pero él les dijo: «No tengan miedo, que soy yo».

Te decía que al Señor le gusta que lo anhelemos, lo busquemos y Él se deja encontrar. Mira este versículo tan hermoso que está en Jeremías 29:13-14ª: *"Me buscarán y me encontrarán, cuando me busquen de todo corazón. Me dejaré encontrar —afirma el SEÑOR".*

Recibe cada una de estas perlas y atesóralas, porque están reservadas para nosotros sus hijos y que podamos compartirlas con otros que desconocen estas promesas.

Isaías 11:2: *"El Espíritu del SEÑOR reposará sobre él: Espíritu de sabiduría y de entendimiento, espíritu de consejo y de poder, espíritu de conocimiento y de temor del SEÑOR".*

Su Espíritu va a reposar sobre nosotros y nos dará sabiduría, entendimiento, consejo, poder, conocimiento y esto nos lleva a tener reverencia y temor al Señor.

Cuando sientes que la creatividad se te va en tus proyectos, mira lo que dice Éxodo 31:3: *"Y lo he llenado del Espíritu de Dios, de sabiduría, inteligencia y capacidad creativa".*

En Zacarías 12:10a dice: *"Y derramaré sobre la casa de David, y sobre los moradores de Jerusalén, espíritu de gracia y de oración".*

¡Qué cantidad de promesas hermosas nos regala el Señor! Yo no me conformo con lo que sé de Él, porque sé que es una fuente inagotable y, como dice una alabanza: "He probado y quiero más".

La pildorita y reflexión de hoy es:

Sé ese instrumento que Papá necesita para trasmitir estas verdades. ¡No temas!

Pildorita

156

I Reyes 17:13 (NVI)

No temas —le dijo Elías—. Vuelve a casa
y haz lo que pensabas hacer.
Pero antes prepárame un panecillo con lo que tienes,
y tráemelo; luego haz algo para ti y para tu hijo.

El versículo de hoy tiene que ver con la historia de una viuda de Sarepta. Por lo que se deja ver en la Biblia, se encontraba en una situación económica muy mala y se estaban muriendo de hambre ella y su hijo.

Cuando uno lee cómo Dios hace las cosas tan poco convencionales, nos deja extrañados como en este caso.

Ella había salido a recoger leña y se encuentra con el profeta Elías. Él la llama y le dice: "Por favor, tráeme una vasija con un poco de agua para beber". Y mientras ella iba por el agua, le pide que también le traiga un poco de pan. Ella le responde: "No me queda ni un pedazo de pan; solo tengo un puñado de harina y un poco de aceite. Estaba recogiendo leña para ir a casa y preparar nuestra última comida antes de morirnos de hambre".

Nos sorprende lo que le dice Elías: "Ve y haz lo que tenías pensado. Pero me traes primero a mí y luego preparas para ti y tu hijo".

Este acto de obediencia trajo sobre su vida bendición. El profeta le da una palabra de parte de Dios, que no se agotaría ni la harina ni el aceite de su casa.

La pildorita y reflexión de hoy es:

El abecedario del cristiano tiene siete letras O B E D E C E.
Esto trae como resultado las bendiciones de Dios sobre tu vida.
Hazlo, puedes estar frente a tu milagro hoy. **¡No temas!**

Pildorita
157

Salmos 31:9 (NVI)

Tenme compasión, SEÑOR, que estoy angustiado.

El Señor se ocupa de las viudas, como lo dice en su Palabra. Él es nuestro esposo cuando ellos faltan, y puedo dar fe de ello: ¡Él ha cuidado de mí en este tiempo!

En esta pildorita quiero hablar de esta otra viuda que acude al profeta Eliseo. Le recuerda que su esposo era fiel al Señor, le dice que están endeudados y que el hombre al que le deben dinero, quiere llevarse a sus dos hijos como esclavos. Él le hace un par de preguntas: "¿Qué puedo hacer por ti? ¿Qué tienes en tu casa? Ella le responde que no tiene nada, excepto un poco de aceite. Eliseo le ordena: "Sal y pide a tus vecinos que te presten vasijas; consigue todas las que puedas. Luego entra en la casa con tus hijos, cierra la puerta y echa aceite en todas las vasijas".

Tal como el profeta le dijo, así lo hizo, ella y sus hijos llenaron todas las vasijas que pudieron conseguir. Hasta que hubo vasijas, hubo aceite y una vez que se acabaron, se acabó el aceite. Ella fue y le contó al hombre de Dios y él le dijo: "Ahora ve a vender el aceite y paga tus deudas. Con el dinero que te sobre, podrán vivir tú y tus hijos".

Dios obra sobrenaturalmente ante nuestras necesidades. Solo necesita "un poco de aceite" para proveer lo que necesitamos. No limitemos a Dios, Él quiere bendecirnos abundantemente.

Recuerda, solo cuando se acabaron las vasijas, se acabó el aceite.

La pildorita y reflexión de hoy es:

El Señor te pregunta hoy: ¿Qué puedo hacer por ti? Y dime, ¿qué tienes en tu casa? Sigue todas sus instrucciones.
¡No temas!

Pildorita
158

Hechos 10:22a (RVR1960)

Varón justo y temeroso de Dios, y que tiene buen testimonio.

No recuerdo exactamente si fue en la segunda o tercera hospitalización de mi esposito que mi madre se levantó una mañana y me contó que había tenido un sueño hermoso y lo describió así: "Era una pradera con un largo camino y veía a Fernando caminar con un bastón. A un lado había espigas y al otro lado cebada y, a medida que él pasaba, se unían las unas con las otras".

Era un lugar bello, con un sol radiante, brisa fresca y me veía a mí saltando muy alegre más atrás y decía: "¡Wow, wow, wow, por fin a descansar!" Mi madre cuenta que en el sueño lo llamó y le dijo: "Ferch (como le decía ella), me pones una hamaca adonde vas" Y él le respondió: "Sí, cómo no suegrita"... —Y se rio.

Cuando llegamos ese día al hospital, ella le contó el sueño y él suspirando dijo: "Qué lindo". Pasaron unos días y le pregunté: "Mi amor, ¿adónde te gustaría que vayamos cuando salgas de aquí y pase todo esto?" Y contestó: "Quiero ir a un crucero".

Después se quedó pensando y dijo: "Me gustaría ir al lugar que tu mama soñó". Sin imaginarnos qué pasaría más adelante. Después de que él partió con el Señor, recordaba ese sueño con mi madre y le pregunté: "Madre, ¿qué había en el fondo de ese largo camino? Y me dijo: "Nada, pero él se veía feliz". Ahora entendemos el sueño y la razón por la cual no se veía nada al fondo, ¡era el cielo!

Mi esposo fue un varón justo, temeroso de Dios, de buen testimonio y que hoy disfruta de su presencia.

La pildorita y reflexión de hoy es:

La muerte es solo un paso a la vida eterna con Jesús. **¡No temas!**

Pildorita
159

Proverbios 14:16 (NVI)
El sabio teme al SEÑOR y se aparta del mal.

En esta pildorita quiero hablarles de Zaqueo, el recaudador de impuestos. Era muy rico y dice la Biblia que estaba tratando de ver quién era Jesús, pero la multitud se lo impedía porque era de baja estatura; así que salió corriendo y se subió a un árbol para poder verlo.

Lo que nunca se imaginó fue lo que sucedió, ya que al llegar a ese lugar, Jesús miró hacia arriba y lo llamó por su nombre. ¿Te imaginas la sorpresa de Zaqueo? ¡Que alguien que no conoce, en medio de una multitud de personas, diga su nombre! ¡Solo te llama por tu nombre el que sabe quién eres! Además le dijo: "Baja enseguida, tengo que quedarme esta noche en tu casa".

Desde ese momento la vida de este hombre cambió; le devolvió dinero a los que les había cobrado de más y dio la mitad de sus riquezas a los pobres.

Jesús te conoce y, así como Zaqueo se subió a un árbol, tú puedas esconderte debajo de la cama, pero Él va hasta allí, se arrodilla, te mira y te llama por tu nombre... ¡y tu vida no volverá a ser la misma!

La Biblia dice que sabe cuántos cabellos tenemos en nuestra cabeza, nos conoce más que nosotros mismos y está interesado en tener una relación personal con cada uno de sus hijos.

En Apocalipsis 3:20 dice: *"Mira que estoy a la puerta y llamo. Si alguno oye mi voz y abre la puerta, entraré y cenaré con él y él conmigo".*

La pildorita y reflexión de hoy es:

Jesús está en tu puerta y quiere cenar contigo, acepta hoy su invitación. **¡No temas!**

Pildorita
160

Salmos 34:17 (NVI)

Los justos claman, y el SEÑOR los oye; los libra de todas sus angustias.

Escribir este devocional ha traído a mi memoria muchas experiencias que he vivido con mi Señor, y me alegra poderlas compartir contigo.

La segunda hospitalización de mi esposito, en el año 2015, fue el día de mi cumpleaños. Muchas de mis amigas, que colaboraban conmigo en el ministerio de mujeres, fueron a visitarme al hospital unos días después y me llevaron una tarjeta de cumpleaños.

Habían decidido darme dinero, pues pensaron que era más útil por las circunstancias que estábamos viviendo. Reunieron 400 dólares y me lo dieron en efectivo. Me sorprendí de la cantidad, se los agradecí y puse el dinero en el bolsillo de atrás de mi pantalón.

Más tarde fui con mi madre a la tienda del hospital a comprar algo y cuando fui a sacar el dinero para pagar no tenía nada, ¡lo había perdido! Sudé frío y me fui a la habitación de Fernando, le conté lo sucedido y me dijo que orara primero y luego fuera a preguntar en la oficina de atención al cliente. ¿Se imaginan? ¿Un lugar público donde pasan tantas personas y que alguien que se encuentre dinero en efectivo lo devuelva? ¡Era casi imposible! Obedecí, fui allí y le conté a la persona que me atendió lo que me había pasado.

Ella se levantó, sacó una caja plástica de objetos perdidos, tomó un sobre y me preguntó: "¿Cuánto dinero se le perdió?" Le dije: "400 dólares". Me extendió el sobre y me lo entregó. ¡Estaba completo el dinero! Dios hizo ese milagro; mi madre y yo nos quedamos con la boca abierta.

La pildorita y reflexión de hoy es:

Él es el Dios de los imposibles. **¡No temas!**

Pildorita 161

Proverbios 10:27a (NVI)
El temor del SEÑOR prolonga la vida.

Hoy te hablaré del rey Ezequías, quien se encontraba muy enfermo. Sin duda alguna, la visita que él recibió no fue la más alentadora, ya que se encontraba postrado en una cama. Llegó el profeta Isaías y le dijo: "Así dice el Señor: Pon tu casa en orden, porque vas a morir, no te recuperarás". ¿Se imaginan el balde de agua fría que recibió?

Pero me llama la atención lo que el rey hizo después de semejante noticia: 2 Reyes 20:2-3:

"Ezequías volvió el rostro hacia la pared y le rogó al SEÑOR: Recuerda, SEÑOR, que yo me he conducido delante de ti con lealtad y con un corazón íntegro, y que he hecho lo que te agrada. Y Ezequías lloró amargamente".

No había salido Isaías del palacio cuando Dios le habló y le dijo: "Regresa y dile a Ezequías, gobernante de mi pueblo: He escuchado tu oración y he visto tus lágrimas. Voy a sanarte y voy a darte quince años más de vida".

La sentencia había sido dada, había llegado su hora, pero él clama al Padre y toca su corazón y cambia el veredicto de muerte a quince años más de vida. Esto nos da un ejemplo para mejorar la manera como nos relacionamos con nuestro Padre celestial, porque en este pasaje nos muestra claramente que Dios escucha nuestras oraciones de corazón sincero, ve nuestras lágrimas y no le somos indiferentes.

La pildorita y reflexión de hoy es:

Como lo hizo Ezequías, puedes recordarle quién eres y lo que has hecho para Él; tal vez de esta manera cambie lo que Dios ha determinado para ti y halles gracia y favor delante de Él. ¡No temas!

Pildorita
162

Salmos 49:5a (RVR1960)

Por qué he de temer en los días de adversidad.

Mucho tiempo Dios ha hablado a mi vida con el libro de Eclesiastés, especialmente el capítulo tres, escrito por el rey Salomón, el hombre más sabio que ha existido, porque se puede aplicar en todas las épocas de nuestra vida y nos recuerda que hay un tiempo para todo.

Eclesiastés 3:1-8

Todo tiene su momento oportuno; hay un tiempo para todo lo que se hace bajo el cielo:
un tiempo para nacer, y un tiempo para morir;
un tiempo para plantar, y un tiempo para cosechar;
un tiempo para matar, y un tiempo para sanar;
un tiempo para destruir, y un tiempo para construir;
un tiempo para llorar, y un tiempo para reír;
un tiempo para estar de luto, y un tiempo para saltar de gusto;
un tiempo para esparcir piedras, y un tiempo para recogerlas;
un tiempo para abrazarse, y un tiempo para despedirse;
un tiempo para intentar, y un tiempo para desistir;
un tiempo para guardar, y un tiempo para desechar;
un tiempo para rasgar, y un tiempo para coser;
un tiempo para callar, y un tiempo para hablar;
un tiempo para amar, y un tiempo para odiar;
un tiempo para la guerra, y un tiempo para la paz.

Todos hemos vivido o viviremos alguna de estas etapas de la vida, que aunque quisiéramos adelantar o atrasar, las tendremos que vivir porque son inevitables. Todo tiene su tiempo y todo lo que se quiere tiene su hora.

La pildorita y reflexión de hoy es:

Sea lo que sea que estés viviendo, el Señor está contigo.
¡No temas!

Pildorita
163
Parte I

Deuteronomio I:29 (RVRI960)

Entonces os dije: No temáis, ni tengáis miedo de ellos.

Fernando tenía mucha facilidad para colocarle nombre a las prédicas, que hacía que a uno nunca se le olvidaran. Como esta: "¡Póngalo a mi cuenta!"

Voy a estar compartiendo partes de esta prédica, llena de sabiduría y enseñanzas, en estas dos pildoritas siguientes: ¿Cuánto te debo, cuánto me debes?

- ¿Por qué las personas viven como si la vida les debiera algo?
- ¿Por qué los padres esperamos algo de nuestros hijos, como si ellos nos debieran algo?
- ¿Por qué los hijos son duros con sus padres, como si ellos fueran los culpables de lo que les pasa?
- ¿Por qué algunos hacen su trabajo con desgano, como si la empresa les debiera su crecimiento y desarrollo?
- ¿Por qué los jefes maltratan y abusan de los trabajadores, como si les estuvieran haciendo un favor?
- ¿Por qué entre esposos se exigen mutuamente, como si no hubieran entendido sus propias palabras cuando prometieron, en sus votos matrimoniales, amarse en las buenas y en las malas; en la salud y en la enfermedad; en la riqueza y en la pobreza; en la juventud y en la vejez... solo amar sin esperar recibir?
- ¿Por qué algunos se enojan con Dios como si Él fuera el responsable de lo que nos pasa, como si nosotros no fuéramos responsables de cada uno de los actos que hemos realizado?
- ¿Por qué le exigimos a Dios que haga de este un mundo diferente, cuando nos ha llamado y enviado con un propósito y lo único que hemos hecho es preocuparnos por conseguir lo nuestro?

La pildorita y reflexión de hoy es:

El Señor no quiere que estés cruzando cuentas con nadie. Él te quiere libre y con un corazón sano. **¡No temas!**

173

Pildorita
164
Parte II

Deuteronomio 7:18 (NTV)

¡Pero no les tengas miedo! Solo recuerda lo que el SEÑOR tu Dios le hizo al faraón y a toda la tierra de Egipto.

El Señor no nos puso en este mundo para andar cruzando cuentas con cada persona, y ver cuánto me deben.

La verdad es que nadie nos debe nada, somos deudores:

- Le debo a Jesucristo la vida. Si no fuera por Él, estaría muerto.
- Le debo a la gente gratitud por tolerar mis defectos.
- Debo perdón, porque me han perdonado.
- Debo amor, porque me han amado.
- Debo buscar la reconciliación, porque se han acercado a mí, a pesar de lo que les he hecho.
- Debo amor a mi esposa (o) por entenderme y tolerarme.
- En conclusión, soy deudor.

Cuando Jesús murió por mí en la cruz y la justicia reclamaba el castigo sobre mi vida por mis pecados, Él dijo: "Yo pagaré". Si alguien te ha defraudado, el Señor te dice: "Ponlo a mi cuenta".

Mira lo que dice Romanos 12:19:

"No tomen venganza, hermanos míos, sino dejen el castigo en las manos de Dios, porque está escrito: «Mía es la venganza; yo pagaré», dice el Señor".

El Señor te dice: "Si alguien te ha hecho alguna cosa, cualquiera que sea, ponlo a mi cuenta, yo he pagado con mi sangre y antes de partir dije "consumado es". Ya la deuda se pagó".

La pildorita y reflexión de hoy es:

Dios dice en su palabra que guardes tu corazón, porque de él mana la vida. Él pelea por ti. Recuerda que es un Dios justo. **¡No temas!**

Pildorita 165

Salmos 56:4b (RVR1960)

En Dios he confiado; no temeré; ¿Qué puede hacerme el hombre?

La palabra *bullying* está de moda por esta época, pero siempre ha existido. Recuerdo que de niña, mis compañeros se burlaban por mi apellido Pinzón y me decían "Pinzas". Algo que parece tan insignificante, en mi corazón hizo mella y lloraba en silencio; no le decía nada a mi madre, pero me hacía la enferma para no ir al colegio.

Hoy en día, las noticias que estamos escuchando acerca de los actos tan terribles que muchos niños y jóvenes están haciendo contra otros y, como les comenté en otra pildorita, incluso llevándolos hasta el suicidio.

Quizá en este momento tú estás sufriendo de *bullying*, o algún hijo o hermano, y te sientas muy mal por ello.

Quiero decirte que Jesús fue el primero en sufrir este tipo de crueldad y burlas. Mira estas citas: Lucas 22:63-65 *"Los hombres que vigilaban a Jesús comenzaron a burlarse de él y a golpearlo. Le vendaron los ojos, y le increpaban: ¡Adivina quién te pegó! Y le lanzaban muchos otros insultos"*.

Y también lo describe en el libro de Marcos 15:16-19:

Los soldados llevaron a Jesús al interior del palacio (es decir, al pretorio) y reunieron a toda la tropa. Le pusieron un manto de color púrpura; luego trenzaron una corona de espinas, y se la colocaron. ¡Salve, rey de los judíos! —lo aclamaban. Lo golpeaban en la cabeza con una caña y le escupían. Doblando la rodilla, le rendían homenaje.

Jesús, el Hijo de Dios, fue expuesto al *bullying*, ridiculizado, escuchando las burlas y mofas de los soldados.

La pildorita y reflexión de hoy es:

Si alguien te entiende es Jesús, porque pasó por todas las situaciones en condición humana. Pídele su intervención divina. **¡No temas!**

Pildorita
166

Salmos 56:3 (NVI)
Cuando siento miedo, pongo en ti mi confianza.

Recuerdo que solo llevaba unos pocos días de haber tenido mi encuentro personal con Jesús, cuando asistí a un grupo de célula de la iglesia Jesucristo, el Todopoderoso, que dirigía Martha Socarrás, quien fue la persona que me compartió del Señor, me regaló mi primera Biblia que aún conservo y que me pastoreó con mucho amor y cuidado, porque no fui una oveja fácil.

Ella cantaba este Salmo y fue el primero que aprendí, precisamente porque con música fue fácil memorizarlo. Además, es de los más bellos que encontramos, ya que nos habla de la grandeza de nuestro Padre Celestial.

Nos dice que Él nos guarda de día y de noche, que no duerme, que ni el sol ni la luna nos fatigará y que nos guardará de todo mal.

Disfruta en este día este precioso el Salmo 121:1-8:

"Alzaré mis ojos a los montes; ¿de dónde vendrá mi socorro? Mi socorro viene del Señor, que hizo los cielos y la tierra. No dará tu pie al resbaladero, ni se dormirá el que te guarda. He aquí, no se adormecerá ni dormirá el que guarda a Israel, El Señor es tu guardador; el Señor es tu sombra a tu mano derecha. El sol no te fatigará de día, ni la luna de noche. El Señor te guardará de todo mal; él guardará tu alma. El Señor guardará tu salida y tu entrada desde ahora y para siempre".

En estos tiempos de incertidumbre, la Palabra de Dios es un bálsamo a nuestro corazón para reafirmarnos que el Señor siempre cuida de nosotros. Aún mientras dormimos somos sus hijos amados y apreciados por Él.

La pildorita y reflexión de hoy es:

Tu futuro está en las manos de Papá Dios. ¡No temas!

Pildorita
167

Lucas 1:50 (RVR1960)
Y su misericordia es de generación en generación a los que le temen.

Siempre escuché a muchos abuelos hablar del profundo amor que despiertan los nietos en el corazón. Un ejemplo de ello fue cuando recién llegamos a Orlando, y Dios nos regaló una pareja de amigos muy especiales, Alvarito y Marthica Ayala, con quienes vivimos de cerca el nacimiento de su primer nieto, Emmanuel.

Disfrutamos juntos de lo que significó su llegada a ese hogar y de todas las alegrías que les ha traído, pero solo hasta que lo vivimos nosotros, logramos entender lo que eso significaba. ¡La llegada de Antonella a nuestras vidas nos llenó de tanta alegría! Fernando la disfrutó casi un año antes de partir y ella ha sido un regalo que el Señor trajo a mi vida. En la ausencia de mi esposito, en los momentos de soledad, ella me calentaba el corazón y me hacía sonreír.

Es lo más hermoso y tierno que Papá Dios me ha dado en esta época de mi vida! ¡Gracias Anto, por existir!

En segunda de Timoteo 1:5, Pablo le escribe a Timoteo y le habla de su fe sincera, la cual animó primero a su abuela Loida y a su madre Eunice, y que ahora lo anima a él.

Las madres tenemos la oportunidad de sembrar en los corazones de nuestros hijos una profunda relación con Jesús y, a su vez, ellos la sembrarán en los de sus hijos.

Nosotros los abuelos, aprovechemos para inyectarles una buena dosis del amor de Jesús en esos tiernos corazones.

La pildorita y reflexión de hoy es:

Aprendamos de esa fe sincera de los niños. ¡No temas!

Pildorita
168

I Reyes I:29 b (NVI)

Tan cierto como que vive el SEÑOR,
que me ha librado de toda angustia

Hace varios años atrás tuve la oportunidad de visitar la bella ciudad de San Antonio, aquí en Estados Unidos.

Un día salimos a las afueras de la ciudad y por primera vez pude ver de cerca un búfalo, un animal muy fuerte. Esa es la fuerza que Dios promete darnos en medio de nuestras dificultades, como dice en el Salmo 92:10: *"Pero tú aumentarás mis fuerzas como las del búfalo"*.

En Isaías 40:31: nos dice que nos dará nuevas fuerzas, siempre y cuando sepamos esperar en Él:

Pero los que esperan en el Señor tendrán nuevas fuerzas; levantarán alas como las águilas; correrán, y no se cansarán; caminarán, y no se fatigarán.

Qué grande contraste el de estos dos animales, uno es de los más fuertes en la tierra, y la otra es la reina de las aves. El águila es imponente en las alturas, muestra coraje, representa belleza y prestigio. Sus dos grandes características son la gran visión que posee y la manera de volar, prácticamente sin mover sus alas. Creo que así nos quiere ver el Señor, seguros en Él, volando por encima de las circunstancias, no aleteando como polluelos y picoteando la tierra.

El secreto de todo está en esperar en Él para recibir las nuevas fuerzas del búfalo y levantarnos como águilas, con la promesa que correremos y no nos cansaremos, y caminaremos y no nos fatigaremos.

La pildorita y reflexión de hoy es:

No importa lo que estés viviendo hoy, recibe las fuerzas del búfalo y sé renovado como el águila. **¡No temas!**

Pildorita
169
Parte 1

Salmo 111:10a (NVI)
El principio de la sabiduría es el temor del SEÑOR.

Estoy segura que si saliera a la calle e hiciera una encuesta a diferentes personas, preguntándoles qué es lo que más anhelan para sus vidas, estoy casi segura que, la primera respuesta sería tener paz, y la segunda, ser felices.

Sabes que la base del cristianismo está en las bienaventuranzas dadas por Jesús en el sermón del monte; ocho motivos expresados por Él, según los cuales una persona puede ser considerada bienaventurada o dichosa.

Miremos los consejos dados por el Señor en Mateo 5:3-10:

* *Bienaventurados los pobres en espíritu, porque de ellos es el reino de los cielos.*
* *Bienaventurados los que lloran, porque ellos recibirán consolación.*
* *Bienaventurados los mansos, porque ellos recibirán la tierra por heredad.*
* *Bienaventurados los que tienen hambre y sed de justicia, porque ellos serán saciados.*
* *Bienaventurados los misericordiosos, porque ellos alcanzarán misericordia.*
* *Bienaventurados los de limpio corazón, porque ellos verán a Dios.*
* *Bienaventurados los pacificadores, porque ellos serán llamados hijos de Dios.*
* *Bienaventurados los que padecen persecución por causa de la justicia, porque de ellos es el reino de los cielos.*

La pildorita y reflexión de hoy es:

Dios quiere que disfrutes la vida, le encuentres significado, propósito y seas feliz. ¡No temas!

Pildorita
170
Parte II

Salmo 111:10b (NVI)
Buen juicio demuestran quienes cumplen sus preceptos.
¡Su alabanza permanece para siempre!

El consejo del Señor es ser vaciado de sí mismo para ser llenado por Él.

- Bienaventurados los pobres en espíritu, porque de ellos es el reino de los cielos (Humildad, sabiendo que todo lo que tenemos es dado por Dios).

- Bienaventurados los que lloran, porque ellos recibirán consolación (Buscan su consuelo en el Señor, no en sus fuerzas ni en las personas).

- Bienaventurados los mansos, porque ellos recibirán la tierra por heredad (Los que no buscan las riquezas terrenales, sino los tesoros del cielo).

- Bienaventurados los que tienen hambre y sed de justicia, porque ellos serán saciados (Los que anhelan profundamente la venida del Señor).

- Bienaventurados los misericordiosos, porque ellos alcanzarán misericordia (Por los que no conocen de Jesús y por la necesidad de los demás).

- Bienaventurados los de limpio corazón, porque ellos verán a Dios (Sin envidias, rencores, un corazón perdonador).

- Bienaventurados los pacificadores, porque ellos serán llamados hijos de Dios (Que siempre seas portador de su paz y trabajes por ella).

- Bienaventurados los que padecen persecución por causa de la justicia, porque de ellos es el reino de los cielos (Nunca dejemos de predicar las buenas nuevas de Jesús).

La pildorita y reflexión de hoy es:

Comienza hoy a aplicar las bienaventuranzas en tu vida. ¡No temas!

Pildorita

171

Parte III

Jeremías 10:7 (NVI)

¿Quién no te temerá, Rey de las naciones?
¡Es lo que te corresponde!
Entre todos los sabios de las naciones, y entre
todos los reinos, no hay nadie como tú.

Mahatma Ghandi aplicó el sermón del monte. Esto fue lo que contestó en una entrevista que le hicieron en un noticiero americano:

Periodista: "Ghandi, ¿qué estrategia usó para vencer con su política de no guerra?"

Ghandi: "Simplemente puse en práctica el sermón del monte de Jesús".

Periodista: "Si el sermón del monte le funcionó, ¿por qué no se convierte al cristianismo?"

Ghandi: "Porque los cristianos no practican el sermón del monte".

Nosotros que lo conocemos, que hemos recibido su amor, su perdón, su paz, su misericordia, deberíamos llevar una vida victoriosa, porque el cristianismo es una manera de ser y de vivir y las personas deberían llegar a Jesús más por lo que ven que por lo que escuchan.

- Las Bienaventuranzas deberían ser características de los hijos de Dios.
- Las Bienaventuranzas son un diseño para la felicidad.
- Las Bienaventuranzas son el fundamento para construir un hogar en el cielo.

La pildorita y reflexión de hoy es:

Que tus acciones hablen más fuerte que tus palabras.
¡No temas!

Pildorita
172

Romanos 13:4 (RVR1960)

Porque es servidor de Dios para tu bien.
Pero si haces lo malo, teme.

Recuerdo que cuando comenzó mi relación con Jesús quería saber más y más de Él. En la iglesia donde comencé a congregarme, había actividades todos los días de la semana y asistía a todo. Lloraba ante la presencia de Dios mientras escuchaba esas bellas alabanzas que comenzaron a sanar mi dolido corazón. Uno de los días más felices fue cuando me regalaron mi primera Biblia, marcada con mi nombre.

Esos síntomas se llaman "el primer amor", cuando queremos estar todo el tiempo hablando de Él, apartamos momentos para orar y leer su Palabra. Luego, como resultado de ese amor, comenzamos a servir en su obra y, al parecer, resulta muy común que por servir entregadamente en la obra, olvidamos al Señor de la obra, y Él nos reclama eso en su Palabra.

Dice en Apocalipsis 2:2-4:

Yo conozco tus obras, y tu arduo trabajo y paciencia; y que no puedes soportar a los malos, y has probado a los que se dicen ser apóstoles, y no lo son, y los has hallado mentirosos; y has sufrido, y has tenido paciencia, y has trabajado arduamente por amor de mi nombre, y no has desmayado. Pero tengo contra ti, que has dejado tu primer amor.

Como vemos, ha sido alguien que ha trabajado duro en su obra sin desmayar, pero olvidó lo más importante: ¡su primer amor!

Muchas veces nos encontramos muy ocupados haciendo cosas que el Señor no nos mandó a hacer.

La pildorita y reflexión de hoy es:

Papá Dios anhela pasar tiempo contigo.
Mira este hermoso versículo: *Santiago 4:5 ¿O pensáis que la Escritura dice en vano: El Espíritu que él ha hecho morar en nosotros nos anhela celosamente?* Búscalo en espíritu y en verdad. **¡No temas!**

Pildorita
173

Salmo 112:1 (NVI)

¡Aleluya! ¡Alabado sea el SEÑOR! Dichoso
el que teme al SEÑOR,
el que halla gran deleite en sus mandamientos.

La pildorita anterior me da paso a hablar de algo que entristece mi corazón, porque no parece venir de parte de Dios, sino del enemigo que quiere acabar con los hogares. Ese es su blanco, porque esta es la institución más antigua establecida por Dios, la familia, y él sabe que si logra romperla, cumplió su objetivo, y ¿quiénes generalmente pagan los platos rotos? Mayormente los hijos, con hogares disfuncionales. Lo sorprendente es que las estadísticas muestran un aumento de divorcios en hogares cristianos.

Parece increíble que nosotros, que debemos modelar, estemos en la misma lista de aquellos que no conocen la Palabra de Dios.

Por diez años realicé en CVC La Voz el programa "La Mujer de Hoy". Quedaba tristemente sorprendida cuando llevaba invitadas a un segmento del programa, una gran cantidad de siervas de Dios con sus matrimonios rotos, porque "sus esposos no entendían su llamado".

Aquí viene la pregunta:

¿Eso fue lo que Dios les pidió que hicieran?

¿El que estableció la familia, le va a pedir a una mujer que desatienda su hogar, su esposo, sus hijos para que lleve su Palabra a las naciones?

Lo he dicho antes, este devocional no es para juzgar a nadie, pero Dios no se contradice y Él ha establecido roles específicos que si los cumplimos, le agradaremos y veremos el fruto en una familia sana.

La pildorita y reflexión de hoy es:

Papá Dios está más interesado en un hogar feliz que lo glorifique que en matrimonios rotos llevando su palabra. ¡No temas!

Pildorita

174

Job 36:16 (RVR1960)

Asimismo te apartará de la boca de la angustia
A lugar espacioso, libre de todo apuro, Y te
preparará mesa llena de grosura.

Eso es precisamente lo que Papá Dios hace con nosotros.

A veces sentimos que estamos solos y que nadie está viendo nuestras necesidades,
pero Él conoce todas nuestras angustias y dolencias.

Cuando lloras en silencio, aunque no lo ves, está sentado a tu lado y su tierna mano
seca tus lágrimas y acaricia tu cabeza, y te susurra: "Todo va estar bien, estoy
contigo, ya he dispuesto la provisión que necesitas, he colocado las personas que
serán el canal de mi bendición para ti. No estás solo". Nos quita todo temor y prepara
una mesa de abundancia.

Recién comenzó mi relación personal con Jesús, yo estaba viviendo una situación
económica bastante apretada.

Por el tipo de visa con la que llegué a vivir a los Estados Unidos, solo podía trabajar
para un noticiero en Colombia como corresponsal y tenía varias responsabilidades
que me era difícil suplir.

Muchas veces me acostaba en el suelo, en posición fetal, pidiéndole a Dios que me
abrazara y, ¿sabes?, sentía su abrazo, consuelo y al otro día recibía una llamada de
alguien que me quería ayudar y me llegaba un dinero que no esperaba. Un día, en mi
tiempo de oración, me encontré con este pasaje y entendí todo:

Salmos 118:7: *"El Señor está conmigo entre los que me ayudan"*.

La pildorita y reflexión de hoy es:

Nada de lo que te sucede es casualidad, Papá Dios está
detrás de cada situación.
¡No temas!

Pildorita

175

Parte I

Salmo 138:7 (NVI)

Aunque pase yo por grandes angustias,
tú me darás vida; contra el furor de mis
enemigos extenderás la mano:
¡tu mano derecha me pondrá a salvo!

Sé que la historia de José, el soñador, es una de las más predicadas en todas las iglesias, y es que esta verdaderamente nos motiva a seguir adelante a pesar de las adversidades, porque al final entendemos el plan de Dios en cada situación que vivimos y cómo trabaja en nosotros y nos prepara en nuestro carácter hasta que seamos lo que Él ha determinado.

Miremos un poco esta maravillosa historia: José, a los diecisiete años, cuidaba un rebaño junto a sus hermanos. Era el preferido de su padre, porque lo había tenido en su vejez con su amada esposa Raquel.

Un día, le mandó a confeccionar una túnica especial de mangas largas y cuando los hermanos vieron la preferencia por él, comenzaron a odiarlo. José comenzó a tener sueños y cuando se los contó a sus hermanos, le tuvieron más odio todavía. En una ocasión, su padre lo mandó a buscar a sus hermanos para saber que estaban bien y cuando ellos lo vieron venir, planearon matarlo.

Rubén, uno de ellos, les propone que más bien lo metieran en una cisterna. Luego, lo vendieron como esclavo y le dijeron a su padre que había muerto. Ese fue el comienzo de todo lo que este joven soñador empezaría a vivir.

La pildorita y reflexión de hoy es:

No menosprecies nada de lo que estás viviendo, porque no sabes lo que Dios está haciendo en medio de ello. ¡No temas!

Pildorita
176
Parte II

Génesis 41:52b (RVR1960)
Dios me hizo fructificar en la tierra de mi aflicción.

José fue vendido a Potifar, un egipcio funcionario de faraón, pero dice la Biblia que el Señor estaba con él y todas las cosas le salían muy bien. Se ganó la confianza de Potifar y este lo nombró mayordomo de su casa y administrador de todos sus bienes.

Pero un día, la esposa de su patrón empezó a echarle el ojo, porque era un joven de buen físico y muy atractivo y le propuso que estuviera íntimamente con ella. Como él la rechazó, inventó que él había tratado de acostarse con ella a la fuerza. Lo metieron a la cárcel, pero dice la palabra que aún en la cárcel el Señor estaba con él y no dejó de mostrarle su amor y lo hacía prosperar en todo.

¡Qué bello es esto para nuestro corazón angustiado, que en medio de nuestras adversidades, Él está con nosotros y nos muestra su amor y cuidado!

Como nada sucede por casualidad, a la cárcel llegaron dos funcionarios del rey, un copero y un panadero, y le dijeron a José que se encargara de ellos. Después de un tiempo, los dos tuvieron un sueño y José se los interpretó. Al copero le dijo que volvería a su cargo y le pidió que cuando estuviera al lado del rey, se acordara de él y le pidiera que lo sacara de la cárcel.

Todo comenzó a prepararse para el nuevo futuro que Dios tenía para José, el soñador.

La pildorita y reflexión de hoy es:

Dios siempre revierte en bendición todo lo que el enemigo planea en contra tuya. ¡No temas!

Pildorita
177

Parte III

Génesis 50:21 (NVI)

Así que, ¡no tengan miedo! Yo cuidaré de ustedes y de sus hijos. Y así, con el corazón en la mano, José los reconfortó.

El copero se olvidó por completo de José. Pasaron dos años y el faraón tuvo dos sueños. Llamó a todos los magos y sabios de Egipto y nadie se los pudo interpretar. En ese momento, el copero se acordó de José y le habló al faraón de él.

Lo sacaron de la cárcel, lo afeitaron, le cambiaron la ropa y lo llevaron ante el faraón, quien le contó sus sueños y José se los interpretó: "Vienen siete años de abundancia y siete años de hambre". Y le dio las estrategias a seguir. El faraón le dijo: "Puesto que Dios te ha revelado todo esto, no hay nadie más competente y sabio que tú. Quedarás a cargo de mi palacio y todo mi pueblo cumplirá tus órdenes".

Pasó el tiempo y comenzó el hambre. El padre de José mandó entonces a sus hijos a Egipto a comprar alimento, y llegó el momento del encuentro de José y sus hermanos, quienes lo odiaban, envidiaban, trataron de matarlo y vendieron como esclavo.

El sueño que él tuvo de joven se cumplió: ellos se inclinaron ante él, pero José, en medio de todas sus fuertes vivencias, había cambiado el corazón y tuvo misericordia de ellos. Pudo reencontrarse con el padre que tanto lo lloró y los bendijo.

Lo que José les dijo encierra una gran enseñanza: "Fue Dios quien me envió aquí y no ustedes. Planificaron mal para mí y Dios lo revirtió para bendición de ustedes y para salvar vidas".

La pildorita y reflexión de hoy es:

Tú no sabes lo que Dios está haciendo, confía. ¡No temas!

Pildorita
178
Parte I

I Pedro 3:6b (NVI)

Si hacen el bien y viven sin ningún temor.

El Libro de Efesios es una carta que Pablo le envía al pueblo de Éfeso. Son solo seis capítulos, y los podemos aplicar a nuestra vida hoy ya que están llenos de consejos. Nos dice quiénes somos en Cristo, escogidos desde antes de la fundación del mundo.

Habla de cómo debe ser la vida en Cristo, la unidad entre nosotros, que somos su cuerpo; que debemos vivir como hijos de luz. Habla de los deberes conyugales y que el primer mandamiento con promesa es honrar a padre y madre para que nos vaya bien y disfrutemos de una larga vida aquí en la tierra.

También nos muestra cómo debemos actuar cuando somos jefes o empleados y, la parte final del capítulo seis, nos habla a nuestra área espiritual y nos dice que debemos colocarnos la armadura de Dios, porque será la única manera de estar protegidos contra los ataques que no vemos, pero que no por ello debemos desconocer, ya que la Palabra de Dios nos recuerda que tenemos un enemigo que anda como un león rugiente, buscando a quién hacerle daño.

Por eso es importante que no desconozcamos esa verdad y estemos atentos a los dardos que nos quiera enviar, sabiendo que el Señor está con nosotros siempre.

Seguiremos hablando de la armadura de Dios en las próximas pildoritas.

La pildorita y reflexión de hoy es:

Eres parte del ejército de Dios y tus armas son espirituales y poderosas ante cualquier ataque que se levante contra ti. ¡No temas!

Pildorita
179
Parte II

I Pedro 3:14b (NVI)
No teman lo que ellos temen, ni se dejen asustar.

Efesios 6:10-17 dice esto acerca de la armadura de Dios:

Por último, fortalézcanse con el gran poder del Señor. Nosotros somos fuertes por Él y en Él. Pónganse toda la armadura de Dios para que puedan hacer frente a las artimañas del diablo.

Como decía en la pildorita anterior, esta armadura no es visible para los ojos humanos, pero sí en el ámbito espiritual y con ella le hacemos frente a todo lo que el enemigo pueda planear contra nosotros, porque nuestra lucha no es contra seres humanos, sino contra poderes, contra autoridades, contra potestades que dominan este mundo de tinieblas, contra fuerzas espirituales malignas en las regiones celestiales.

Muchas personas difieren sobre esto, pero el mundo espiritual es real. Aquí la Palabra es clara, dice que no luchamos contra seres humanos, habla de poderes, autoridades, potestades que dominan el mundo de tinieblas y que son fuerzas malignas que están en los aires.

Por lo tanto, pónganse toda la armadura de Dios, para que cuando llegue el día malo puedan resistir hasta el fin con firmeza.

Como buenos soldados, siempre debemos estar preparados y resistir hasta el fin.

Manténganse firmes, ceñidos de firmeza con el cinturón de la verdad, protegidos por la coraza de justicia.

Esta carrera no es de velocidad ni de buen estado físico, pero sí de valentía, llenos de su verdad y justicia.

La pildorita y reflexión de hoy es:

La Biblia habla de un día malo, que no sabemos cuándo llegará, pero si tienes bien puesta la armadura, nada te tocará.
¡No temas!

Pildorita
180
Parte III

2 Corintios 6:4

Más bien, en todo y con mucha paciencia nos acreditamos como servidores de Dios: en sufrimientos, privaciones y angustias.

La Palabra de Dios, cuando la conocemos, nos hace libres, nos da vida, nos enseña a prepararnos para este camino que Jesús nos advirtió que no sería fácil, pero que Él lo había vencido y que nos da la promesa de estar siempre a nuestro lado.

Terminemos de colocarnos la armadura: *Y calzados con la disposición de proclamar el evangelio de la paz.*

La batalla que tenemos es espiritual, pero en lo terrenal tenemos que ser portadores del mensaje de paz y amor que Jesús trajo a la humanidad.

Además de todo esto, tomen el escudo de la fe, con el cual pueden apagar todas las flechas encendidas del maligno.

El lugar donde el enemigo más trabaja es en nuestra mente y cada pensamiento que nos envía es una flecha encendida para derribarnos, hacernos dudar y debilitarnos.

Pero, si tu fe está bien cimentada en el Señor, cada una de esas flechas de mentiras será apagada con las verdades de la Palabra de Dios. *Tomen el casco de la salvación y la espada del Espíritu, que es la palabra de Dios.*

Nos protegemos la cabeza con lo que hemos recibido del Señor, su salvación; nuestros pecados fueron perdonados. La espada es la Palabra, de la cual debemos alimentarnos diariamente.

La pildorita y reflexión de hoy es:

Como buen soldado de Cristo, siempre debes estar listo y nunca debe faltarte la armadura. **¡No temas!**

Pildorita
181

Salmo 145:19 (NVI)

Cumple los deseos de quienes le temen; atiende a su clamor y los salva.

Hoy, la invitación es a que sonrías más y te preocupes menos. Existen en varios países las terapias de la risa y "clínicas de risoterapia" en las que se ayuda a curar muchas enfermedades a través de la risa.

No solo nos hace bien a nosotros, sino que el efecto que produce en los demás es muy grato. Tu sonrisa puede ser un mensaje de ánimo de parte de Dios a alguien que lo necesita hoy.

Encontré este artículo sobre los beneficios que tiene la risa:

«Reírse ayuda a curar la depresión, el estrés y la angustia. Nos ayuda a sentirnos mejor, más confortables. Limpia y ventila los pulmones. Mejora la oxigenación del cerebro y del cuerpo en general. Regulariza el pulso cardíaco. Ayuda a trabajar al aparato digestivo y regula el intestino. Relaja los músculos tensos. Disminuye la producción de hormonas que causan el estrés. Disminuye la presión arterial de la sangre.

Ayuda a quemar calorías: cuando nos reímos movemos unos 400 músculos de nuestro cuerpo. Algunos investigadores creen que reír 100 veces es equivalente a hacer 10 minutos de ejercicio aeróbico o hacer 15 minutos de bicicleta.

Al reír se segregan endorfinas, unas drogas naturales que provocan euforia y efectos tranquilizantes y analgésicos. Se fortalecen los lazos afectivos. Se genera una mayor respuesta del sistema inmunológico ante la enfermedad.

Sirve para descargar tensiones, potencia la creatividad y la imaginación. Incrementa la autoestima y la confianza en uno mismo. Es una fórmula eficaz para eliminar pensamientos y emociones negativos. Alivia el insomnio al producir una sana fatiga que el sueño repara con facilidad».

La pildorita y reflexión de hoy es:

Regala una sonrisa. No te cuesta nada y hace felices a los que te rodean. Es una señal de la imagen y el amor de Dios a los demás. Sonríe, el Señor tiene todo bajo control. ¡No temas!

Pildorita
182

Job 21:4 (RVR1960)

¿Acaso me quejo yo de algún hombre? ¿Y por qué no se ha de angustiar mi espíritu?

Así como la risa puede alegrar el corazón de una persona, imagina el poder que tiene una palabra oportuna. ¡Todos necesitamos de ellas! En mi caso, de la misma manera que Dios me ha usado para levantar a muchas personas, otras personas me han levantado a mí en momentos donde me he sentido desfallecer.

Dios envía a través de alguien esa palabra consoladora, sanadora, alentadora y en ocasiones exhortadora. Dice en Proverbios 25:11: *Manzana de oro con figuras de plata es la palabra dicha como conviene.*

En otras pildoritas he hablado del poder que tienen las palabras para bendecir o maldecir y también del peligro cuando la lengua no se domina, que puede llegar a ser totalmente destructora.

Hoy, la exhortación es que nuestras palabras sean un canal de bendición para las personas que están a nuestro alrededor.

Pidámosle al Señor, como dice el Salmo 141:3: *"Pon guarda a mi boca, oh Señor; guarda la puerta de mis labios".*

Muchas veces es más sabio callar que hablar. Cuántas peleas se evitarían en los matrimonios; los padres y los hijos; los compañeros de trabajo; los amigos, si aplicáramos lo que dijo el sabio Salomón: "Hay tiempo de hablar y tiempo de callar".

La pildorita y reflexión de hoy es:

Todas las personas tienen algo bueno para exaltar. Si no tienes nada bueno qué decir, es mejor callar. Pídele al Señor ser un portador de palabras de vida para los que te rodean. **¡No temas!**

Pildorita
183

Ezequiel 3:9b (NVI)

No les tengas miedo ni te asustes,
por más que sean un pueblo rebelde.

Cuando hablamos de cómo se formó la tierra y de dónde viene el hombre, hallamos que hay varias teorías al respecto. En la creación, la más popular es la teoría del *Big Bang* (también llamada Gran explosión) que dice que la tierra vino como resultado de una gran explosión. Y, ¿de dónde vino el hombre? Según Charles Darwin, a través de la teoría de la evolución, sugiere que venimos del mono.

Como decía mi esposo Fernando: "Hay que tener más fe para creer que, después de la explosión que no dejó nada, se haya formado algo". ¿Y que el hombre viene del mono? Aunque sea muy inteligente y tenga comportamientos y movimientos como los seres humanos, no procedemos ni del mono ni de ningún otro animal. ¡Esas teorías están muy lejos de ser verdad! Desafortunadamente, a los científicos, investigadores, filósofos, hombres totalmente racionales, les es más fácil creer en estas teorías rebuscadas.

La Biblia habla de estos dos acontecimientos de una manera sencilla y clara. El primer versículo de la Biblia dice:

La creación. Génesis 1:1: *Dios, en el principio, creó los cielos y la tierra.* El versículo dos dice que la tierra era un caos total y allí comenzó a hacer la creación. ¿Y cómo hizo al ser humano? Génesis 1:27: *Y Dios creó al ser humano a su imagen; lo creó a imagen de Dios. Hombre y mujer los creó.*

Mejor ve al manual del fabricante, donde te explica todo y aclara todas tus dudas.

La pildorita y reflexión de hoy es:

El cristianismo no es de razón, es de fe y su Palabra es sí y amén. ¡No temas!

Pildorita
184

Jeremías 33:9b (NVI)

Se enterarán de todo el bien que yo le hago,
y temerán y temblarán por todo el bienestar
y toda la paz que yo le ofrezco.

Ya te había contado que Dios puso este devocional en el corazón a mi esposito y que el tema era específicamente sobre el temor y, aunque Fernando había sacado varios versículos, yo he tenido que escudriñar las escrituras para extraer otros más y poder completar los trescientos sesenta y cinco días. Durante esa búsqueda, me encontré con este versículo que llamó mucho mi atención, ya que habla del temor, pero de una manera diferente.

Analiza lo que dice:

"Se enterarán de todo el bien que yo le hago, y temerán y temblarán por todo el bienestar y toda la paz que yo le ofrezco".

Aquí no habla del temor, sinónimo de miedo, sino de temor y temblor por todo el bien que Dios nos hace, por todo el bienestar y toda la paz que Él nos ofrece. ¿Verdad que es diferente a todas las citas que les he compartido durante las pildoritas anteriores?

Este temor y temblor sí vale la pena sentirlo, porque viene como resultado de la presencia de Dios en nuestra vida, de recibir su gracia, favor, amor y misericordia.

Y como dice en Deuteronomio 28:2: *"Y vendrán sobre ti todas estas bendiciones, y te alcanzarán, si oyeres la voz del Señor tu Dios"*. No tenemos que salir a buscarlas, si obedecemos y escuchamos su voz, ellas vendrán sobre nosotros.

Correrán y nos alcanzarán para bendecirnos y los que están a nuestro lado lo verán, y temerán y temblarán.

La pildorita y reflexión de hoy es:

Que tu vida sea el testimonio de quién vive en ti y, si es necesario, habla. **¡No temas!**

Pildorita
185
Parte I

Salmo 34:7 (RVR1960)
El ángel del Señor acampa alrededor de los que le temen, Y los defiende.

En esta pildorita quiero hablarte sobre la angeología. La Biblia hace varias referencias de los ángeles, como "El ángel del Señor" y nombra también al ángel Gabriel y a Miguel. Sin embargo, hay que resaltar que muchas personas han hecho un culto a ellos.

Recuerdo la oración de niña que mi madre nos enseñó y que aún muchos niños siguen repitiendo: "Ángel de mi guarda, mi dulce compañía, no me desampares ni de noche, ni de día..." Obviamente, esa oración no está en la Biblia y ha sido más una tradición católica, pero a lo que me quiero referir es que nosotros, al único que debemos pedirle algo o que nos guarde y proteja, es al Señor.

Los ángeles están al servicio de Dios y Él los envía a que nos ayuden cuando estamos en peligro, o ante una necesidad y, seguramente, tanto tú como yo sin saberlo, hemos hablado con alguno.

Mira lo que dicen estos dos versículos, donde se hace referencia al ángel del Señor:

Éxodo 23:20: *Date cuenta, Israel, que yo envío mi ángel delante de ti, para que te proteja en el camino y te lleve al lugar que te he preparado.*

Salmo 34:7: *El ángel del Señor acampa alrededor de los que le temen, y los defiende.*

En la primera cita dice que Él envía su ángel para que te proteja y te lleve al lugar que ha preparado, y en la segunda dice que su ángel está alrededor de los que le temen y los defiende, porque reciben orden de Dios, no de nosotros.

La pildorita y reflexión de hoy es:

En momento de angustia y necesidad, clama a Papá Dios. Él enviará exactamente lo que necesitas. **¡No temas!**

Pildorita
186
Parte II

Salmo 142:3 (RVR1960)

Cuando mi espíritu se angustiaba dentro de mí, tú conociste mi senda. En el camino en que andaba, me escondieron lazo.

La Biblia dice que el pueblo perece por falta de conocimiento. Es importante que lo sepas, porque hay un movimiento fuerte sobre la angeología y es otra forma de idolatría; se está adorando y dependiendo de alguien que no es nuestro Señor.

Una vez escuché un testimonio sobre ángeles que Dios envió para proteger la vida de uno de sus hijos. Era un misionero americano, quien estaba en una zona muy peligrosa en Sudamérica y tenía que ir en bicicleta hasta el pueblo a comprar víveres y retirar algún dinero que le consignaban de su iglesia en los Estados Unidos, para que pudiera ayudar a las personas con medicinas y otras necesidades.

Unos malhechores lo habían estado siguiendo y tenían planeado robarlo. Mientras eso sucedía, el pastor de la iglesia americana sintió orar por él, llamó a varios hombres y estuvieron intercediendo.

Cuando fueron a hacerle la emboscada al misionero, lo vieron rodeado de quince hombres y les tocó salir corriendo con su plan fallido.

Cuando el misionero regresó a los Estados Unidos y fue a su iglesia, contó el testimonio y el pastor se levantó y dijo: "Pónganse de pie los hombres que me acompañaron a interceder por él ese día". Se fueron levantando uno a uno... ¡y eran quince! ¡Increíble!

La pildorita y reflexión de hoy es:

Cuando Dios ponga a alguien en tu corazón, ora por esa persona; no sabes qué pueda estar viviendo en ese momento. ¡No temas!

Pildorita
187

Lamentaciones 2:18 (NVI)
El corazón de la gente clama al Señor con angustia.

El Libro de Lamentaciones fue escrito por Jeremías, conocido como el profeta llorón. Hoy quise compartir este versículo, porque me encontré un pasaje que debe motivarnos a no desfallecer en nuestras oraciones.

En este caso, me quiero referir a los padres que están viendo a sus hijos en malos pasos y ven que cada vez se aleja más la posibilidad de que lleguen al camino del Señor.

Pues, en este capítulo me encontré con una exhortación a que no bajemos las manos y perseveremos hasta que nuestros ojos vean el cumplimiento de la promesa.

Lamentaciones 2:19: *Levántate y clama por las noches, cuando empiece la vigilancia nocturna. Deja correr el llanto de tu corazón como ofrenda derramada ante el Señor. Eleva tus manos a Dios en oración por la vida de tus hijos.*

Nuestra vida espiritual tiene que ser "oración", es decir orar y actuar. En este pasaje nos dice que nos levantemos a interceder por nuestros hijos en las noches y más si están en la calle. No está mal derramar nuestro corazón ante su presencia y que levantemos nuestras manos a Dios por la vida de ellos.

No estoy de acuerdo con los pastores que dicen que, como Dios ya sabe lo que vamos a pedirle, no lo cansemos con nuestra repetidera, pues eso no es lo que dice este versículo, aquí habla de clamar, interceder, es más, dice que ese llanto es ofrenda para el Señor.

La pildorita y reflexión de hoy es:

Dice en Filipenses 4:6:
Sean conocidas vuestras peticiones delante de Dios en toda oración y ruego, con acción de gracias. ¡No temas!

Pildorita
188

I Reyes I:29b (NVI)

Tan cierto como que vive el SEÑOR, que me ha librado de toda angustia.

Haciendo este devocional, me he encontrado unos bellos tesoros escondidos en la Palabra. Siempre había escuchado y también había compartido que Dios cambia el corazón de piedra por uno de carne.

El versículo dice así en Ezequiel II:19: *"Y les daré un corazón, y un espíritu nuevo pondré dentro de ellos; y quitaré el corazón de piedra de en medio de su carne, y les daré un corazón de carne"*. Lo primero que dice es que nos dará un corazón y un espíritu nuevo, y aquí encontré la perla: *"Y quitaré el corazón de piedra de en medio de su carne"*.

La dureza de corazón es, muchas veces, resultado de vivencias pasadas que nos afectaron profundamente y ese espíritu de falta de perdón, enojo y rencor es meramente carnal, no espiritual, y nos llena de amargura.

Para que tengamos un corazón tierno de carne, conforme al Señor, es necesario que sea arrancado de raíz todo lo que hizo que se endureciera y la única manera es dejando que el Espíritu Santo nos muestre, nos limpie, sane y consuele.

Pareciera contradictorio, ya que la parte final del versículo dice que quita el de piedra en medio de la carne, y luego nos da un corazón de carne. Y es que, una vez que hemos sido libres del dolor, se nos da un nuevo espíritu y ya se habrá ido toda dureza y podremos ser moldeados conforme al propósito de Dios para nuestra vida.

La pildorita y reflexión de hoy es:

Deja que el Señor remueve cualquier cosa que pueda haber en tu corazón y, que sin saberlo, lo ha endurecido.
¡No temas!

Pildorita
189

2 Samuel 13:28 (RVR1960)

Y no temáis, pues yo os lo he mandado. Esforzaos, pues, y sed valientes.

A veces pienso que a Papá Dios le debe pasar como a nosotros los padres cuando aconsejamos a los hijos y los prevenimos de todas las formas posibles, porque no queremos que les pase lo mismo que nos pasó a nosotros, o simplemente porque la vida nos ha enseñado y llenado de experiencia.

¿Cuántas veces nos ha dicho el Señor que no nos preocupemos y que echemos sobre Él nuestras cargas?

Miremos este versículo: Filipenses 4:6-7 *"No se inquieten por nada; más bien, en toda ocasión, con oración y ruego, presenten sus peticiones a Dios y denle gracias. Y la paz de Dios, que sobrepasa todo entendimiento, cuidará sus corazones y sus pensamientos en Cristo Jesús"*.

No se inquieten por nada...

¡Somos expertos en inquietarnos por todo! Y dice que, sea cual sea la situación, la presentemos delante de Dios con oración y ruego, y nos da una de las promesas más hermosas con la que contamos nosotros, sus hijos:

¡La paz de Dios que sobrepasa todo entendimiento! Esa que en momentos claves de nuestra vida, la hemos recibido y nos preocupamos de no estar preocupados, de sentir paz en medio de la adversidad, y dice que ella cuida nuestros corazones y pensamientos en Cristo Jesús.

La pildorita y reflexión de hoy es:

El Señor quiere hacer más llevadera tu vida. Hoy te motivo a ser menos oidor y más hacedor de su palabra. **¡No temas!**

Pildorita
190

2 Samuel 4:9b (NVI)

Tan cierto como que vive el SEÑOR,
quien me ha librado de todas mis angustias.

Cuando entendemos que no somos obra de la casualidad, sino que el Señor ha estado involucrado en cada instante de nuestra vida, todo cambia, porque nos damos cuenta que no somos parte del azar.

Tal vez fuimos anhelados por nuestros padres, o quizá fuimos concebidos de una manera que no hubiéramos querido escuchar, ya sea que nacimos producto de una violación, de una noche de placer y luego nuestro padre nos abandonó.

Sea cual sea nuestra historia, como lo hemos dicho antes, al Señor nada lo toma por sorpresa, y si el enemigo planificó un futuro de dolor y soledad, nuestro amado Jesús revierte todo para nuestro beneficio y siempre tiene un camino de bendición para nosotros, aunque en este momento no lo veamos.

Él dice que aunque nuestro padre y madre nos abandonaran, Él nos recoge.

Mira lo que dice Salmo 139:16: *Mi embrión vieron tus ojos, y en tu libro estaban escritas todas aquellas cosas que fueron luego formadas, sin faltar una de ellas.*

¡Cuando apenas nos estaba formando en el vientre de nuestra madre, sus ojos vieron nuestro embrión! Existe un libro donde está escrito todo sobre nosotros, sin faltar nada. ¡Me encanta que sea la misma Palabra la que nos hable al corazón!

Isaías 49:1b -2ª *El SEÑOR me llamó antes de que yo naciera, en el vientre de mi madre pronunció mi nombre. Hizo de mi boca una espada afilada, y me escondió en la sombra de su mano.*

La pildorita y reflexión de hoy es:

Él sabe todo de ti. Antes de nacer te llamó por tu nombre y ha planificado un futuro y una esperanza para ti. **¡No temas!**

Pildorita
191
Parte I

Salmos 34:18 (NVI)
El SEÑOR está cerca de los quebrantados de corazón, y salva a los de espíritu abatido.

Para poder recibir lo nuevo que Dios tiene para nosotros, es importante revisar si tenemos asuntos sin resolver en nuestro corazón, porque por estar mirando el pasado, nos convertimos en figuras de sal, como la esposa de Lot, paralizados, congelados y, aunque la bendición pudiese estar a nuestro lado, no la vamos a ver.

Escuché una predicación que hablaba sobre esto y decía que para tener nuevos comienzos había que hacer cierres esenciales. Esto se aplica a relaciones, trabajos, pérdidas de seres queridos, etapas de nuestras vidas que quedaron inconclusas, sueños rotos, etc. Todo aquello que recuerdas y duele es una herida que sigue abierta, a veces le ponemos "banditas adhesivas" para cubrirla de forma temporal, pero si alguien medio la toca, vuelve a doler y hasta a sangrar.

Los únicos que podemos hacer esa revisión en nuestro corazón somos nosotros mismos. Nadie más lo puede hacer y Jesús es un caballero que no nos va a obligar a hacer nada que no queramos; y, como a la esposa de Lot, nos dice: "*Camina hacia adelante y no mires atrás*".

Pablo también nos da este consejo en Filipenses 3:13b-14: *Más bien, una cosa hago: olvidando lo que queda atrás y esforzándome por alcanzar lo que está delante, sigo avanzando hacia la meta para ganar el premio que Dios ofrece mediante su llamamiento celestial en Cristo Jesús.*

La pildorita y reflexión de hoy es:

Aunque en este momento no lo veas ni creas, lo mejor de Dios para tu vida está por venir. ¡Haz hoy cierres del pasado! ¡No temas!

Pildorita

192

Parte II

Salmos 27:1(NVI)

El SEÑOR es mi luz y mi salvación;
¿a quién temeré?
El SEÑOR es el baluarte de mi vida;
¿quién podrá amedrentarme?

En la pildorita anterior les hablaba sobre las heridas abiertas, de las cuales muchas veces no somos conscientes de que necesitan sanar.

Silvano Espíndola, pastor de la iglesia Casa sobre la Roca, explica de una manera muy clara este tema. Él dice que las heridas son de tres: el que las ocasiona, al que se las hicieron y el que las activa. Generalmente, el que las activa no fue el que las hizo, pero paga los platos rotos. Es muy común que pase en las parejas; de pronto el hombre dice algo y la mujer reacciona de una manera exagerada, se descompone por completo y él se queda mirándola totalmente sin entender y pensando que no era para tanto que reaccionara así.

Eso es un síntoma de que la herida está abierta. O también, otro síntoma de que hay algo sin resolver es cuando uno recuerda algo que le hicieron, duele el pecho y se siente ganas de llorar (generalmente nos pasa a las mujeres). ¿Cómo hago entonces? He escuchado a muchas personas que dicen: "Olvida esa situación". ¡Pero eso es imposible! Uno no puede simplemente borrar un episodio de la vida.

Lo primero es tomar la decisión de querer perdonar, luego hay que pedirle al Espíritu Santo que traiga a memoria los nombres de las personas, lo que nos hicieron y confesar con nuestra boca, en voz alta, que decidimos perdonar.

¿Cómo nos damos cuenta que hemos sanado? Cuando logramos recordar sin dolor, pero eso solo lo vamos a hacer con la ayuda del Señor.

La pildorita y reflexión de hoy es:

Decide ser libre hoy. **¡No temas!**

Pildorita
193
Parte III

Hechos 27:24 (NVI)

Y me dijo: No tengas miedo, Pablo
(Coloca tu nombre)

Escribir este devocional me tomó más de un año. Cuando comencé, estaba muy reciente la muerte de mi esposito; tan solo unos meses.

Hoy, ya ha pasado un año y siete meses y, cuando lo estés leyendo, habrá pasado más tiempo, quizás años. Por esto notarás, a medida que transcurren los días, que varias situaciones y emociones han ido cambiando, pero sé que cada etapa que aquí está plasmada será de bendición, ya que este libro es inspirado por el Espíritu Santo. Él sabe lo que cada uno de nosotros necesitamos y el momento oportuno para recibirlo.

En la pildorita 65 les conté que el pastor Darío Silva me había sugerido algo que escuchó del pastor Dobson, y era que, cuando se tiene una pérdida tan fuerte, es importante salir del entorno donde se vivió con el ser amado.

Hoy puedo dar fe de esto; no ha sido un proceso fácil de sanar, pero decidí tomar, como se dice, el toro por los cuernos y enfrentar el dolor, la ausencia, el vacío, el luto, la soledad y las pérdidas que tuve como resultado de su partida.

El domingo 1 de enero de 2017, decidí regresar a la iglesia que junto a Fernando comenzamos en Orlando y fue lindo entrar allí, sin dolor, sin nostalgias ni fantasmas.

Hablar con la gente, sentir su amor y ver sus lágrimas de alegría al verme regresar a casa. Como dije anteriormente, solo el Señor trae consuelo y sanidad cuando nos disponemos a recibirlo.

La pildorita y reflexión de hoy es:

Esto que estás viviendo, también pasará. ¡No temas!

Pildorita
194
Parte I

Lucas 5:9 (RVR1960)

Porque por la pesca que habían hecho, el temor se había apoderado de él, y de todos los que estaban con él.

Siempre me ha parecido fascinante la historia de cuando Pedro, pescador de profesión, tiene un diálogo con Jesús.

"Cuando acabó de hablar, le dijo a Simón:

—Lleva la barca hacia aguas más profundas, y echen allí las redes para pescar.

—Maestro, hemos estado trabajando duro toda la noche y no hemos pescado nada

—le contestó Simón—.

Pero como tú me lo mandas, echaré las redes".

Y cuenta la Biblia que era tan grande la cantidad de peces que las redes se rompían. La primer gran enseñanza que quiero compartirte de este pasaje es que la obediencia siempre traerá bendición abundante a nuestra vida.

La segunda, si lees desde el comienzo el capítulo 5 de Lucas, dice que Jesús se subió a la barca que era de Pedro, allí se sentó y empezó a enseñar a la gente y luego que terminó de hablar fue que le dijo que echara las redes a aguas más profundas.

El Señor espera que le demos nuestros talentos, habilidades y los pongamos a su servicio y, como resultado, suplirá todo y mucho más de lo que necesitamos.

Otra enseñanza es que no podemos conformarnos con lo que ya conocemos y que está a la orilla. Si queremos más revelación de parte de Dios, es necesario sumergirnos en Él, en el agua de su Palabra.

La pildorita y reflexión de hoy es:

Él es la fuente inagotable que sacia tu sed. ¡No temas!

Pildorita
195
Parte II

Lucas 5:10b (RVR1960)

Pero Jesús dijo a Simón: No temas; desde ahora serás pescador de hombres.

Otra hermosa enseñanza que podemos extraer del pasaje anterior es que el Señor ve nuestros esfuerzos, sabe cuándo estamos cansados y que no podemos seguir luchando más.

Puede ser con tu matrimonio, con algún hijo, una enfermedad, buscando empleo y Él, que conoce tu corazón y pensamientos, te dice: "Inténtalo una vez más... ¡solo que ahora lo harás a mi manera!" A veces reaccionamos igual que Pedro, quien en pocas palabras casi le dijo: "Señor, se te olvida que mi profesión es de pescador, yo tengo experiencia en hacer muy bien mi labor y si digo que no hay, es porque no hay".

Sí, ha trabajado duro toda la noche y no ha conseguido nada, pero se le olvida con quién está hablando y a quién le está refutando: ¡nada más y nada menos que al Creador del mar, los peces, todos los animales y seres vivientes que están en las aguas! ¿Te recuerda a alguien esa actitud? Sin embargo, de esa historia ahora viene la parte más hermosa, cuando Jesús le hace el llamado a su vida: "No temas, desde ahora serás pescador de hombres".

Dice la Biblia que llevando las barcas a tierra, y dejándolo todo, siguieron a Jesús, todos los que fueron testigos de ese milagro de los peces.

¡Cómo es de importante que los demás vean lo que Él ha hecho en nuestras vidas para que ellos también lo sigan!

La pildorita y reflexión de hoy es:

Dios te dice: "No te rindas, intenta una vez más, porque ahora soy yo el que va contigo y te daré la sabiduría que necesitas". ¡No temas!

Pildorita

196

Parte III

Job 37:24 (NTV)

Por eso en todas partes la gente le teme;
todos los sabios le muestran reverencia.

El capítulo 18 del Libro de Lucas nos presenta otra situación: Un dirigente rico le pregunta a Jesús: "¿Qué tengo que hacer para heredar la vida eterna?" Y el Señor le enumera los diez mandamientos.

El hombre le contesta: "Todo eso lo he cumplido desde que era joven". Jesús le dice: "Te falta una cosa: vende todo lo que tienes y repártelo entre los pobres y tendrás tesoro en el cielo. Luego ven y sígueme".

El hombre se fue muy triste porque era muy rico, y Jesús comentó: "Qué difícil es para los ricos entrar en el reino de Dios". Y Pedro le dice: "Nosotros hemos dejado todo lo que teníamos por seguirte".

Les aseguro —respondió Jesús— que todo el que por causa del reino de Dios haya dejado casa, esposa, hermanos, padres o hijos, recibirá mucho más en este tiempo; y en la edad venidera, la vida eterna. Marcos 10:29-30.

Tal vez en tu vida hay un área que aún no sueltas, que no le has entregado, ¿será tu trabajo, algún novio (a), tus sueños? Y no es que Él quiera que te despojes de tu familia, casa, ni siquiera del dinero, pero sí quiere saber si estás dispuesto a entregarle todo eso si Él te lo pide; así como lo hizo con Abraham, cuando le dijo: "Sacrifícame a tu hijo Isaac". Y cuando vio que estaba dispuesto a sacrificarlo, le dijo: "Ahora sé que temes a Dios, porque ni siquiera te has negado a darme tu único hijo".

La pildorita y reflexión de hoy es:

Jesús te dice: "Te falta una cosa, ¿me la entregas?"
¡No temas!

Pildorita

197

Isaías 57:11 (RVR1960)

¿Y de quién te asustaste y temiste, que has faltado a la fe, y no te has acordado de mí, ni te vino al pensamiento?

¿Te conté que el primer regalo que recibí del Señor fue esa paz que inundó mi corazón y que tanto anhelaba?

Hoy quiero hablarte sobre la paz, porque lo contrario a ella es temor y angustia y, cuando nos encontramos bajo el efecto de esos sentimientos negativos, la fe comienza a menguar y el enemigo cumple su objetivo, que es quitarnos la mirada del Señor para ponerla en las circunstancias que nos rodean. ¡Me encanta que sea la misma Palabra la que hoy nos hable al corazón!

Juan 14:27: *La paz os dejo, mi paz os doy; yo no os la doy como el mundo la da. No se turbe vuestro corazón, ni tenga miedo.*

Generalmente, la paz que el mundo nos ofrece es a través de cosas materiales, dinero, casa propia o éxitos profesionales que proveen cierta "seguridad", pero la paz que proviene de Jesús no tiene nada que ver con todo eso, sino con una que sobrepasa todo entendimiento y nos mantiene sin preocupaciones ni miedo aún en medio de las peores tormentas.

También nos da este consejo en Romanos 12:18: *Si es posible, y en cuanto dependa de ustedes, vivan en paz con todos.* Somos portadores de esa paz que Él nos dejó y debemos procurar reflejarla a donde vayamos y estemos, "en cuanto dependa de nosotros".

La pildorita y reflexión de hoy es:

Si estás enfermo o ansioso, Papá Dios te da esta promesa: Jeremías 33:6 *Sin embargo les daré salud y los curaré; los sanaré y haré que disfruten de abundante paz y seguridad.* ¡Sonríe, descansa y **no temas!**

Pildorita

198

Salmos 31:9 (NVI)

Tenme compasión, SEÑOR, que estoy angustiado;
el dolor está acabando con mis ojos, con mi alma,
¡con mi cuerpo!

La Biblia dice que David tenía el corazón conforme al del Señor y me atrevo a pensar que a Dios le agradaba que fuera tan sincero y transparente ante Él. Cuando oraba, no usaba palabras rebuscadas ni se ponía máscaras; todo lo que él sentía lo expresaba, literalmente derramaba su corazón delante del Señor.

En el Salmo 31 expresa las angustias y temores que estaba viviendo; te invito a que lo leas completo.

En el versículo 12 dice algo que seguramente en algún momento de tu vida has sentido: *"Me han olvidado, como si hubiera muerto; soy como una vasija hecha pedazos"*.

En esa etapa invernal de mi vida, cuando muchos me enterraron con Fernando y mi vida y corazón estaban hechos pedazos, al igual que David llegué delante del Padre sabiendo que todos se podían ir, pero Él siempre permanecería como lo ha prometido, todos los días hasta el fin del mundo.

Sé sincero delante del Padre, no importa si eres un pastor o líder, somos seres humanos y Jesús nos mostró en su humanidad que lloró, que fue traicionado, se sintió solo y abandonado por los suyos y desamparado hasta por el Padre, y lo expresó verbalmente en Mateo 27:46b: *Jesús gritó con fuerza: "Dios mío, Dios mío, ¿por qué me has desamparado?"*

La pildorita y reflexión de hoy es:

Papá Dios sabe cómo te sientes, pero le gusta escuchar tu voz.
¡No temas!

Pildorita

199

Parte I

Lucas 8:37 (NVI)

Entonces toda la gente de la región de los gerasenos le pidió a Jesús que se fuera de allí, porque les había entrado mucho miedo. Así que él subió a la barca para irse.

Si alguien nos entiende es Jesús. Creo que por más sufrimientos que hayamos tenido, ninguno de nosotros hemos pasado por todo lo que Él vivió aquí en la tierra.

A continuación, una recopilación que he hecho de situaciones que Jesús vivió:

- No fue honrado en su propia tierra. Un día, estando en la sinagoga y como él conocía los pensamientos de ellos les dijo: Seguramente ustedes me van a citar el proverbio: "¡Médico, cúrate a ti mismo! Haz aquí en tu tierra lo que hemos oído que hiciste en Capernaúm." Y Jesús continuó: *Pues bien, les aseguro que a ningún profeta lo aceptan en su propia tierra* (Lucas 4:24).

- Fue expulsado de Nazaret, donde nació. *Se levantaron, lo expulsaron del pueblo* (Lucas 4:29ª).

- Quisieron botarlo por un precipicio. *Lo llevaron hasta la cumbre de la colina sobre la que estaba construido el pueblo, para tirarlo por el precipicio* (Lucas 4:29ª).

- Todo el tiempo estaban buscando la manera de *matarlo. No tenía ningún interés en ir a Judea, porque allí los judíos buscaban la oportunidad para matarlo* (Juan 7:1b).

La pildorita y reflexión de hoy es:

Él sabe y comprende cada una de las situaciones por las que has tenido que pasar, ya que Él las vivió primero. **¡No temas!**

Pildorita

200

Parte II

Marcos 11:18 (NVI)

Los jefes de los sacerdotes y los maestros de la ley lo oyeron y comenzaron a buscar la manera de matarlo, pues le temían, ya que toda la gente se maravillaba de sus enseñanzas.

Te he querido compartir estos versículos que quizá hayas leído muchas veces, pero tal vez te pase como a mí, que hasta ahora que he estado escudriñando minuciosamente la Palabra, he podido discernir acerca de las situaciones tan increíbles que Jesús padeció, aun siendo el Hijo de Dios.

- La gente de su pueblo no tenía fe. *Les aseguro que no he encontrado en Israel a nadie que tenga tanta fe.* Se refería a un centurión en Capernaum que le pidió ayuda para sanar a un siervo suyo (Mateo 8:10b).

- Jesús tenía el firme propósito de ir a Jerusalén y envió mensajeros para que le prepararan alojamiento, pero nadie quiso recibirlo. *Pero allí la gente no quiso recibirlo* (Lucas 9:53).

- Jesús no tenía casa. *Las zorras tienen madrigueras y las aves tienen nidos —le respondió Jesús—; pero el Hijo del hombre no tiene dónde recostar la cabeza* (Lucas 9:58).

- Sus propios hermanos no creían en Él. *Lo cierto es que ni siquiera sus hermanos creían en él* (Juan 7:5).

Todo esto fue el anticipo a lo que le esperaba: torturas, burlas y dolores hasta su muerte, como si fuera un criminal.

La pildorita y reflexión de hoy es:

La próxima vez que estés pasando una situación difícil, piensa en Jesús y todo lo que vivió solo por amor a ti. **¡No temas!**

Pildorita

201

Isaías 44:8b (NVI)
"¿Hay algún Dios fuera de mí?
No, no hay otra Roca; no conozco ninguna".

Nuestra iglesia Casa Sobre la Roca lleva este nombre basado en un versículo que habla sobre los dos lugares donde podemos edificar nuestra vida: en la arena o en la roca.

La forma como se describe la diferencia entre ambas es que, en nuestra vida tendremos momentos de lluvias, ríos que crecen, vientos que soplan y azotan nuestra casa con la intención de derribarla, pero solo si estamos parados en la roca firme que es Jesucristo, podremos soportar todas las pruebas y dificultades con las que nos enfrentamos día a día y salir victoriosos; pero, si nuestra relación con Él es poca o ninguna, es como estar parado en la arena, que es lo más inestable que hay, cuando vengan las adversidades, inevitablemente se derrumbará.

Dice la Palabra que grande fue su ruina, y eso lo vemos constantemente en personas a nuestro alrededor. Miremos este edificante versículo en Mateo 7:24-27: *Por tanto, todo el que me oye estas palabras y las pone en práctica es como un hombre prudente que construyó su casa sobre la roca. Cayeron las lluvias, crecieron los ríos, y soplaron los vientos y azotaron aquella casa; con todo, la casa no se derrumbó porque estaba cimentada sobre la roca. Pero todo el que me oye estas palabras y no las pone en práctica es como un hombre insensato que construyó su casa sobre la arena. Cayeron las lluvias, crecieron los ríos, y soplaron los vientos y azotaron aquella casa, y ésta se derrumbó, y grande fue su ruina.*

Un detalle importante es que dice: "El que me oye estas palabras y las pone en práctica".Por lo tanto, se trata de ser no solo oidores, sino hacedores de su Palabra.

La pildorita y reflexión de hoy es:

Estás a tiempo de colocar tu vida sobre la Roca, que es Jesús. ¡No temas!

Pildorita
202

Salmo 111:5 (RVR1960)

Ha dado alimento a los que le temen;
Para siempre se acordará de su pacto.

Desde niña siempre escuché que si llovía y había sol, saldría el arco iris. Cuando comencé a leer la Biblia, me encontré en el libro de Génesis que este arco hermoso en el cielo tiene un por qué, y fue el pacto que Dios hizo con Noé después del diluvio que desapareció a casi toda la humanidad. Solo se salvó su familia y cada pareja de animales que entró al arca que él construyó.

Cada vez que veo en el cielo este majestuoso arco de colores brillantes me emociona pensar que en ese momento el Señor lo hace salir para recordarnos que todo lo que Él promete lo cumple, porque Él es un Dios de pactos y ese pacto permanece firme.

Génesis 9:16: *Cada vez que aparezca el arco iris entre las nubes, yo lo veré y me acordaré del pacto que establecí para siempre con todos los seres vivientes que hay sobre la tierra.*

Así que, cuando nuestra vida se llene de nubes y el cielo esté oscuro, tenemos que recordar que, aunque nuestros ojos no lo vean, el Señor que creó ese arco no es hombre que miente ni se arrepiente de lo que ha dicho; todo cuanto ha prometido lo hará.

Hoy, sin importar cómo veas de oscuro el panorama, sonríe e imagina el arco de Dios para que te llenes de gozo y paz.

La pildorita y reflexión de hoy es:

El Señor es el mismo de ayer hoy y siempre. ¡No temas!

Pildorita

203

Isaías 30:20 (NVI)

Aunque el Señor te dé pan de adversidad y agua de aflicción, tu maestro no se esconderá más; con tus propios ojos lo verás.

Las promesas de Dios son un bálsamo para nuestro espíritu cuando estamos enfrentando alguna situación y no sabemos qué camino tomar.

Uno de los sueños que tuve con mi esposito fue viajar a España. Los dos anhelábamos conocer ese lindo país. Al parecer por fin ese sueño se haría realidad, todo estaba planeado para ir en el mes de octubre de 2014 a celebrar nuestro onceavo aniversario. Ya teníamos comprado tiquetes y mirado el recorrido que haríamos.

Pero todos los planes cambiaron cuando tuvimos que ingresar a Fernando al hospital a principio de ese mes, y desde ese momento su salud se comenzó a deteriorar.

Él me repetía todo el tiempo: "Cuando pase todo esto te voy a llevar a España como te lo prometí". Ese viaje nunca lo llegamos a realizar y Dios sabe por qué no lo permitió.

Recuerdo estar en el hospital, sentada junto a él orando, y el Señor me dio esta palabra que está en Isaías 30: 19-21; después me la volvió a dar varias veces durante toda la enfermedad de mi esposo. Creo que Dios me estaba preparando para mi futuro.

Dice el versículo 21: *Ya sea que te desvíes a la derecha o a la izquierda, tus oídos percibirán a tus espaldas una voz que te dirá: «Este es el camino; síguelo»*.

Esta palabra también es para ti.

La pildorita y reflexión de hoy es:

Te regalo esta otra promesa del Salmo 32:8: *El SEÑOR dice: Yo te instruiré, yo te mostraré el camino que debes seguir; yo te daré consejos y velaré por ti.* ¡No temas!

Pildorita
204

Génesis 3:10 (RVR1960)

Y él respondió: Oí tu voz en el huerto, y tuve miedo, porque estaba desnudo; y me escondí.

El ser humano tiene una gran facilidad para encontrar excusas. Pocas personas asumen su responsabilidad ante las malas decisiones. Siempre hay un culpable y cuando señalamos con el dedo a una persona para culparla, los otros tres dedos nos están señalando.

Esto se originó en el Edén, cuando Adán y Eva pecaron, y en ese momento fueron conscientes de que estaban desnudos y se escondieron para que Dios no los viera. Aquí comienzan las excusas y el traspaso de las responsabilidades. El Señor llamó al hombre y le dijo: "¿Dónde estás?" Y él le dijo: "Escuché que andabas por el jardín y tuve miedo, porque estoy desnudo".

La mayoría de nosotros conocemos esta historia, Dios lo confronta por haber comido del único árbol que era prohibido y él rápidamente dice: "La mujer que me diste por compañera me dio de ese fruto y yo comí".

Y cuando Dios le pregunta a la mujer: "¿Qué es lo que has hecho?"; ella responde: "La serpiente me engañó y comí".

¿Acaso muchas veces no somos iguales a ellos? Se nos olvida que Dios ve y sabe todo. Nos escondemos para que Dios no nos vea y cuando nos llama y nos confronta, nos da miedo y nos sentimos desnudos ante Él por haber desobedecido sus indicaciones.

No demos más excusas. Si vamos realmente arrepentidos delante del Señor y somos honestos, Él nos perdona y lo olvida.

La pildorita y reflexión de hoy es:

Hoy es el día de ser sinceros con Papá Dios.
¡No temas!

Pildorita
205

Salmo 40:3b (RVR1960)

Verán esto muchos, y temerán,
Y confiarán en el Señor.

He escuchado a varias personas que prefieren no mirar noticieros, ya que les afecta ver tantas malas noticias. En otra pildorita les comenté que en las noches acostumbro ver el noticiero internacional para tener una información global de lo que pasa en el mundo, pero por situaciones que han pasado aquí en Orlando, Florida, estoy viendo primero el local y luego el internacional.

Hoy, cuando terminé de escribir la pildorita anterior, paré para ver los noticieros y llamó mi atención que en el internacional, todas las noticias tenían en común la palabra TEMOR.

La policía en Estados Unidos tiene temor por sus vidas por tantos enfrentamientos raciales; el país tiene temor del nuevo presidente y sus amenazas; los jóvenes indocumentados tienen temor de que les quiten la ley que les permitió soñar para poder estudiar; los cubanos tienen temor por la eliminación de la política "Pies secos y pies mojados" que por tantos años los acogió y les daba una permanencia legal una vez pisaban suelo estadounidense.

¡Increíble, la humanidad está llena de temor! En este momento, entiendo aún más el propósito de Dios con este libro que le había colocado en el corazón a mi esposito y que es una respuesta a la necesidad que el mundo entero está viviendo.

Necesitamos a Jesús en nuestras vidas para echar fuera el temor y descansar con la certeza de que Papá Dios nos cuida.

La pildorita y reflexión de hoy es:

Él dice que te guarda en el orificio de su mano y nadie puede tocarte. ¡No temas!

Pildorita
206

I Tesalonicenses 1:6 (RVR1960)

Y vosotros vinisteis a ser imitadores de nosotros y del Señor, recibiendo la palabra en medio de gran tribulación, con gozo del Espíritu Santo.

Cuando recibimos a Jesús en nuestro corazón, pasamos de ser creación de Dios a ser sus hijos. Esta identidad no la debemos perder nunca, porque en momentos donde las cosas no están marchando bien, siempre el enemigo hará que dudemos de quiénes somos.

Así lo hizo con Jesús, que había estado ayunando por cuarenta días y cuarenta noches. El Espíritu lo había llevado al desierto para ser tentado. El tentador se le acercó y le propuso: "Si eres el Hijo de Dios ordena a estas piedras que se conviertan en pan".

Quiero que notes lo siguiente: ¿en qué lugar empieza el enemigo a bombardear nuestra mente? Sí, cuando estamos en el desierto, porque también él conoce nuestras debilidades y las pone como tentación.

Él sabía que tenía hambre, pero cuando le dice que convierta las piedras en pan, Jesús le responde que no solo de pan vive el hombre, sino de toda palabra que sale de la boca de Dios. Vuelve y le dice: Si eres el Hijo de Dios, tírate abajo porque escrito está: "Ordenará a sus ángeles que te sostengan en sus manos para que no tropieces con piedra alguna".

Si alguien conoce muy bien la Palabra es el diablo.

También vimos que cuando Jesús estaba en la cruz, los soldados romanos le decían: "Si eres el Hijo de Dios, baja de la cruz". El enemigo siempre aprovechará un momento difícil para meternos mentiras y hacernos dudar.

La pildorita y reflexión de hoy es:

Las aflicciones que puedas estar viviendo son temporales, pero tu identidad como hijo de Dios es eterna. ¡No temas!

Pildorita
207
Parte I

Génesis 22:12 (NTV)

¡No pongas tu mano sobre el muchacho! —dijo el ángel—. No le hagas ningún daño, porque ahora sé que de verdad temes a Dios. No me has negado ni siquiera a tu hijo, tu único hijo.

Hay muchas historias tan interesantes en la Biblia, pero por obvias razones no puedo entrar en detalles de cada una de ellas.

Una de ellas, que en lo personal me impacta mucho, es la orden que recibe Abraham de sacrificar a Isaac, su único hijo; el de la promesa, esperado, anhelado. ¿Qué pasó en ese hogar las horas antes? Nosotros conocemos la historia final, pero él estaba pasando por un dolor muy fuerte.

Quizá pensaría: ¿Y qué le voy a decir a Sara cuando regrese de haberlo sacrificado y me pregunte por Isaac y sepa que yo mismo lo maté? ¿Cómo voy a consolarla? No creo equivocarme al pensar que esa noche no pudo dormir, que fue una larga noche mirando a su hijo con un dolor desgarrador de pensar que unos días después, a esa misma hora, ya no estaría.

Habrá llorado en silencio. Él, como cualquier ser humano, pensaría: Señor, ¿para qué nos lo diste y ahora nos lo quitas? Eran las últimas horas con su hijo amado y pensando cómo haría ese sacrificio.

¿Será que Sara, como buena mujer, sospecharía que algo pasaba? Me imagino que en varias ocasiones le preguntó a su esposo si todo estaba bien.

El porqué de su tristeza y silencio y él, como hombre, respondería: "Todo está bien, no pasa nada".

La pildorita y reflexión de hoy es:

Dios es bueno, y quiere saber qué es lo primero en tu corazón. **¡No temas!**

Pildorita
208
Parte II

Salmo 143:4 (RVR1960)

Y mi espíritu se angustió dentro de mí;
está desolado mi corazón.

Llegó el día más triste de la vida de Abraham. La Biblia no lo dice, pero yo soy madre y de solo pensar en lo que estaba a punto de pasar, me duele el corazón.

Dice que se levantó de madrugada, ensilló su asno, cortó leña y junto con dos criados y su hijo Isaac, se encaminó hacia el lugar que Dios le había indicado. Fueron tres días de camino.

¡Qué agonía para el pobre Abraham! Me imagino que lo abrazó y besó muchas veces, y más de una lágrima brotaría sin que su hijo lo notara.

Les dijo a sus criados que se quedaran en ese punto, ya que él seguiría solo con su hijo. Mira esta conversación entre padre e hijo:

Génesis 22:7-8: *Entonces habló Isaac a Abraham su padre, y dijo: Padre mío. Y él respondió: Heme aquí, mi hijo. Y él dijo: He aquí el fuego y la leña; mas ¿dónde está el cordero para el holocausto? Y respondió Abraham: Dios se proveerá de cordero para el holocausto, hijo mío. E iban juntos.*

¡Qué momento tan difícil y tenso para este padre! Llegan al lugar, Abraham construye el altar, prepara la leña, después ata a su hijo, lo pone sobre el altar y toma el cuchillo para sacrificar a su hijo.

Pienso en lo que pasaba por la mente de Isaac. ¿Se imaginan? Después de haberle preguntado dónde estaba el cordero para el holocausto, se da cuenta de que es él, que su padre lo amarra, lo pone en el altar y lo va a matar.

No se cuenta nada de ese momento, pero imagino los diálogos entre el hijo y el padre. ¡Qué gran ejemplo de obediencia nos da Abraham!

La pildorita y reflexión de hoy es:

¿Estarías dispuesto a entregarle a Papá Dios lo que más amas? ¡No temas!

Pildorita

209

Parte III

Salmo 33:18 (RVR1960)

He aquí el ojo del Señor sobre los que le temen, sobre los que esperan en su misericordia.

Mi intención al traer en estas pildoritas la historia del sacrificio que estaba dispuesto a hacer Abraham con su hijo Isaac no es cuestionar a este padre ni mucho menos a Dios.

Lo verdaderamente importante es el profundo amor y temor que tenía el padre de la fe, quien estaba dispuesto a entregar lo más amado, porque el Señor así se lo pedía. La parte final de esta historia termina así:

Génesis 22:11-12: *Entonces el ángel de Jehová le dio voces desde el cielo, y dijo: Abraham, Abraham. Y él respondió: Heme aquí. Y dijo: No extiendas tu mano sobre el muchacho, ni le hagas nada; porque ya conozco que temes a Dios, por cuanto no me rehusaste tu hijo, tu único.*

Más adelante, *Dios le dice a Abraham: "Como no me has negado a tu único hijo, te bendeciré en gran manera y multiplicaré tu descendencia como las estrellas del cielo y como la arena del mar".*

Ese fue el gran ejemplo que este siervo de Dios le dio a su hijo tan amado, que el primer y único lugar en su corazón era para Dios.

Es muy triste ver que muchas personas llegan a la iglesia buscando el milagro que Dios les puede dar, como ese hijo tan anhelado, pero cuando reciben el milagro, nunca más los vuelves a ver en la iglesia.

¿Qué sentirá Dios cuando se da cuenta que solo lo buscan por interés?

La pildorita y reflexión de hoy es:

Cuando le entregas a Dios algo de corazón, Él te lo devuelve multiplicado. **¡No temas!**

Pildorita
210

Filipenses 1:14b (NVI)

Ahora más que nunca la mayoría de los hermanos, confiados en el Señor, se han atrevido a anunciar sin temor la palabra de Dios.

Cuando abrimos las puertas de nuestro corazón para recibir a Jesús, ese día es como si Él tomara sus maletas y se mudara allí.

En ese lugar comienza esa obra de transformación, de adentro para afuera. Yo me lo imagino así: Es como si estuviéramos caminando en el campo y de pronto, a lo lejos, se ve una casa abandonada y cuando nos acercamos y la vemos, nos damos cuenta que tuvo que ser muy linda, pero definitivamente hay que restaurarla, quitarle maleza, hacer algunos cambios que ya no funcionan, en otras partes hacer reparaciones y comienza este proceso.

Así es la obra que inicia el Espíritu Santo dentro de nosotros y aún lo sigue haciendo día a día. Pero todo lo que la gente ve en nosotros es simplemente lo que el Señor ha hecho, vamos menguando para que Él crezca.

Que no nos pase como al burrito, que le dice a sus otros amigos burros:

"¿Vieron lo que pasó cuando llegué a Jerusalén? Por donde pasaba, me aplaudían, ponían mantas, batían ramas, todos me alababan.

Y uno de ellos le dice: No era a ti, burro, era a Jesús que iba encima de ti".

El enemigo no nos tiene miedo ni tiembla ante nosotros, él tiembla y le tiene miedo al que vive dentro de nosotros, el Rey de reyes y Señor de señores.

La pildorita y reflexión de hoy es:

No se trata de ti, se trata de Él. Pero Él y tú son mayoría. ¡No temas!

Pildorita
211

2 Samuel 9:7 (NVI)

No temas, pues en memoria de tu padre Jonatán he decidido beneficiarte. Voy a devolverte todas las tierras que pertenecían a tu abuelo Saúl, y de ahora en adelante te sentarás a mi mesa.

Cuando se habla de la restitución de Dios, el caso de Mefiboset es un claro ejemplo. Él era el nieto del rey Saúl y el hijo de Jonatán, el amigo del alma del rey David. Cuando llegó la noticia de que Saúl y su hijo Jonatán habían muerto, la nodriza cargó a Mefiboset para huir, pero con el apuro se le cayó y quedó cojo de ambos pies.

Imagina esta situación, este niño perteneció a la realeza y de un momento a otro pierde todo y además queda con una discapacidad.

La Biblia no lo dice, pero yo creo que él sí pensaba en cómo le había cambiado su vida, ser antes el nieto de rey, y ahora olvidado por la gente.

Dios, que es justo y no se olvida de sus hijos, pone en el corazón del ahora rey David averiguar si había alguien de la familia de Saúl a quien pudiera beneficiar. Por ello manda a llamar al que había sido administrador de Saúl y este le cuenta que existe Mefiboset, que está lisiado y que es el hijo de Jonatán.

El rey David lo manda a llamar y le dice que, en memoria de su padre, le va a devolver todas las tierras que pertenecían a su abuelo Saúl y desde ese día se sentaría a comer en su mesa como uno más de sus hijos.

Eso se llama restitución.

La pildorita y reflexión de hoy es:

Tú no sabes en qué momento Dios cambiará el destino de tu vida y decidirá promoverte, porque Él nunca se olvida de ti. ¡No temas!

Pildorita

212

Jeremías 31:28 (RVR1960)

Y así como tuve cuidado de ellos para arrancar y derribar, y trastornar y perder y afligir, tendré cuidado de ellos para edificar y plantar, dice Jehová.

El llamado de Dios a la vida del profeta Jeremías es el mismo que nos ha hecho a cada uno de nosotros. Mira lo maravilloso que nos dice en su Palabra: Jeremías 1:4-5

La palabra del SEÑOR vino a mí: *«Antes de formarte en el vientre, ya te había elegido; antes de que nacieras, ya te había apartado; te había nombrado profeta para las naciones».*

Antes de que nos formara ya nos había elegido; antes de que naciéramos ya nos había apartado para servir en su obra y llevar su Palabra.

No somos un eslabón suelto. Antes de que nuestros padres se unieran para concebirnos, ya habíamos nacido en el corazón de Dios, ya sabía todo de nosotros y lo que haríamos más adelante.

En el versículo 9 dice: *"He puesto en tu boca mis palabras. Mira, hoy te doy autoridad sobre naciones y reinos, para arrancar y derribar, para destruir y demoler, para construir y plantar".*

Jesús antes de partir dijo que mayores cosas haríamos en su nombre, que las que Él hizo y siempre que medito en esto, llego a la misma conclusión:

¿Por qué no vemos más milagros día a día? ¿Será falta de fe? Porque hemos sido equipados con todas las armas espirituales, se nos ha entregado autoridad sobre naciones y reinos.

Nosotros podemos, con nuestra palabra, arrancar, derribar, destruir y demoler toda hueste de maldad que se quiera levantar contra nosotros, nuestras familias, ciudades, países y así mismo podemos construir y plantar.

La pildorita y reflexión de hoy es:

¿Por qué no empiezas a usar todo lo que el Señor te ha entregado? ¡No temas!

Pildorita
213

Mateo 1:20b (RVR1960)

He aquí un ángel del Señor se le apareció en sueños y le dijo: José, hijo de David, no temas recibir a María tu mujer, porque lo que en ella es engendrado, del Espíritu Santo es.

Alguien a quien admiro en las escrituras y del no se habla mucho es José, el esposo de María.Dice la Biblia que cuando él se enteró que estaba embarazada, trató de dejarla sin exponerla a vergüenza pública y que un ángel le habló en sueños y le dijo que no temiera, porque ese hijo era del Espíritu Santo.

Por su proceder y obediencia se nota que era temeroso y dócil a la voz de Dios y, aunque la Palabra no lo menciona, me atrevo a suponer que cuando el Señor escogió a María como la madre de su Hijo, también sabía que esa persona con quien ella se casaría sería un buen hombre, alguien especial que cuidaría de Jesús.

Jesús era carpintero porque José lo era y, aunque la Biblia no cuenta detalles, imaginamos que él le enseñó muchas cosas a su hijo putativo. En más de una ocasión saldrían a jugar, le limpiaría alguna rodilla pelada, irían juntos a comprar madera para el taller.

Una relación normal, con la responsabilidad de criar y proteger al Hijo de Dios y también tener el honor de haber sido escogido entre tantos hombres para llevar a cabo esa gran misión.

La última vez que se menciona a José fue después de la muerte de Herodes, cuando regresan a Nazaret con Jesús y María. La Biblia no dice qué pasó con este gran hombre.

La pildorita y reflexión de hoy es:

Que tu corazón y vida estén dispuestos para el Señor, por si Él tiene una misión especial para ti y hay cambio de planes.
¡No temas!

Pildorita
214

Salmos 86:7 (NVI)

En el día de mi angustia te invoco,
porque tú me respondes.

De las cosas que más enternecen mi corazón es ver el amor y cuidado de Dios por sus hijos. No le somos indiferentes y todo lo que tiene que ver con nosotros es importante para Él. Por ejemplo, promete secar nuestras lágrimas Isaías 5:8b: *El SEÑOR omnipotente enjugará las lágrimas de todo rostro.* También dice que las tiene anotadas, además de nuestros lamentos.

Salmos 56:8: *Toma en cuenta mis lamentos; registra mi llanto en tu libro. ¿Acaso no lo tienes anotado?* (Imagino que ese libro tendrá que ser muy grande para tener el registro de las lágrimas de todas las mujeres.)

Asimismo, nuestras oraciones y ofrendas quedan registradas. Hechos 10:4: *¿Qué es, Señor?* Y le dijo: *Tus oraciones y tus limosnas han subido para memoria delante de Dios.*

En Apocalipsis dice que nuestras oraciones suben como el incienso a su presencia. Apocalipsis 8:4: *Y de la mano del ángel subió a la presencia de Dios el humo del incienso con las oraciones de los santos.* En esta cita vuelve a hacer referencia a nuestras oraciones. Apocalipsis 5:8b: *todos tenían arpas, y copas de oro llenas de incienso, que son las oraciones de los santos.*

Así que no vuelvas a pensar que tus lágrimas y oraciones le son indiferentes a Papá Dios, porque bien registradas están.

La pildorita y reflexión de hoy es:

Señor, perdóname por las veces que pensé que no escuchabas mis oraciones y eras indiferente a mis lágrimas. **¡No temas!**

Pildorita

215

Parte I

Lamentaciones 1:7b (RVR1960)

Se acordó de los días de su aflicción,
y de sus rebeliones,
Y de todas las cosas agradables que tuvo
desde los tiempos antiguos.

La mayoría de las enseñanzas de Jesús fueron a través de parábolas.

La del hijo pródigo es la representación de Papá Dios, esperando a ese hijo que un día estuvo con Él y por alguna razón se apartó y hoy le cuesta regresar a casa, porque siente culpa, temor a no ser perdonado, se siente indigno, piensa que ya no hay una nueva oportunidad para él.

Por eso creo que el Señor narra esta parábola con lujo de detalles, para dejarnos claro que la virtud no es de nosotros, sino de Él. Cuando nos alejamos, Él no pierde, perdemos nosotros al salirnos de su protección y cuidado. Cuenta la historia que un día, este hijo menor le pide en vida a su padre su herencia. Él se la da, se va a otra provincia y dice la Palabra que la malgastó viviendo perdidamente.

Más tarde llegó el hambre a ese lugar y él ya no tenía nada; comenzó a anhelar hasta la comida de los cerdos, pero un día recapacitó y reconoció que había pecado contra el cielo y contra su padre y decide regresar para pedirle perdón y que lo deje como uno de sus trabajadores, que tienen abundancia de pan mientras él muere de hambre.

Ya no era el hijo altivo que se fue, sino el arrepentido.

Dice la Palabra que aun cuando estaba lejos, el padre lo vio y fue movido a misericordia, corrió a su encuentro y lo abrazó y besó. ¡Eso es amor!

La pildorita y reflexión de hoy es:

No importa cuánto tiempo llevas lejos del Padre, todos los días Él se asoma con la ilusión de verte regresar a casa.
¡No temas!

Pildorita
216
Parte II

Salmos 40:2 (RVR1960)

Y me hizo sacar del pozo de la desesperación, del lodo cenagoso; puso mis pies sobre peña, y enderezó mis pasos.

Cuenta la parábola que el joven reconoce su pecado y le dice a su padre que ya no es digno de ser llamado su hijo.

El padre les pide a sus siervos que traigan el mejor vestido, le pongan un anillo, calzados para sus pies y que al becerro más gordo lo maten y se haga una gran fiesta, porque este hijo estaba muerto y ha revivido, se había perdido y fue hallado.

Así mismo hace el Padre con nosotros: desde el momento que nos alejamos de Él, todos los días se asoma para ver si nos ve regresar y cuando nos arrepentimos de corazón, Él nos abraza, nos da la bienvenida a casa, hay fiesta en los cielos y comienza nuevamente esa relación estrecha entre padre e hijo.

Nos bendice, restituye, y nos sienta a su mesa. Aquí el problema es el hermano mayor, que no acepta que su hermano haya sido recibido de esa manera, con fiesta, el mejor vestido, becerro y tanta alegría.

Si por él fuera, que su padre lo mandara a la calle, que nunca lo perdonara y mucho menos le diera un peso, ya que él se había gastado su parte.

En ese hijo estamos representados nosotros, que cuando viene alguien arrepentido a la iglesia, sea drogadicto, prostituta, narcotraficante, asesino, lo juzgamos y muchas veces decimos frases como: "esa mujer no debe estar aquí vestida de esa manera", o "ese joven con esos tatuajes parece un drogadicto".

La pildorita y reflexión de hoy es:

Cuando Jesús te escogió, no vio tu pasado, sino tu futuro en Él. ¡No temas!

Pildorita
217
Parte I

Daniel 1:10 (NVI)

«Tengo miedo de mi señor el rey, pues fue él quien te asignó la comida y el vino. Si el rey llega a verte más flaco y demacrado que los otros jóvenes de tu edad, por culpa tuya me cortará la cabeza».

En la Biblia se encuentran historias fascinantes de jóvenes que fueron radicales y quienes estuvieron dispuestos a dar su vida por el Señor.

Ese es el caso de Daniel y sus tres amigos Sadrac, Mesac y Abednego, quienes fueron llevados a Babilonia bajo el mandato del rey Nabucodonosor. Este había ordenado que llevaran jóvenes de Israel, pertenecientes a la familia real y a la nobleza.

Debían ser apuestos, sin ningún defecto físico, que tuvieran deseos de aprender, que actuaran con sensatez; jóvenes sabios y aptos para el servicio en el palacio real. Debían aprender la lengua y la cultura durante tres años y luego servirían al rey.

Este ordenó que se les diera de la comida y del vino real. Dice la Biblia que Daniel se propuso no contaminarse con ella y le pidió al jefe de oficiales que a él y a sus amigos les diera solamente verduras y agua, y cada vez se veían más sanos y mejor alimentados que los demás. Dios dotó a estos cuatro jóvenes de inteligencia y sabiduría en toda clase de literatura y ciencia y además Daniel podía interpretar toda visión y todo sueño.

Los jóvenes tienen presión de grupo y terminan haciendo lo que los demás hacen por no sentirse rechazados, pero qué buen ejemplo nos dan estos cuatro; su acción radical podía hacer que literalmente les cortaran la cabeza.

La pildorita y reflexión de hoy es:

¿Eres radical en cuanto a tu fe y tu amor por Jesús?
¡No temas!

Pildorita

218

Parte II

Jonás 1:16 (RVR1960)

Y temieron aquellos hombres a Jehová con gran temor, y ofrecieron sacrificio a Jehová, e hicieron votos.

El rey Nabucodonosor tuvo un sueño que lo tenía perturbado y mandó a reunir a los magos, hechiceros, adivinos y astrólogos de su reino para que le dieran la interpretación y como ninguno lo pudo hacer, se enfureció y mandó a matar a todos los sabios de Babilonia y se publicó un edicto que decretaba la muerte de todos.

Mandaron a buscar a Daniel y sus amigos para ejecutarlos. Ellos comenzaron a orar y a pedirle a Dios misericordia y que revelara ese sueño misterioso para que no fueran ejecutados con el resto de los sabios babilónicos.

Esa noche, Dios en visión le dio la respuesta del misterio del sueño a Daniel y este comenzó a alabar al Señor.

Entonces fue a hablar con el que tenía la orden de ejecutar a los sabios y le pidió que lo llevara ante el rey. Cuando estuvo frente a él, lo primero que le dijo fue: "Ningún sabio, ni hechicero ni mago o adivino podría explicarle el misterio que lo preocupa, pero hay un Dios en el cielo que revela los misterios".

Comenzó a revelarle el sueño y cuando terminó, el rey se postró ante Daniel y le rindió pleitesía, le dio ofrendas y regalos y dijo: "Tu Dios es el Dios de dioses y el soberano de reyes, pues fuiste capaz de revelarme este sueño misterioso".

La pildorita y reflexión de hoy es:

Cuando pones al Señor en primer lugar, Él te bendice y nunca te dejará avergonzado.
¡No temas!

Pildorita
219
Parte III

Salmo 34:7
El ángel de Jehová acampa alrededor de los que le temen y los defiende.

Después de esta gran interpretación, el rey nombró a Daniel gobernador de toda la provincia de Babilonia y jefe de todos sus sabios. Además, a solicitud de Daniel, el rey nombró a sus amigos administradores de la provincia.

Nabucodonosor mandó hacer una estatua de oro y ordenó que todo el pueblo, cuando escuchara la música de cualquier instrumento, debía inclinarse y adorar la estatua de oro.

Siempre que somos promovidos por Dios, tenemos personas a nuestro alrededor que nos envidian y querrán que nos remuevan y nos vaya mal y eso fue lo que pasó: los astrólogos fueron donde el rey y le dijeron que algunos judíos no adoraban a sus dioses ni a la estatua de oro.

El rey se puso furioso y los mandó llamar y les dijo que cuando sonara la música tenían que inclinarse ante la estatua. Ellos le respondieron que no se postrarían.

Entonces mandó a calentar el horno siete veces más caliente y ordenó que los metieran amarrados allí. El rey mirando, exclamó: "Allí en el fuego no veo tres, sino cuatro hombres, sin daño alguno y el cuarto tiene la apariencia de un dios".

Los llamó para que salieran y ni uno solo de sus cabellos se habían chamuscado, ni su ropa se había quemado, ni siquiera olía a humo. El rey exclamó: "Alabado sea el Dios de estos jóvenes que envió su ángel y los salvó". Después de esto el rey los promovió.

La pildorita y reflexión de hoy es:

Si eres fiel, ¿te imaginas lo que Papá Dios tiene para ti? ¡No temas!

Pildorita
220

Juan 13:21 (NVI)

Dicho esto, Jesús se angustió profundamente y declaró: Ciertamente les aseguro que uno de ustedes me va a traicionar.

Desde hace mucho tiempo, los primeros días del nuevo año me gusta hacer un ayuno parcial de veintiún días. Es algo muy personal, es la manera de entregarle al Señor todas las horas, días y meses de lo que está por delante, para que Él guíe mis pasos adonde quiera llevarme.

En el año 2017, cuando estaba en el día dieciséis, el material que correspondía para ese día hablaba de no buscar las cosas de Dios, sino buscar a Dios y de la diferencia entre acercarse a un rey para besar su mano y acercarse a un padre amoroso para besar su rostro.

Él es ambas cosas, nuestro Rey y Padre y la relación que Él quiere con nosotros no es solo de reverencia, aunque lo tenemos que hacer.

Él quiere que busquemos su rostro y terminemos más cerquita suyo, como ese discípulo que Jesús amaba y en la noche que iba a ser traicionado dice en Juan 13:23 y 25 *"Y uno de sus discípulos, al cual Jesús amaba, estaba recostado al lado de Jesús"*. Y el versículo 25 dice: *"El entonces, recostado cerca del pecho de Jesús, le dijo: Señor, ¿quién es?"* ¡Qué belleza! La Biblia no dice por qué lo amaba, pero lo cierto es que de todos, el único que estuvo tan cerca de su corazón fue este discípulo, quien se recostó en su pecho.

Muchos hablan que era Juan, pero las veces que en la Palabra se refiere a él dice: Al discípulo a quien él amaba.

La pildorita y reflexión de hoy es:

El Señor quiere que te acerques y sientas el latido de su corazón. **¡No temas!**

Pildorita
221

Isaías 25:4 (NVI)

Porque tú has sido, en su angustia, un baluarte para el desvalido, un refugio para el necesitado.

Como les he contado, mi esposo estaba en silla de ruedas y dependía de personas que lo ayudáramos a subir y bajar del carro, a entrar a la casa y cuando iba a predicar, los ujieres lo alzaban para sentarlo en una silla alta para que pudiera quedar frente al púlpito. Por eso me es fácil imaginar lo que pasó este día que quiero compartir con ustedes hoy.

Se corrió la voz de que Jesús llegó nuevamente a Capernaum, la gente se comenzó a aglomerar (me imagino lo que sucedió y es uno de los pasos de fe más grandes que vemos en la Biblia).

Es la historia de un paralítico que tenía cuatro amigos. Seguramente era común para ellos alzarlo y cargarlo para sacarlo y que compartiera con ellos. Ese día, escucharon que Jesús, que hacía milagros había llegado nuevamente a la ciudad y tomaron la camilla y llegaron al lugar donde se encontraba Él predicando.

Cuando se dan cuenta de que no hay manera de entrarlo por la multitud, lo amarraron bien fuerte y lo subieron al techo, abrieron un hueco y lo bajaron hasta poner a su amigo frente al Maestro.

¿Te imaginas a Jesús predicando y a estos hombres removiendo el techo y la cara de todos al ver descolgar a este hombre paralítico? Dice la Biblia que Jesús, al ver la fe de ellos, le dijo al paralítico: "Tus pecados te son perdonados, levántate toma tu camilla y vete a tu casa".

Fue por la fe de los amigos que el paralítico fue sanado.

La pildorita y reflexión de hoy es:

¿Tu fe ayudaría a un amigo a recibir el milagro que está necesitando? ¡No temas!

Pildorita
222
Parte I

Génesis 35:17 (NVI)

En el momento más difícil del parto, la partera le dijo: «¡No temas; estás por tener otro varón!»

Los grandes hombres y mujeres de Dios eran tan comunes y corrientes como tú o como yo. Lo que los diferencia, fue la toma de decisiones que hicieron en determinados momentos.Eso los hizo grandes, especiales, ejemplos de fe, templanza, dominio propio, pero sobre todo amor por Dios y por obedecer su Palabra. En las próximas pildoritas quiero hablarles de dos hermanos y el cumplimiento del propósito de Dios.

Isaac, el hijo de la promesa de Abraham y Sara, se casó con Rebeca y tuvo hijos mellizos, pero desde el vientre ellos luchaban, algo que entristecía a su madre.

Cuando llegó el momento de dar a luz, el primero que nació fue Esaú y luego nació Jacob, quien salió agarrado con una mano del talón de su hermano.

Crecieron y Esaú era hombre de caza, el preferido de su padre; Jacob era tranquilo y le gustaba quedarse en el campamento y era el preferido de su madre.

Un día llegó Esaú de cazar con mucha hambre y le pidió a su hermano que le diera de las lentejas que había cocinado y Jacob le dijo que le vendiera los derechos de hijo mayor a cambio de ello.

Esaú, que tenía tanta hambre, dijo: "¿De qué me sirven los derechos de hijo mayor?" Le hizo el juramento y de esta manera menospreció sus derechos y este acto después le costó muchas lágrimas.

La pildorita y reflexión de hoy es:

En el propósito de Dios todo tiene una razón de ser; no menosprecies nunca lo que te ha entregado.
¡No temas!

Pildorita

223

Parte II

Génesis 31:42b (NVI)

Si no hubiera estado conmigo el Dios de mi padre, el Dios de Abraham, el Dios a quien Isaac temía, seguramente me habrías despedido con las manos vacías. Pero Dios vio mi aflicción y el trabajo de mis manos, y anoche me hizo justicia.

Isaac era viejo y estaba ciego y un día llamó a su hijo Esaú y le pidió que saliera a cazar y luego le preparara un buen guiso para bendecirlo, porque en cualquier momento se podía morir por su edad. Rebeca, que escuchó todo, hace un plan y le dice a Jacob que haga todo lo que ella le diga para así suplantar a su hermano.

Él obedece y se hizo pasar por Esaú. Isaac no se dio cuenta y bendijo a Jacob. Cuando llegó Esaú para recibir su bendición, este le dice: "Tu hermano vino, me engañó y se llevó la bendición que a ti te correspondía".

Este le suplica que lo bendiga y llora amargamente. A partir de ese momento, Esaú guardó un profundo rencor hacia su hermano y planeaba cómo matarlo. Su madre se enteró de ello y le dice a Jacob que huya lejos a Padan Aram, a la casa de su hermano Labán.

Cuando llega ahí, ve a Raquel y se enamora profundamente de ella y su tío lo hace trabajar siete años por ella. Cuando llega la noche de bodas, le habían dado a la hermana mayor, que era Lea, por esposa, porque así decía la tradición.

Jacob le reclama a su tío, y este le hace trabajar siete años más por Raquel. Muchas personas dicen que Jacob pagó los engaños que le hizo a su hermano Esaú con Labán, quien también lo engañó de muchas maneras y le hizo trabajar catorce años por la mujer que él amaba.

La pildorita y reflexión de hoy es:

Todo lo que siembras, eso cosechas.
¿Qué estás sembrando hoy?
¡No temas!

Pildorita

224

Parte III

Génesis 32:11 (NVI)

¡Líbrame del poder de mi hermano Esaú, pues tengo miedo de que venga a matarme a mí y a las madres y a los niños!

Quiero resaltar varias cosas importantes que Jacob hizo con situaciones que estaban sin resolver, para poder recibir la promesa que Dios le había dado.

Génesis 28:13-14: «En el sueño, el SEÑOR estaba de pie junto a él y le decía: «Yo soy el SEÑOR, el Dios de tu abuelo Abraham y de tu padre Isaac. A ti y a tu descendencia les daré la tierra sobre la que estás acostado. Tu descendencia será tan numerosa como el polvo de la tierra. Te extenderás de norte a sur, y de oriente a occidente, y todas las familias de la tierra serán bendecidas por medio de ti y de tu descendencia».

Resolvió con su suegro que debía salir huyendo y le permitió que se despidiera de sus hijas y nietos en bendición.

Llegó el momento que tenía que resolver y era enfrentar a su hermano Esaú, pero hizo lo que mejor podemos hacer cuando nos encontramos angustiados: comenzó a orar y le dijo al Señor: "Tengo miedo de que me mate a mí y a mis hijos".

Le recordó la promesa que Dios le había dado, preparó los regalos que le enviaría a su hermano y esa noche cuando quedó solo, luchó con un ángel hasta el amanecer y Jacob le dijo que no lo soltaría hasta que lo bendijera.

El ángel le preguntó su nombre. Él le dijo: "Jacob". Y el ángel le dijo: "Ya no te llamarás más Jacob, sino Israel, porque has luchado con Dios y con los hombres y has vencido".

La pildorita y reflexión de hoy es:

No te rindas, resuelve lo que tienes pendiente para recibir lo que Dios te prometió.
¡No temas!

Pildorita

225

Parte IV

Génesis 32:7 (NVI)

Jacob sintió mucho miedo, y se puso muy angustiado. Por eso dividió en dos grupos a la gente que lo acompañaba, y lo mismo hizo con las ovejas, las vacas y los camellos.

Llegó el momento más esperado: el encuentro de estos dos hermanos, separados por situaciones que en su momento hizo Jacob. Aunque no olvidemos que cuando se hizo pasar por su hermano, fue su madre Rebeca la que planeó todo, aunque él no es libre de culpa porque obedeció.

Dice que Jacob alzó la vista y vio que su hermano Esaú se acercaba con cuatrocientos hombres. Jacob hizo dos grupos, repartió entre Lea, Raquel y sus criadas, sus once hijos y la gente que lo acompañaba.

Aquí quiero que sea la Palabra que te narre lo que sucedió en Génesis 33:3-4: *Jacob, por su parte, se adelantó a ellos, inclinándose hasta el suelo siete veces mientras se iba acercando a su hermano. Pero Esaú corrió a su encuentro y, echándole los brazos al cuello, lo abrazó y lo besó. Entonces los dos se pusieron a llorar.*

Esa es la restauración en el corazón que solo el Señor puede hacer y finalmente Esaú aceptó todos los presentes que su hermano había preparado para él.

Si queremos recibir las bendiciones que Papá Dios nos ha prometido, tenemos que hacer las cosas a su manera y resolver todo lo que está pendiente con nuestros padres, esposa (o), hermanos, hijos, amigos, vecinos, pastores, líderes y aunque nos suene fuera de lugar, con Dios y con nosotros mismos.

La pildorita y reflexión de hoy es:

No dejes para mañana lo que puedes hacer hoy.
¡No temas!

Pildorita
226
Parte V

Génesis 28:16-17 (NVI)

Al despertar Jacob de su sueño, pensó: «En realidad, el SEÑOR está en este lugar, y yo no me había dado cuenta». Y con mucho temor, añadió: «¡Qué asombroso es este lugar! Es nada menos que la casa de Dios; ¡es la puerta del cielo!»

El abuelo de Jacob era Abraham y su padre era Isaac. Esto quiere decir que él creció entre grandes hombres de Dios, grandes testimonios, viendo obrar al Señor de manera sobrenatural, pero a todos nos ha pasado como a Jacob.

Que Dios se revele de una manera diferente y única, casi siempre es en medio de alguna necesidad que estemos pasando y entonces sentimos que definitivamente Él es real y está a nuestro lado.

A Jacob se le apareció Dios en un sueño, parado junto a él y le dijo que estaría con él como estuvo con su padre y su abuelo. Le dio promesas de bendición, cuidado, prosperidad y que no lo abandonaría hasta cumplir todo lo que le había prometido.

Cuando se despertó, pensó: "En realidad, el SEÑOR está en este lugar, y yo no me había dado cuenta". ¿No te ha pasado igual? También le pasó a Job. Dice la palabra que él temía a Dios y todas las mañanas muy temprano se levantaba y ofrecía holocausto por cada uno de sus diez hijos, era una costumbre cotidiana, pero nos deja ver la clase de relación que él tenía con el Señor.

Pero fue en medio de la prueba, cuando perdió todo, a sus hijos, propiedades, la salud, que llegó un momento que exclamó en Job 42:5: *De oídas te había oído; mas ahora mis ojos te ven.*

La pildorita y reflexión de hoy es:

Si estás en medio de la prueba, no desmayes.
Verás a Dios obrar a tu favor de una manera sobrenatural.
¡No temas!

Pildorita
227

Salmo 25:22 (NVI)

¡Libra, oh Dios, a Israel de todas sus angustias!

En uno de mis programas de Pildoritas y Reflexiones, leí en un libro llamado "Nuestro Pan Diario", acerca de una playa de vidrio, y contaba que a principios del siglo XX, los residentes de Fort Bragg, una ciudad ubicada a orillas del mar en Estados Unidos, desechaban la basura arrojándola desde un acantilado a una playa cercana. Latas, botellas, vajillas y residuos en general se acumulaban en montañas enormes de basura, lo que se veía bastante desagradable. Aunque después dejaron de hacerlo, se había convertido en un basurero imposible de reciclar.

Sin embargo, con los años, la acción de las olas rompió los vidrios y la loza, y llevó la basura al mar. El oleaje fue revolcando los trozos de vidrio y suavizando su superficie en la arena debajo del agua hasta crear una especie de "mar de vidrio" que se volvió a depositar en la playa. Actualmente, la playa de vidrio es una belleza que atrae a miles de turistas.

¿No es eso lo que hace el Señor con nosotros? Cuando llegamos a sus pies, nuestra vida era un basurero completo, pero Él nos toma, muchas veces nos revuelca y comienza a limpiar y a pulir, nos va suavizando, nos quita tantos engaños de nuestra mente y poco a poco se ve esa obra majestuosa reflejada en nosotros, y si brillamos es por lo que su Espíritu Santo ha hecho.

La pildorita y reflexión de hoy es:

Eres obra en construcción. Papá Dios comenzó la obra y la seguirá perfeccionando en ti.
¡No temas!

Pildorita
228

Salmo 50:15 (NVI)

Invócame en el día de la angustia;
yo te libraré y tú me honrarás.

En muchas de nuestras consejerías nos encontramos con personas que se quedaron en la gloria pasada: yo era, yo fui, yo tenía. En una pildorita anterior les decía que cuando nos quedamos mirando el pasado, nos paralizamos y quedamos como la esposa de Lot, convertidos en estatuas de sal y perdemos lo nuevo que Dios está haciendo.

Pero, en ocasiones es necesario mirar atrás y ver las cosas que Dios ha hecho por nosotros. Ese ejemplo nos lo da el rey David en el Salmo 103: 2: *"Bendice alma mía al Señor y no olvides ninguno de sus beneficios".*

Así que, en estas ocasiones es importante recordar las cosas que el Señor ha hecho antes, que para Dios no hay nada imposible y que el mismo que te ayudó antes, lo hará nuevamente, porque Él no cambia.

Te motivo a que no mires la circunstancia, sino mira a Dios y déjate sorprender de cómo lo hará.

Un día le escuché al pastor Dante Gebel un chiste que dice así:

"Había una señora orando a gran voz: Padre, por favor, provee alimento para mi familia, tú sabes la necesidad que estamos pasando. La vecina, que no creía en Dios, la escuchó y fue y compró mercado y se lo llevó. La que había orado dijo: Gracias, Dios, porque tú siempre me escuchas. Y la vecina le dijo: No fue Dios, fui yo. Entonces la mujer dijo: Cuando uno ora, hasta el diablo obedece".

La pildorita y reflexión de hoy es:

Que hoy sea un día para que recuerdes todo lo que el Señor ha hecho por ti. **¡No temas!**

Pildorita

229

Parte I

Juan 16:33 (NVI)

Yo les he dicho estas cosas para que en mí hallen paz. En este mundo afrontarán aflicciones, pero ¡anímense! Yo he vencido al mundo.

Jesús nos dio ejemplo de vida en todo. Antes de morir estaba aún intercediendo por otros y pidiéndole a Dios que los perdonara, porque no sabían lo que hacían. Antes de ser arrestado, Jesús hace tres oraciones: la primera por Él:

Juan 17:1-5:

Después de que Jesús dijo esto, dirigió la mirada al cielo y oró así: «Padre, ha llegado la hora. Glorifica a tu Hijo, para que tu Hijo te glorifique a ti, ya que le has conferido autoridad sobre todo mortal para que él les conceda vida eterna a todos los que le has dado. Y esta es la vida eterna: que te conozcan a ti, el único Dios verdadero, y a Jesucristo, a quien tú has enviado". Yo te he glorificado en la tierra, y he llevado a cabo la obra que me encomendaste. Y ahora, Padre, glorifícame en tu presencia con la gloria que tuve contigo antes de que el mundo existiera.

La segunda por sus discípulos: Juan 17:6-11:

A los que me diste del mundo les he revelado quién eres. Eran tuyos; tú me los diste y ellos han obedecido tu palabra. Ahora saben que todo lo que me has dado viene de ti, porque les he entregado las palabras que me diste, y ellos las aceptaron; saben con certeza que salí de ti, y han creído que tú me enviaste. Ruego por ellos. No ruego por el mundo, sino por los que me has dado, porque son tuyos. Todo lo que yo tengo es tuyo, y todo lo que tú tienes es mío; y por medio de ellos he sido glorificado. Ya no voy a estar por más tiempo en el mundo, pero ellos están todavía en el mundo, y yo vuelvo a ti. Padre santo, protégelos con el poder de tu nombre, el nombre que me diste, para que sean uno, lo mismo que nosotros. (Continúa en la siguiente pildorita).

La pildorita y reflexión de hoy es:

Hasta último momento Jesús te tuvo presente en su corazón. ¡No temas!

Pildorita
230
Parte II

Salmos 91:15 (RVR1960)

Me invocará, y yo le responderé;
Con él estaré yo en la angustia; lo libraré
y le glorificaré.

En la parte final de la pildorita anterior terminé diciendo que Jesús siempre nos tuvo presentes en su mente y corazón y, como dice Max Lucado en uno de sus libros, a Él no lo sostuvieron los clavos de sus manos y pies, lo sostuvo su amor por nosotros y mientras estaba allí, en su momento más doloroso, pronunciaba tu nombre y el mío.

Jesús continúa orando por sus discípulos: Juan 17:12-19:

Mientras estaba con ellos, los protegía y los preservaba mediante el nombre que me diste, y ninguno se perdió sino aquel que nació para perderse, a fin de que se cumpliera la Escritura. Ahora vuelvo a ti, pero digo estas cosas mientras todavía estoy en el mundo, para que tengan mi alegría en plenitud. Yo les he entregado tu palabra, y el mundo los ha odiado porque no son del mundo, como tampoco yo soy del mundo. No te pido que los quites del mundo, sino que los protejas del maligno. Ellos no son del mundo, como tampoco lo soy yo. Santifícalos en la verdad; tu palabra es la verdad. Como tú me enviaste al mundo, yo los envío también al mundo. Y por ellos me santifico a mí mismo, para que también ellos sean santificados en la verdad.

Es hermoso ver el amor de Jesús por esos once hombres que Él mismo escogió, que recorrieron junto a Él los tres años de ministerio aquí en la tierra, que lo vieron hacer milagros y prodigios; ahora era tiempo de partir y en su corazón humano debería sentir lo que sentimos cuando nos despedimos de amigos que amamos.

La pildorita y reflexión de hoy es:

Jesús nos enseña que debemos orar por nuestros amigos.
¡No temas!

Pildorita
231
Parte III

Filipenses 2:12 (NVI)

Así que, mis queridos hermanos, como han obedecido siempre —no solo en mi presencia, sino mucho más ahora en mi ausencia— lleven a cabo su salvación con temor y temblor.

Jesús ora por ti y por mí: Juan 17:20-2:

"No ruego solo por estos. Ruego también por los que han de creer en mí por el mensaje de ellos, para que todos sean uno. Padre, así como tú estás en mí y yo en ti, permite que ellos también estén en nosotros, para que el mundo crea que tú me has enviado. Yo les he dado la gloria que me diste, para que sean uno, así como nosotros somos uno: yo en ellos y tú en mí. Permite que alcancen la perfección en la unidad, y así el mundo reconozca que tú me enviaste y que los has amado a ellos tal como me has amado a mí".

Eso es lo que Jesús nos pide: unidad como cuerpo; no importa cómo se llama tu iglesia y cuántos miembros tiene, lo que importa es que fuimos escogidos y llamados a ganar almas y a reflejar el amor de Jesús. *"Padre, quiero que los que me has dado estén conmigo donde yo estoy. Que vean mi gloria, la gloria que me has dado porque me amaste desde antes de la creación del mundo".*

Aquí nos reitera su promesa de ir a preparar lugar para nosotros para estar eternamente con Él. *"Padre justo, aunque el mundo no te conoce, yo sí te conozco, y estos reconocen que tú me enviaste. Yo les he dado a conocer quién eres, y seguiré haciéndolo, para que el amor con que me has amado esté en ellos, y yo mismo esté en ellos".*

Él se dio a conocer como el hijo de Dios y nos da la promesa de llenarnos de su amor y que cuando lo recibimos como el Señor de nuestra vida, Él se muda a vivir a nuestro corazón.

La pildorita y reflexión de hoy es:

Si no has hecho esta oración, dile: "Jesús, abro las puertas de mi corazón y te recibo como mi Señor y Salvador, te necesito".
¡No temas!

Pildorita
232

Marcos 16:6b (RVR1960)

No os asustéis; buscáis a Jesús nazareno, el que fue crucificado; ha resucitado, no está aquí; mirad el lugar en donde le pusieron.

Han pasado muchos maestros y líderes espirituales por este mundo:

- del Budismo - Buda
- del Islamismo - Mahoma
- de los Hare Krishna - el dios Krisna
- del Hinduismo - Sai Baba

y otros que marcaron espiritualmente la vida de muchas personas, como la madre Teresa de Calcuta, quien demostró el amor al prójimo con su servicio y el Papa Juan Pablo II, quien también se ganó el amor de los feligreses.

Todos estos personajes nacieron y aportaron a sus movimientos y creencias, pero todos ellos tienen en común que murieron.

La única tumba que está vacía es la de Jesús. Él murió, pero al tercer día resucitó y hoy esa tumba sigue vacía y millones de personas que viajan a Israel pueden constatar que allí no está. Él resucitó al tercer día, como lo había dicho a sus discípulos.

Cuando Jesús estaba siendo interrogado por el sumo sacerdote después de su arresto, le preguntó: *"¿Eres el Cristo el Hijo del Bendito?"* "Sí, yo soy —dijo Jesús. *Y ustedes verán al Hijo del hombre sentado a la derecha del Todopoderoso, y viniendo en las nubes del cielo"* (Marcos 14:62).

Jesús no es una fábula ni un maestro más, Él es el Hijo de Dios que vino en condición humana a morar dentro de nosotros.

La pildorita y reflexión de hoy es:

Jesús está vivo y sus brazos están extendidos, no en la cruz, sino abiertos a recibir a todo aquel que quiera llegar a Él y ser abrazado por el Padre.
¡No temas!

Pildorita
233
Parte I

Marcos 16:8 (RVR1960)

Y ellas se fueron huyendo del sepulcro, porque les había tomado temblor y espanto; ni decían nada a nadie, porque tenían miedo.

Después de que Jesús resucitó, hay una escena que me resulta muy simpática y es esta: Ya habían ido algunas mujeres y habían visto la tumba vacía. Pedro también fue y vio solo las vendas que habían cubierto el cuerpo de Jesús.

La Biblia no dice quiénes eran, solo dice que ese mismo día, dos de ellos se dirigían a un pueblo llamado Emaús e iban conversando de la noticia del momento y mientras hablaban y discutían, Jesús mismo se acercó y comenzó a caminar con ellos, pero no lo reconocieron, pues sus ojos estaban velados.

Me llama la atención cómo Jesús entra en escena: "¿Qué vienen discutiendo?", les preguntó. Y ellos lo miran como diciendo: "¿En qué mundo vives, eres el único que no se ha enterado de todo lo que ha pasado?" Y Jesús sigue pasando de incógnito y les dice: "¿Qué es lo que ha pasado?" (Él tiene sentido del humor).

Y ellos le cuentan todo, que Jesús era un profeta poderoso en obras y palabra y que los gobernantes y jefes de los sacerdotes lo entregaron para ser condenado a muerte y lo crucificaron.

Y aquí ellos abren su corazón y le dicen: "Nosotros abrigábamos la esperanza de que era Él quien salvaría a Israel y todo esto pasó hace tres días".

Pienso que muchas veces nosotros somos muy parecidos a ellos: ¿Es falta de fe, o incredulidad, o es que no vemos ni oímos lo que Él ya nos ha dicho, que seguimos cuestionando y dudando del Maestro?

La pildorita y reflexión de hoy es:

Jesús es digno de toda confianza; todo lo que dijo se ha cumplido. ¡No temas!

Pildorita

234

Parte II

Lucas 24:37-39a (RVR1960)

Entonces, espantados y atemorizados, pensaban que veían espíritu. Pero él les dijo: ¿Por qué estáis turbados, y vienen a vuestro corazón estos pensamientos? Mirad mis manos y mis pies, que yo mismo soy.

Jesús siguió caminando con los dos por el camino de Emaús. Cuando se estaban acercando al pueblo, dice la Biblia que Jesús hizo como que iba más lejos, pero ellos le insistieron que se quedara con ellos, que era casi de noche y Él aceptó.

Luego, estando con ellos a la mesa, tomó el pan, lo bendijo, lo partió y se los dio. En ese momento lo reconocieron y se decían: "¿No ardía nuestro corazón mientras hablábamos con Él?" Regresaron a Jerusalén a buscar a los once para decirles: "El Señor ha resucitado".

Y estaban contando lo que les había sucedido, cuando Jesús se puso en medio de ellos y les dijo: "Paz a ustedes".

Entonces, espantados y atemorizados, pensaban que veían un espíritu (igual que cuando lo vieron caminar por las aguas).

Jesús les dijo: "¿Por qué estáis turbados y vienen a vuestro corazón estos pensamientos? Mirad mis manos y mis pies, que yo mismo soy, ¿por qué les vienen dudas? ¡Soy yo mismo! Tóquenme y vean".

Esa es la misma pregunta que hoy te hace el Señor: "¿Por qué te asustas tanto? ¿Por qué te vienen dudas? Si soy el mismo de ayer, hoy y siempre".

La pildorita y reflexión de hoy es:

Hay muchos falsos maestros, pero la única manera de reconocer a Jesús es mirando sus manos y sus pies. ¡No temas!

Pildorita

235

Salmos 22:24 (NVI)

Porque él no desprecia ni tiene en poco el sufrimiento del pobre; no esconde de él su rostro, sino que lo escucha cuando a él clama.

Un día entendí lo importante que soy para Jesús y que Él me conoce por mi nombre, que no soy una más del montón. Cuando me dirijo a Él, conoce el timbre de mi voz y así mismo reconoce la voz de cada uno de sus hijos y dice que nos tiene esculpidos en las palmas de sus manos.

Quizá hemos visto nuestro nombre en sitios especiales, en un premio o en un diploma, pero pensar que nuestros nombres están en las manos de Dios y que sus labios susurran nuestro nombre, ¿es de no creer, verdad? Pero es una realidad: no solo sabe quién eres y cómo te llamas, sino que, como si fuera poco, tu nombre está en sus manos.

Isaías 49:16ª: *He aquí que en las palmas de las manos te tengo esculpida.*

Busqué en el diccionario de la Real Academia la definición de esculpir y esto es lo que dice: Labrar a mano una obra de escultura, especialmente en piedra, madera o metal.

La otra definición es: Grabar algo en hueco o en relieve sobre una superficie de metal, madera o piedra.

Pues te tengo otra noticia: ¡no es ni piedra, madera o metal, es en su piel que ha marcado tu nombre!

Aunque somos comparados con ovejas, su relación con nosotros no es como de una manada; es personal, eres único y especial, Él sabe perfectamente quién eres, cómo te llamas y qué está pasando contigo.

La pildorita y reflexión de hoy es:

Realmente eres muy valioso e importante para Jesús.
¡No temas!

Pildorita
236

Salmos 56:11a (RVR1960)

En Dios he confiado; no temeré.

El ejemplo que nos dejó Jesús es que buscaba al Padre en oración permanentemente. Él sabía la condición en la que había venido a la tierra, que era humana, y sabía que su fortaleza estaba en el Padre. Vemos que en el Getsemaní fue a Él con sus temores y vivió lo que dice el Salmo 56:3: *"Cuando siento miedo, pongo en ti mi confianza"*.

Haz lo mismo con tus temores, no eludas los huertos de Getsemaní de la vida; ellos se tienen que enfrentar, no tener un proceso de negación de que todo está bien o meter la cabeza en la tierra como los avestruces, tratando de decir: "Aquí no pasa nada, no oigo, no veo y no siento". Eso lo único que hace es retrasar el proceso.

En mi experiencia con el dolor de la partida de mi esposito, sabía que tenía que ponerme frente a él y llorar, vivir su ausencia, su pérdida, vivir el duelo sin saltarme ninguna etapa. Pararme frente al dolor y hacerle frente.

Muchas veces sentía que literalmente me estaban arrancando mi corazón; ese desprendimiento del ser amado y sobre todo de la pareja es demasiado fuerte, pero el haberlo vivido durante año y siete meses, hoy me permite darme cuenta de lo hermoso que Dios ha hecho en mí.

Dispongámonos a que Él nos sane y consuele, ya que es el único que puede vendar nuestro corazón herido y partido.

La pildorita y reflexión de hoy es:

Si te sientes que estás atravesando el valle de sombra y de muerte, recuerda que Jesús está a tu lado y Él te ayudará a salir de él. **¡No temas!**

Pildorita
237
Parte I

Números 14:9ª (NVI)
Así que no se rebelen contra el SEÑOR ni tengan miedo de la gente que habita en esa tierra.

Antes de que el pueblo de Israel llegara a la tierra prometida, Dios le pide a Moisés que envíe a un líder de cada tribu a explorarla. Así que van y recorren la tierra durante cuarenta días y llegan con el informe ante Moisés. Lo primero que le dicen es que allí abunda la leche y la miel y que era una buena tierra. Continúan con el informe: Pero el pueblo que allí habita es poderoso y sus ciudades son enormes y están fortificadas.

Entonces Caleb, que también había ido en ese grupo, interrumpe al pueblo y les dijo: "Subamos a conquistar esa tierra. Estoy seguro que podremos hacerlo". Pero los que habían ido con él respondieron: "No podremos combatir contra esa gente. Son más fuertes que nosotros". Y comenzaron a decir falsos rumores acerca de la tierra que habían explorado. Decían: "Esa tierra se traga a sus habitantes y los hombres que allí vimos son enormes".

Después de esto, todos los israelitas comenzaron a gritar y a llorar, y nuevamente comenzaron a murmurar contra Moisés y decían: "¡Cómo quisiéramos haber muerto en Egipto! Para qué nos trajo el Señor aquí para morir a espada".

Y entre ellos decían: "Escojamos un cabecilla que nos lleve a Egipto". Pero Josué y Caleb le dijeron a toda la comunidad israelita: "No se rebelen contra el Señor, ni tengan miedo, el Señor nos hará entrar en esa tierra que fluye leche y miel".

La pildorita y reflexión de hoy es:

¿A quién decides escuchar hoy, lo que te ha dicho Dios o el hombre? **¡No temas!**

Pildorita
238
Parte II

Números 14:9b (NVI)

El SEÑOR está de parte nuestra. Así que, ¡no les tengan miedo!

Son tantas las cosas que quiero resaltar de este pasaje. Dios escuchó el clamor y los gritos desesperados de su pueblo cuando eran esclavos en Egipto. Llamó a Moisés y le entregó esta dura misión, y digo dura por el corazón de este pueblo, que desde que salió no hizo más que quejarse, murmurar y añorar lo que les había costado tantas lágrimas al ser esclavos y maltratados por años por el faraón y oprimidos por los egipcios.

Como vimos en el capítulo anterior, Dios le dice a Moisés que envíe líderes de las tribus a examinar la tierra que Él les había prometido, donde fluía la leche y la miel. De los doce que fueron, diez llegan con un informe que llenó de temor y angustia a los israelitas.

Esos diez líderes dieron el informe según sus ojos humanos: que todo era malo, que no estaban capacitados para hacerles frente, que ellos eran grandes, fuertes y nosotros poquitos y pequeños, que era mejor no entrar y seguir en el desierto dando vueltas sin llegar a ningún lado. Eso, sin duda alguna, es una zona de confort y de derrota... si ya estamos acostumbrados a tener la misma ropa, zapatos y la misma comida, es mejor estar así tranquilos.

Pero Josué y Caleb, jóvenes esforzados y valientes y que, sobre todo, creían lo que Dios había dicho y tenían otra óptica del panorama, les dijeron a los israelitas: "¡Esa gente es pan comido! No tienen quién los proteja, porque el Señor está de parte nuestra. Así que no les tengan miedo".

La pildorita y reflexión de hoy es:

Si Dios te ha prometido algo, no tienes por qué dudar. **¡No temas!**

Pildorita

239

Parte III

Josué 4:14 (RVR1960)

En aquel día Jehová engrandeció a Josué a los ojos de todo Israel; y le temieron, como habían temido a Moisés, todos los días de su vida.

¡Cómo es de importante nuestra función como líderes! Es una posición privilegiada que Dios nos ha dado, y al mismo tiempo es una gran responsabilidad ya que nosotros podemos levantar a nuestra gente a que crean en Dios y en sus promesas, a que aumenten su fe, o por el contrario, llenarlos de miedo, temor e inseguridad.

En el pasaje que compartí en las pildoritas anteriores, vemos los dos casos: los líderes que solo ven las cosas a su manera. Son los mismos que piensan que el Señor está metido en un cuadrado y solo obra de esa forma. Caminan por lo que ven y no por lo que Dios ha dicho. Obviamente, si vemos las circunstancias, nos pasará como a Pedro y nos hundiremos.

Pero gracias a Dios por la vida de líderes como Caleb y Josué, personas que no miran su entorno, sino que creyeron lo que Dios había dicho y sabían que si Él lo dijo, lo hará y que el Señor y nosotros somos mayoría. Pues ese acto de fe y obediencia les permitió a Caleb, a Josué y a los niños entrar a la tierra prometida. Los otros diez que trajeron el reporte y todos los que murmuraron murieron en el desierto.

Las promesas que el Señor nos da no son para cuestionarlas, son para atesorarlas en el corazón y creerlas.

El enemigo te quiere atemorizado y que no conquistes la tierra que fluye leche y miel que Jesús te prometió.

La pildorita y reflexión de hoy es:

Te motivo a que ayudes a todo el que está a tu lado a creer y confiar en Dios y sus promesas.
¡No temas!

Pildorita

240

Isaías 44:8ª (NVI)

No tiemblen ni se asusten.
¿Acaso no lo anuncié y profeticé hace tiempo?
Ustedes son mis testigos.

Este tema que quiero tocar en este día, muchas iglesias no lo predican. No sé si es porque no lo creen o prefieren pasarlo por alto, pero la humanidad debe saber que hay una segunda venida de Cristo, que como dice la Biblia, nadie sabe el día ni la hora.

Cuando estaba a punto de llegar el nuevo milenio, salieron muchas noticias de que a las doce que comenzaba el año 2000 se acabaría el mundo y muchos pastores escribieron libros, se dieron muchas profecías y obviamente no pasó nada.

La Biblia habla sobre esto en Marcos 13:32: *Pero, en cuanto al día y la hora, nadie lo sabe, ni siquiera los ángeles en el cielo, ni el Hijo, sino solo el Padre.*

Y nos alerta que debemos cuidarnos de esos falsos profetas que dicen que será tal día. ¡No les creamos!

Habla de la resurrección de los muertos y del sonar de la trompeta. I Tesalonicenses 4:16: *El Señor mismo descenderá del cielo con voz de mando, con voz de arcángel y con trompeta de Dios, y los muertos en Cristo resucitarán primero.*

Dice que cuando vuelva, todo ojo lo verá. Apocalipsis 1:7: *He aquí que viene con las nubes, y todo ojo le verá.* No nos cabe duda, especialmente con tanto avance tecnológico. Esto dice el Señor en Apocalipsis 22:12: *He aquí yo vengo pronto, y mi galardón conmigo, para recompensar a cada uno según sea su obra.*

Esto no nos tiene que llenar de temor, sino de alegría, porque viene por su iglesia para llevarnos con Él.

La pildorita y reflexión de hoy es:

Cada día debes estar en paz con el Señor, atento y vigilante. **¡No temas!**

Pildorita
241

Salmos 115:11(NVI)

Los que temen al SEÑOR, confíen en él;
él es su ayuda y su escudo.

Un día vi con Fernando un programa periodístico donde les dieron seguimiento a varias personas que se habían ganado la lotería y se habían vuelto millonarios de la noche a la mañana.

Lo sorprendente del informe fue que la gran mayoría vivía en la calle, literalmente eran indigentes, habían perdido todo. Solo uno supo administrar ese dinero que le había llegado inesperadamente; compró una casa hermosa para su familia, e invirtió en negocios.

Los demás perdieron la cabeza, despilfarraron lo que ganaron, perdieron sus hogares y, como les dije antes, vivían en las calles pidiendo limosna. Qué contraste, ¿verdad?

Dice en Proverbios 30:8:

Aleja de mí la falsedad y la mentira; no me des pobreza ni riquezas, sino solo el pan de cada día.

Yo no compro lotería e insto a los demás a que no lo hagan. Hay personas que gastan muchísimo dinero comprando estos boletos, esperando que un día "la suerte les sonría".

Hay dos cosas que el ser humano no está preparado para manejar: la fama y el dinero. Esta combinación es peligrosa y hasta letal, porque a estas lo acompañan el licor, las drogas, la vida nocturna y esto sin entrar en detalles de los desórdenes sexuales.

Papá Dios sabe lo que nos conviene y no debemos desear tener nada que nos aleje de su amor y comunión con Él... ¡nada!

La pildorita y reflexión de hoy es:

Señor, dame solo lo que tú sabes que pueda manejar
y no me aparte de ti.
¡No temas!

Pildorita

242

Jeremías 1:17ª (NVI)

¡Prepárate! Ve y diles todo lo que yo te ordene. No temas ante ellos.

El Señor escucha todo lo que decimos, ya sea que estemos tristes, enojados o frustrados, y lo que decimos importa para Dios.

Fernando nos hablaba acerca de las oraciones peligrosas y una vez nos contó sobre una de ellas. Fernando y su hermano Gerardo habían aceptado a Jesús en su corazón, pero sus padres no. Hubo una situación económica fuerte y el papá tenía que resolver un problema de dinero, de lo contrario, afectaría bastante la economía familiar.

Entonces Fernando y Gerardo hablaron con don Noel (su padre) y le dijeron: "Papá, en este momento el único que puede ayudarlo es el Señor, vamos a orar por un milagro y si esto se resuelve, mi madre y usted van a la iglesia". Él, en su preocupación, acepto y ¿qué creen? Dios respondió y se solucionó el problema. Él y su esposa María estaban muy felices que todo se hubiera resuelto.

Claro está, Fernando y Gerardo también, y cuando llegaron a hablar con su papá, le dijeron: "Padre, ¿viste el milagro que Jesús hizo? Era imposible y el Señor lo resolvió a favor tuyo". Pero, para su sorpresa, él contestó: "No, lo que yo demostré ayudó y por eso se resolvió todo". Ellos salieron indignados y se fueron a su cuarto, se arrodillaron y le clamaron al Señor: "Padre, si es necesario, quítales todo, pero que ellos te conozcan".

¡Y así fue! Era una oración peligrosa, porque tiempo después lo perdieron todo, pero llegaron a los pies de Cristo, lo amaron con todo el corazón y hoy ellos están con el Señor junto a mi esposito Fernando.

La pildorita y reflexión de hoy es:

Si haces una oración peligrosa, tienes que saber que el Señor escucha. **¡No temas!**

Pildorita
243

Salmos 56:3 (RVR1960)
En el día que temo, yo en ti confío.

No puedes vivir de las vivencias de los demás. A veces nos encontramos con personas que no pueden orar solas, tienen que hacerlo con alguien más o en grupo. Dicen que no entienden la Palabra y dependen de que su líder o alguien más les expliquen lo que Dios quiere decirles.

Lo cierto es que no existe ninguna relación saludable si no le dedicas tiempo, y eso mismo nos pasa con el Señor. Él anhela pasar tiempo con nosotros, hablarnos y que le hablemos, pero para que eso suceda, tenemos que estar en su presencia, muchas veces callados para que nos hable.

Cuando Martha Socarrás, la persona que estuvo a mi lado recién acepté al Señor en mi corazón y que todo era nuevo para mí, me discipuló, me dio las herramientas para que yo estableciera mi relación con Jesús.

Recuerdo la ilustración que Marthica uso: Es como si llegas a la parada de un autobús por primera vez y allí está una persona que no conoces. El primer día solo se miran y de pronto se dicen "hola"; al segundo día ya se sonríen, y cada día se van acercando más, hasta el punto que cuando alguna llega primero, le guarda puesto a la otra para irse juntas. Eso mismo pasa con nuestra relación con el Señor.

Tal vez al principio no sabes qué decir, pero a medida que te vas acercando es más fácil hablar con Él. Lo que Dios quiere decirte a ti, no es lo mismo que quiere para tu amiga o líder.

La pildorita y reflexión de hoy es:

Jesús quiere que tengas tus propias vivencias con Él.
¡No temas!

Pildorita

244

Isaías 12:2 (NVI)

¡Dios es mi salvación! Confiaré en él y no temeré. El SEÑOR es mi fuerza, el SEÑOR es mi canción; ¡él es mi salvación!»

Hay una diferencia entre felicidad y gozo. Para muchos, la primera es sinónimo de tener una vida plena, con un buen trabajo, posesiones, éxito, un lugar dentro de la sociedad, pero el gozo va más allá de esto, porque no proviene ni de seres humanos ni de cosas materiales; viene directamente del mismo Dios.

En el diccionario de la Real Academia una de las definiciones es: Alegría del ánimo.

En el Salmo 51:12 dice: *Vuélveme el gozo de tu salvación, y espíritu noble me sustente.*

Cuando comenzamos a caminar con el Señor y somos conscientes de que fuimos salvos, nos llenamos de un profundo gozo que no podemos explicar y esto va tomado de la mano de la paz que es fruto del Espíritu Santo.

Dice Filipenses 4:7: *Y la paz de Dios, que sobrepasa todo entendimiento, guardará vuestros corazones y vuestros pensamientos en Cristo Jesús.*

Son regalos que Papá Dios nos da y que en momentos determinados podemos activarlos, porque ya han sido entregados a nosotros sus hijos.

En este mismo Salmo 51, en el versículo ocho, el rey David dice: *Hazme oír gozo y alegría, y se recrearán los huesos que has abatido.*

La pildorita y reflexión de hoy es:

Recuerda que cuando quieras hablar con el Señor, estás a la distancia de una sola palabra: ¡Padre!
¡No temas!

Pildorita
245

Proverbios 1:33 (RVR1960)

Mas el que me oyere, habitará confiadamente
Y vivirá tranquilo, sin temor del mal.

Antes de tener mi relación con Jesús trataba de leer la Biblia y era como si estuviera escrita en chino, no entendía nada de lo que decía, pero después de comenzar a caminar con Él, era como tener la cartilla cuando aprendí a leer siendo niña.

Y es que la Biblia dice que una venda cae de nuestros ojos y el Espíritu Santo comienza a revelarse. Todo esto se logra paso a paso, porque somos bebés espirituales. Se nos enseña a que deseemos con ansias la leche pura de la Palabra, como niños recién nacidos. Así, por medio de ella, creceremos para salvación.

Todo niño crece, se desarrolla y madura; igualmente debe pasar en el ámbito espiritual, porque estamos llamados a madurar, dar fruto y cumplir el propósito que es ganar almas y ayudar a otros a que crezcan.

Lamentablemente, a muchas personas no les interesa crecer, sino mantenerse siempre siendo bebés espirituales. Mira lo que dice Hebreos 5:12-14: *"En realidad, a estas alturas ya deberían ser maestros, y sin embargo necesitan que alguien vuelva a enseñarles las verdades más elementales de la palabra de Dios. Dicho de otro modo, necesitan leche en vez de alimento sólido. El que solo se alimenta de leche es inexperto en el mensaje de justicia; es como un niño de pecho. En cambio, el alimento sólido es para los adultos, para los que tienen la capacidad de distinguir entre lo bueno y lo malo, pues han ejercitado su facultad de percepción espiritual"*.

La pildorita y reflexión de hoy es:

El Señor demanda que crezcas y madures, para que lleves a muchos a que conozcan de Él y de su amor.
¡No temas!

Pildorita
246

Proverbios 15:16 (NVI)

Más vale tener poco, con temor del SEÑOR,
que muchas riquezas con grandes angustias.

La tecnología bien usada es una bendición, pero noto con mucha tristeza y preocupación, que la comunicación se ha roto por completo en las familias. Niños pequeños tienen celulares y tabletas; esto ha sido el mejor invento para tener a los niños completamente embobados ante estos artefactos.

Los carros modernos tienen en los respaldares pequeñas pantallas para que cuando se viaje en carretera estén distraídos y no molesten; y aclaro algo, sé que en momentos ayuda cuando es un trayecto largo y ellos se cansan, pero todo en justa medida.

Es muy triste ver en los restaurantes a los miembros de las familias, o a los grupos de amigos, cada uno con su celular, sin disfrutar esos momentos únicos que Dios nos regala. Hoy en día es común ver que en algunos restaurantes se está pidiendo a sus clientes que dejen sus celulares cuando entran en ellos y a cambio les dan un incentivo.

Muchos matrimonios se han roto por infidelidades de viejos amores que se reencontraron en Facebook o chateando con desconocidos y lo más increíble es que son infieles por internet.

Por favor, es tiempo de que salvemos nuestras familias, es tiempo de dejar a un lado los celulares, computadoras y televisores para tener tiempo de calidad con ellos. Los hijos crecen tan rápido que cuando te das cuenta, ya se fueron de casa y, lo peor, es que repetirán lo que vieron en su hogar.

La pildorita y reflexión de hoy es:

Vive hoy con los tuyos como si fuera el último día de tu vida.
¡No temas!

Pildorita
247

Salmos 34:9 (NVI)

Teman al SEÑOR, ustedes sus santos,
pues nada les falta a los que le temen.

En esta pildorita quiero recordar algunos de los nombres de Jesús y te darás cuenta que en Él estamos completos, porque suple y cubre cada una de nuestras necesidades y situaciones de nuestra vida. Él es el camino, la verdad y la vida, el que nos lleva al Padre.

Su nombre también es Admirable, Consejero, Dios Fuerte, Príncipe de Paz, Emmanuel (que significa Dios con nosotros), el gran Yo Soy, el Alfa y la Omega, el Principio y el Fin, el Eterno Presente, el Buen Pastor, el Cordero de Dios que quita el pecado del mundo, el Señor de Señores, el Verbo, el Justo, el único mediador entre Dios y los hombres, Hijo de Dios, Hijo de hombre, la Puerta, el Pan de Vida, el Agua que quita la sed, la Roca inconmovible, el León de la tribu de Judá, Rey de Justicia, la Resurrección y la Vida, el esposo de las viudas, nuestro médico, consolador, abogado, pero sobre todo Padre Eterno.

Él no es abuelo, solo Padre y siempre serás su hijo amado.

Sé que hay más nombres que faltan, pero qué bueno es saber que no estás solo y que no importa cualquier situación que estés pasando, en Él estarás siempre seguro y confiado.

La pildorita y reflexión de hoy es:

Jesús te dice hoy:
Vengan a mí todos ustedes que están cansados y agobiados, yo les daré descanso. Mateo 11:28.
¡No temas!

Pildorita
248
Parte l

Salmo 69:17(RVR1960)

No escondas de tu siervo tu rostro,
Porque estoy angustiado; apresúrate, óyeme.

Uno de los libros que más ha tocado mi corazón me lo regaló una amiga de la radio, Marthica González. Se llama "Pies de ciervas en los lugares altos", escrito por Hannah Hurnard. Lloré desde que lo empecé hasta que lo terminé.

Es una alegoría de la vida cristiana y las luchas que tenemos en nuestra mente que nos paralizan y no nos dejan avanzar. Me identifiqué perfectamente con la protagonista. Se llama Miedosa y vive en el Valle de la Sombra de Muerte. Tiene dos acompañantes que nunca la dejan, Pena y Contrariedad. La autora logra personificar las actitudes de la mente, del corazón y del carácter.

En este recorrido aprendemos cómo aceptar el mal y cómo triunfar sobre él, cómo afrontar el dolor y cómo transformar todas las pruebas de la vida en gloriosas victorias.

Lo que más quebrantó mi corazón era la relación de Miedosa con el buen Pastor, que la aceptaba y amaba como era y le prometió llevarla a los lugares altos y que siempre que ella se sintiera atemorizada podía llamarlo, no importaba la hora.

Eso es lo que Jesús nos ofrece: estar todos los días con nosotros y recurrir a Él cada vez que lo necesitemos y tener esas experiencias gloriosas con Él aquí en la tierra.

La pildorita y reflexión de hoy es:

Esta promesa de los lugares altos no es únicamente para cuando estemos en el cielo; es para disfrutar aquí y ahora. **¡No temas!**

Pildorita
249
Parte II

Sofonías 3:13b (RVR1960)
Porque ellos serán apacentados, y dormirán, y no habrá quien los atemorice.

El Señor dice en su Palabra que somos la niña de sus ojos, así que no andamos por la vida desprotegidos, como si fuéramos los hijos de nadie.

Él es nuestro Padre, nuestro escudo protector. Dice que nos cubre con sus alas, pelea por nosotros y nos defiende. ¿Quién atemorizará el rebaño del Señor cuando Él está cerca? Reposamos en verdes pastos, junto a tranquilas aguas, pues Jesús mismo es alimento y reposo para nuestras almas.

Y en este recorrido que hizo Miedosa para poder disfrutar de la invitación a los lugares altos que su amado Pastor le prometió, tuvo que vencer muchas situaciones. Jesús sabe con las debilidades que luchamos y con Él las podremos superar.

Estas fueron algunas que ella pasó: temor, soledad, orgullo, injuria, tribulación y despojos. No olvidemos que siempre que hemos tenido pérdidas, el Señor trae restitución a nuestras vidas y todo lo que le entregamos, Él lo multiplica al ciento por uno.

Eso fue lo que vivió Miedosa. Su nombre fue cambiado a Gracia y Gloria y sus compañeras de travesía también recibieron nuevos nombres: de Pena y Contrariedad a Gozo y Paz, y se convirtieron en amigas inseparables junto al buen Pastor, que con ternura, amor y ayuda las llevó a disfrutar su nueva vida.

La pildorita y reflexión de hoy es:

Jesús te dice hoy en Génesis 28:15: *Yo estoy contigo.*
Te protegeré por dondequiera que vayas, y te traeré de vuelta a esta tierra. No te abandonaré hasta cumplir con todo lo que te he prometido.
¡No temas!

Pildorita
250

Josué 8:1ª (RVR1960)

Jehová dijo a Josué: No temas ni desmayes.

Los seres humanos nos encontramos frente a preguntas que nadie puede responder. Nos suceden catástrofes inexplicables; en la vida experimentamos dolores que no tienen explicación y que afectan a toda la familia.

Enfermedades, pérdidas de seres amados y tantas aflicciones más. Queremos saber la razón, pero nadie tiene respuesta para tantas preguntas; lo único que podemos decir es: "Dios es soberano y nadie puede cuestionar sus designios".

Cuando Job, un hombre justo y temeroso de Dios, perdió a todos sus hijos y sus riquezas en un mismo día y su salud también se afectó, en medio de la prueba dijo: "*Más él conoce mi camino; me probará, y saldré como oro*". (Job 23:10)

Oswald Chambers escribió: "Llegará el día en que el toque personal y directo de Dios explicará de manera amplia y sorprendente toda lágrima, perplejidad, opresión y angustia, sufrimiento y dolor, perjuicio e injusticia".

Ante los porqués y las dudas de la vida, el amor y las promesas de Dios nos ayudan y nos brindan esperanza. Su gran amor por nosotros es inalterable.

Él sabe qué es lo mejor para nosotros, aunque no comprendamos y nos duela. En estos momentos duros que he vivido, solo me repito una y otra vez: "La voluntad de Dios es buena, agradable y perfecta".

La pildorita y reflexión de hoy es:

Aunque no lo entiendas, los no de Dios son lo mejor para tu vida. ¡No temas!

Pildorita

251

Parte I

Nehemías 2:2 (NVI)

Me dijo el rey: ¿Por qué está triste tu rostro?
pues no estás enfermo.
No es esto sino quebranto de corazón.
Entonces temí en gran manera.

La historia de Nehemías y la reconstrucción de la muralla en la ciudad de Jerusalén tiene muchas enseñanzas. Él está viviendo en Susa, la capital del reino. Es copero del rey y se encuentra con uno de sus hermanos y otros hombres que estaban con él, a los cuales les pregunta por los judíos que habían quedado y por Jerusalén, y ellos le contaron: «Los que se libraron del destierro y se quedaron en la provincia están enfrentando una gran calamidad y humillación.

La muralla de Jerusalén sigue derribada, con sus puertas consumidas por el fuego». Dice la Palabra que cuando Nehemías escuchó esto, se sentó a llorar, hizo duelo por unos días, ayunó y oró al Señor.

Desde ese momento sintió carga por su pueblo y no fue indiferente. Comenzó un gran anhelo de hacer algo por ellos, pero la única manera de lograrlo era con la ayuda de Dios y empezó a interceder por ellos, y en su oración le pidió que le concediera éxito y gracia delante del rey.

En su corazón ya tenía un plan para llevar a cabo. Cuando se presenta delante de rey, él nota que algo le pasa (se nota que siempre estaba de buen ánimo) y le dice: "¿Por qué está triste tu rostro, pues no estás enfermo?" Nehemías le dice que es por la ciudad de sus padres que está en ruinas. Entonces, el rey le permite ir a Jerusalén para reconstruir sus muros.

La pildorita y reflexión de hoy es:

Nehemías nos da un gran ejemplo ante cualquier necesidad:
Lloró, hizo duelo, ayunó y oró al Señor.
¡No temas!

Pildorita
252
Parte II

Salmo 34:17 (RVR1960)

Claman los justos, y Jehová oye, y los libra de todas sus angustias.

Dije en la pildorita anterior que Nehemías nos dio un gran ejemplo como siervo de Dios ante una adversidad que se presenta porque, queramos o no, van a venir.

Lo primero fue que lloró. Me gusta que la Biblia muestre que los hombres lloran. Jesús también lloró ante la tumba de Lázaro.

Dios nos dio las lágrimas para limpiar el alma cuando está cargada. Lo segundo, hizo duelo. Cualquier noticia adversa que recibimos, es natural que nos duela, nos preocupe, porque es algo que no esperábamos; pero dice claro que hizo duelo por unos días, no se quedó en la pena.

Estas son normalmente las reacciones del ser humano. Después vino la parte espiritual: ayunó y oró al Señor y esto fue lo que lo levantó, fortaleció y le dio estrategias para reconstruir la muralla y Jerusalén. Todo el que quiere llevar a cabo un plan tiene que planificar antes.

Mira lo que dice *Lucas 14:28:*

Porque ¿quién de vosotros, queriendo edificar una torre, no se sienta primero y calcula los gastos, a ver si tiene lo que necesita para acabarla?

Eso fue lo que hizo Nehemías. Con la ayuda del Señor comenzó a planificar lo que haría para levantar los muros y proteger la ciudad del Señor.

La pildorita y reflexión de hoy es:

No olvides que el Señor está contigo y nunca es tarde para volver a reedificar tu vida.
¡No temas!

Pildorita
253
Parte III

2 Crónicas 32:7 (NVI)

¡Cobren ánimo y ármense de valor!
No se asusten ni se acobarden.

En una predicación le escuché a Dante Gebel contar que un pastor iba en un vuelo y venía hablando con su compañero de silla sobre los proyectos que tenía de construir su iglesia y la falta de recursos para poder llevarlo a cabo.

Esta persona, después de escucharlo con mucha atención, sacó la chequera y le dijo: "¿Cuánto necesitas para realizar ese proyecto?" El pastor no supo decirle cuánto costaba. ¿Se imaginan perder una oportunidad como esta por no haber planificado costos y tener todo un plan de trabajo y de desarrollo? No fue el caso de Nehemías.

Llegó a Jerusalén al tercer día, salió de noche con unos pocos hombres que lo acompañaron y recorrió la ciudad por todos lados. No compartió con nadie los planes que tenía y lo que Dios le había dicho.

Cuando tuvo clara la situación les dijo: "Ustedes son testigos de nuestra desgracia. Jerusalén está en ruinas, y sus puertas han sido consumidas por el fuego. ¡Vamos, anímense! ¡Reconstruyamos la muralla de Jerusalén para que ya nadie se burle de nosotros!" Ellos cobraron ánimo y se dispusieron a reconstruir y luchar por su ciudad.

Como buen líder que sabe que tiene que delegar, así asignó funciones y también hizo un plan para defender la ciudad contra los enemigos que se levantaron cuando supieron lo que Nehemías pretendía hacer. Dice la Palabra que con una mano trabajaban y con la otra tenían la espada.

La pildorita y reflexión de hoy es:

Si el proyecto que tienes nació en el corazón de Dios, te dará todas las estrategias y recursos para llevarlo a cabo. ¡No temas!

Pildorita

254

Parte IV

Isaías 51:7b (NVI)

No teman el reproche de los hombres,
ni se desalienten por sus insultos.

Quiero que miremos esta historia bajo otra óptica y la apliquemos a nuestra vida. Puedes encontrarte como estaba Jerusalén, pasando prueba tras prueba, el muro derribado, o sea sin protección, porque estás alejado de Dios, o porque nunca has tenido una relación personal con Él, o algo hizo que te alejaras y tus puertas están quemadas y lo peor es que te acostumbraste a estar así, en ruinas, al igual que Jerusalén

Pero el Señor no quiere verte así y pone carga en el corazón de alguien, quien empieza a orar, a ayunar por ti, por tu vida y te recuerda que el Señor tiene otro plan para ti, que es hora de reedificar, de quitar lo viejo, lo que te tiene oprimido y remplazarlo por todo lo nuevo que Él tiene para ti, sobre todo su presencia en tu vida.

Como le ocurrió a Nehemías, siempre que nos disponemos a hacer lo que Dios quiere y a hacer cambios drásticos, se levantan aquellos que se oponen a que tengas una vida plena en el Señor, lleno de su paz, con gozo, esperanza, con propósito y querrán obstaculizar este paso, pero no te detengas, el Señor anhela restaurar tu vida y comenzar una relación contigo o restablecerla y después quiere que te conviertas en un Nehemías, que sientas carga por aquellos que están perdidos y seas un puente de bendición para que logren recibir el amor, perdón y restitución del Padre.

La pildorita y reflexión de hoy es:

Manos a la obra, el Señor te necesita, Él te llama y te capacita. ¡No temas!

Pildorita

255

Salmos 66:14 (RVR1960)

Que pronunciaron mis labios y habló mi boca, cuando estaba angustiado.

Fernando tenía muy buen sentido del humor y si algo le admiraba era que siempre tenía una sonrisa en su boca.

Durante las prédicas, en el punto más crucial, hacía un comentario, contaba una anécdota o un chiste y rompía el ambiente tenso o serio y todo el mundo se reía. Luego retomaba la predicación y siempre tocaba nuestros corazones con sus enseñanzas y nos impartía su amor y pasión por Jesucristo. Varias veces decía, jugando en el altar: "Voy a pasar mi silla de ruedas por sus pies para ver qué sale de sus bocas".

A veces las personas asisten a la iglesia, pero no han tenido una conversión genuina y siguen con sus malos hábitos, entre ellos las malas palabras (groserías). Dice la Palabra que de la abundancia del corazón, habla la boca y creo que de las primeras cosas que Jesús nos quita son las malas palabras o los comentarios de doble sentido.

¿Qué sale de tu boca cuando estás pasando una prueba difícil, o estás sentado en el torno y el Señor pasando el cincel?¿Salen acaso palabras de fe, confianza, esperanza, seguridad de que Dios está en control, o salen palabras de queja, temor, angustia, frustración, desesperanza? Las miradas siempre están sobre los hijos de Dios; somos testimonio vivo para los demás.

La pildorita y reflexión de hoy es:

Que tu vida sea una inspiración de fe para los que te rodean en palabras y acciones.
¡No temas!

Pildorita

256

Parte I

Salmo 77:2 (NVI)

Cuando estoy angustiado, recurro al Señor;
sin cesar elevo mis manos por las noches,
pero me niego a recibir consuelo.

La pildorita anterior me da paso a tocar el tema sobre la amargura y esta tiene que ver con alguna vivencia que te hizo daño y te produjo mucho dolor, marcó tu corazón, pero en el paquete de bendiciones que Jesús nos da cuando lo recibimos en nuestro corazón está el de hacernos libres.

Tuve un caso muy cercano de alguien que de niña sufrió abuso sexual de su padrastro. Esto la llenó de rabia y a pesar de que se casó y tuvo hijos que ya son grandes, su vida se llenó de amargura. Los años han pasado y ella tiene viva la herida.

Con mi esposo, tratamos de aliviar su corazón y llevarla a perdonar lo que había ocurrido. Ella nunca permitía que se hablara del tema; al contrario, rompía relaciones con cualquier persona que tratara de decirle que eso pasó hace mucho tiempo, que sus padres son cristianos.

Prefiere mantener la herida abierta y alimentar la rabia, el rencor y hasta podría decir, odio. Mira lo que dice la palabra en Jeremías 15:18ª: *¿Por qué no cesa mi dolor? ¿Por qué es incurable mi herida? ¿Por qué se resiste sanar?*

Así viven muchas personas, retroalimentando su amargura y justificando ese sentimiento que envenena y contamina su entorno.

Esta persona rompió totalmente su relación con su madre, privó a sus hijos de compartir con su abuela y de disfrutar la unión familiar y no le interesa saber nada de Jesús.

La pildorita y reflexión de hoy es:

Jesús entiende tu dolor y quiere vendar tu corazón y sanarlo.
¡No temas!

Pildorita
257

Parte ll

Salmos 40:17 (RVR1960)

Aunque afligido yo y necesitado, Jehová pensará en mí. Mi ayuda y mi libertador eres tú; Dios mío, no te tardes.

La "amargura" proviene de una palabra que significa punzar. Su raíz hebrea agrega la idea de algo pesado.

En el griego clásico, revela el concepto de algo fuerte. La amargura, entonces, es algo fuerte y pesado que punza hasta lo más profundo del corazón.

El espíritu amargo impide que la persona entienda los verdaderos propósitos de Dios en determinada situación.

El espíritu amargo contamina a otros. Dice en Hebreos 12:15: *"Mirad bien, no sea que alguno deje de alcanzar la gracia de Dios; que brotando alguna raíz de amargura, os estorbe, y por ella muchos sean contaminados"*.

Si no la detenemos, puede llegar a contaminar a toda una congregación o a toda una familia. Efesios 4:31 dice que nos quitemos toda amargura, o sea que me corresponde a mí hacerlo. La describe como una raíz, la amargura nunca está sola, tiene varias paticas que se desencadenan de ella y estas son algunas: enojo, ira, gritería, maledicencia y toda malicia. Así que es necesario llegar a la raíz y cortarla por completo y la única manera para poder hacerlo es el perdón.

El primer paso es tomar la decisión de querer perdonar y con la ayuda de Jesús y un consejero te llevará a ser libre de ese pasado tormentoso.

La pildorita y reflexión de hoy es:

Hoy es el día de empezar a caminar ligero de carga y rompiendo esas cadenas que por años has llevado. ¡No temas!

Pildorita

258

Génesis 35:3b (RVR1960)

Y haré allí altar al Dios que me respondió en el día de mi angustia, y ha estado conmigo en el camino que he andado.

Muchas personas dicen que no escuchan la voz de Dios, pero es que no lo dejamos hablar. Lo que hacemos es un monólogo; es como si sentáramos al Señor solo a que nos escuche. Otros esperan sentir la presencia de Dios con gran estruendo y algarabía, pero tampoco se manifiesta de esa manera.

Hay un pasaje que describe cómo habla el Señor y se encuentra en I Reyes 19:11. Es cuando Elías sale huyendo deprimido, porque lo quieren matar y después de haber caminado cuarenta días y cuarenta noches llega a Horeb, se mete a una cueva y Dios le dice: "*¿Qué haces aquí, Elías? Sal fuera y preséntate ante mí en la montaña, porque estoy a punto de pasar por allí*".

En esos vino un viento recio, tan violento que partió las montañas e hizo añicos las rocas; pero el SEÑOR no estaba en el viento. Después del viento hubo un terremoto, pero el SEÑOR tampoco estaba en el terremoto.

Tras el terremoto, vino un fuego, pero el SEÑOR tampoco estaba en el fuego. Y después del fuego... un silbo apacible y delicado. Y cuando lo oyó Elías, cubrió su rostro con su manto.

Él quiere hablarnos en la quietud de nuestro corazón.

El único que llega haciendo ruido y destrucción es el enemigo; él sí llega a hacer terremotos en nuestra vida para que nos asustemos y nos descontrolemos.

La pildorita y reflexión de hoy es:

Aquieta tus pensamientos y emociones para que escuches la dulce voz de Jesús.
¡No temas!

Pildorita
259

Éxodo 22:23 (RVR1960)

Porque si tú llegas a afligirles, y ellos clamaren a mí, ciertamente oiré yo su clamor.

No quiero que le des más importancia al enemigo de la que tiene, pero tampoco podemos ser ligeros y olvidar que tenemos una guerra espiritual.

Te lo explico así: a veces hay personas que se quejan porque tienen problemas con su jefe o un compañero de trabajo o familiar, o pasa que un día todo te sale mal, está todo como trabado, nada fluye. No podemos pelear con las personas, porque ellos son los títeres; hay que ir contra el titiritero. Esto nos dice la Palabra en Efesios 6:12:

"Porque nuestra lucha no es contra seres humanos, sino contra poderes, contra autoridades, contra potestades que dominan este mundo de tinieblas, contra fuerzas espirituales malignas en las regiones celestiales".

Si estás en tu casa, trabajo, colegio, universidad, donde sea y sientes el ambiente pesado, no pelees, ve al baño o a un lugar donde puedas orar y comienza a reprender a Satanás, recordándole que él no tiene arte ni parte en tu vida, que está vencido y que se vaya y deje de molestar.

¡Adivina qué pasa! Cuando salgas, el ambiente espiritual ha cambiado, la persona que estaba molesta y enojada está diferente. ¿Qué pasó? Que se puso al enemigo en su lugar ya que cuando oras, estás limpiando los aires y no le queda más remedio que huir.

La pildorita y reflexión de hoy es:

Recuerda que la oración tiene poder y estás protegido por los brazos de Papá Dios y nada ni nadie puede tocarte. **¡No temas!**

Pildorita

260

Isaías 44:8 (RVR1960)

No temáis, ni os amedrentéis; ¿no te lo hice oír desde la antigüedad, y te lo dije? Luego vosotros sois mis testigos. No hay Dios sino yo. No hay Fuerte; no conozco ninguno.

El Pastor Darío Silva Silva, Obispo y fundador de Casa Sobre la Roca Iglesia Cristiana Integral, siempre nos enseñó algo que es una consigna en nuestra iglesia y mi esposo lo repetía todo el tiempo: "El Señor es mi pastor, el pastor no es mi Señor".

Desafortunadamente, eso no es lo que pasa en muchas iglesias donde el "todo" es el pastor, nunca delegan, piensan que si ellos no hacen las cosas, no van a salir bien y esto le hace un gran daño a la congregación. En parte es orgullo, porque el día que ellos no estén, nadie sabrá cómo hacer las cosas y en muchos otros casos, no hay quién asuma el liderazgo de la obra si el pastor llega a faltar, porque nadie está preparado.

Esto no se aplica únicamente en el ámbito eclesiástico, también sucede en las empresas y en los mismos hogares; todo el mundo debe tener una parte activa y responsable dentro de cualquier organización para que todos sepan cómo funciona y cada uno sepa cuál es su rol. Le pasó a Moisés, que asumía toda la responsabilidad del pueblo de Israel que había sacado de Egipto y, si no hubiese sido por su suegro Jetro que le dio consejo de delegar y hacer grupos, Moisés no hubiera podido con tanta carga.

Mi esposo Fernando constantemente repetía que él no quería una iglesia Fernandiana ni Normandiana. Tristemente, al no estar nosotros se fueron muchos de la iglesia. Creo que estaban siguiendo a hombres, no al Señor.

La pildorita y reflexión de hoy es:

Donde el Señor te ha puesto, te quiere usar.
¡No temas!

Pildorita
261

Salmos 79:8b (NVI)

¡Venga pronto tu misericordia a nuestro encuentro,
porque estamos totalmente abatidos!

Casi en todos los milagros que hizo Jesús, fueron las personas las que le salían al encuentro o le pedían que fuera donde estaba el enfermo o el necesitado. Pero no es el caso de una mujer que estaba en el templo y que tenía espíritu de enfermedad y llevaba dieciocho años encorvada.

Dice la Biblia que de ninguna manera se podía enderezar, pero ese día, sin ella saberlo, fue diferente. Tal vez se arregló como todos los días para asistir a la sinagoga, sin imaginar que ese día se encontraría con el único capaz de sanarla, cambiar su vida y su futuro.

Dice que Jesús estaba enseñando, y me imagino que mientras hablaba recorría con su mirada a las personas que se encontraban allí, y de pronto sus ojos se fijan sobre esta mujer con su cuerpo encorvado.

Dice que Jesús la vio, la llamó y le dijo: "Mujer, eres libre de tu enfermedad".

Lucas 13:13: *Al mismo tiempo, puso las manos sobre ella, y al instante la mujer se enderezó y empezó a alabar a Dios.*

¡Y cómo no alabarlo si durante dieciocho años ningún médico le había dado esperanza! Imaginamos que había gastado dinero en exámenes y el resultado era el mismo: "No hay cura para ti".

Me atrevo a pensar que ella ya estaba tan resignada que se acostumbró a su condición. Pero le faltaba tener su encuentro personal con el que tiene el poder para revertir cualquier diagnóstico y situación.

La pildorita y reflexión de hoy es:

¿Qué imposible te han levantado frente a ti? Jesús tiene la última palabra.
¡No temas!

Pildorita
262
Parte I

Marcos 5:42(RVR1960)
Y luego la niña se levantó y andaba, pues tenía doce años. Y se espantaron grandemente.

En la pildorita anterior vimos la manera en que Jesús sanó a la mujer encorvada en día sábado (día de reposo), ante el enojo de los fariseos religiosos, que no buscaban el bienestar de las personas, sino estar pegados a la ley.

Sabemos que Jesús hizo muchos más milagros de los que están registrados en la Biblia y todos fueron de manera diferente.

Por ejemplo, a un sordo y tartamudo le metió los dedos en sus oídos y escupiendo tocó su lengua, levantó los ojos al cielo y dijo: "Efata, es decir, sé abierto". Y le pidió que no dijera nada al respecto (aunque este exsordo le fue difícil hablar, ahora le era difícil callar). A la suegra de Pedro le tocó la mano y la fiebre se fue. A la hija de Jairo que estaba muerta, la tomó de la mano y la niña se levantó. Lo que esto nos muestra es que Jesús hace como Él quiere y de la manera menos convencional. Por esto no me gusta cuando tratan de encasillar a Jesús.

Él no solo sana si asistes a la iglesia o al servicio de milagros, o si das una ofrenda grande, tu milagro va a ser más grande... ¡no es verdad! Fernando fue sano de un cáncer de doce años antes de llegar a los pies de Jesús.

Cansado de los tratamientos, un día se arrodilló en su cuarto y le dijo al Señor: "Si tú eres Dios y existes, o tú me sanas o yo me muero, pero no me hago una quimio más".

¡Y se sanó! Es la fe con la que pides tu milagro lo que hace la diferencia.

La pildorita y reflexión de hoy es:

No dejes que nadie meta en un molde a Jesús.
Él es el mismo ayer, hoy y siempre.
¡No temas!

Pildorita

263

Parte II

Salmos 34:6 (NVI)

Este pobre clamó, y el SEÑOR le oyó
y lo libró de todas sus angustias.

Jesús vino a vivificar lo que se había profetizado sobre Él en el Antiguo Testamento.

Dice en Mateo 8:17 que con la palabra echó fuera a los demonios y sanó a todos los enfermos que le llevaban para que se cumpliese lo dicho por el profeta Isaías, cuando dijo: *"El mismo tomó nuestras enfermedades, y llevó nuestras dolencias"*.

¡Qué pesar que los fariseos, ciegos en su religiosidad, se perdieron de ver a Jesús haciendo tantos prodigios y maravillas y ellos cazando mosquitos y viendo cómo condenar y matar al Hijo de Dios, el hijo de la promesa que ellos estaban esperando! Esa fue la pelea constante del Señor con los fariseos, que estaban tan ciegos que no lo vieron.

Miremos este otro milagro. Es el ciego sanado en Betsaida. Se lo trajeron a Jesús y le rogaron que lo tocara, entonces, tomando la mano del ciego, le sacó fuera de la aldea; y escupiendo en sus ojos, le puso las manos encima, y le preguntó si veía algo.

Volvió a tocarlo y fue restablecida su visión. Jesús le pidió que se fuera a su casa y que no le dijera a nadie en la aldea lo que había pasado. En Marcos dice que todos los que tocaban el borde de su manto quedaban sanos. Y así, podemos leer muchos otros casos donde solo habló y el milagro ocurrió.

La pildorita y reflexión de hoy es:

Jesús está vivo y sigue haciendo milagros. ¿Cómo está tu fe
para recibirlos?
¡No temas!

Pildorita
264

2 Reyes 17:36 (RVR1960)

Más a Jehová, que os sacó de tierra de Egipto
con grande poder y brazo extendido,
a éste temeréis, y a éste adoraréis,
y a éste haréis sacrificio.

Siento una profunda necesidad de hablar sobre los falsos profetas. Algunos se aprovechan de la fe débil de muchos para engañarlos. En los tres primeros evangelios está escrita, casi de la misma manera, la recomendación que Jesús nos hizo poco antes de partir.

En Mateo nos dice: *"Guardaos de los falsos profetas, que vienen a vosotros con vestidos de ovejas, pero por dentro son lobos rapaces".* ¡Escuchamos cada historia! Pastores que le sacan hasta el último peso a sus ovejas (no estoy hablando del diezmo y las ofrendas, porque esto está establecido por Dios).

Lo comenté anteriormente: te venden los milagros de acuerdo a la cantidad que des; es como si fueran trueques.

En Marcos 13:21-22: dice: *Entonces si alguno os dijere: Mirad, aquí está el Cristo; o, mirad, allí está, no le creáis. Porque se levantarán falsos Cristos y falsos profetas, y harán señales y prodigios, para engañar, si fuese posible, aun a los escogidos.*

Tuve la oportunidad de conocer una congregación sólida y con doctrina Cristocéntrica, pero de un momento a otro, el pastor de esta iglesia y su esposa dijeron que un ángel se les había aparecido y comenzaron a profetizar y hacer cosas que para nada eran conforme a la Palabra de Dios.

Otros se han llamado "el cristo" y otros "el anticristo" haciendo marcar a su congregación. Salmo 119:105: *Lámpara es a mis pies tu palabra, y lumbrera a mi camino. Camina conforme a lo que ella dice.*

La pildorita y reflexión de hoy es:

El Señor dijo que meditáramos en su Palabra de noche y de día y nos dejó el Espíritu Santo que nos lleva a toda verdad. ¡No temas!

Pildorita
265

Hechos 7:10a

Y le libró de todas sus tribulaciones,
y le dio gracia y sabiduría.

Los hijos de Dios tenemos una gracia y favor especial; somos portadores de su bendición a donde vayamos.

Deberíamos ser más conscientes de esto, no para llenarnos de orgullo, sino para saber que donde Dios nos coloque, en una ciudad, un trabajo, una escuela, somos de bendición para los que nos rodean y donde estemos será tierra de bendición y ese lugar será prosperado. ¿Has notado que entras a un negocio (tienda, restaurante, etc.) y está vacío y después de que has entrado, comienza a llegar gente y cuando menos piensas se llena? Hay tantos testimonios de personas que tuvieron que presentarse ante un juez o una autoridad y el Señor les dio gracia y revirtieron todo en favor de ellos.

Eso fue lo que el Señor le dio a Ester cuando se presentó ante el rey Asuero: gracia y favor como hija de Dios.

Recuerdo que cuando Fernando y yo nos hicimos novios, adonde llegábamos todo el mundo nos miraba de una manera especial. Era muy común que en lugares que frecuentábamos nos dieran cosas de cortesía y mi esposito siempre me repetía: "Amor, somos una pareja con gracia".

Eres una persona llena de su gracia y portador de todo lo que Dios nos ha equipado para compartir y transmitir su paz, amor, compasión, misericordia. Eres su representante aquí en la tierra.

La pildorita y reflexión de hoy es:

Siempre que salgas a realizar tus tareas diarias, pídele al Señor que su gracia y favor te acompañen.
¡No temas!

Pildorita
266
Parte I

Rut 3:11 (RVR1960)

Ahora pues, no temas, hija mía; yo haré contigo lo que tú digas, pues toda la gente de mi pueblo sabe que eres mujer virtuosa.

Esta historia es de la vida real y una de mis preferidas.

Una de sus protagonistas es Noemí, que sale de Belén junto a su esposo y sus hijos a vivir a Moab, porque hubo hambre en su tierra. Allí se establecen, y la Biblia no dice en cuánto tiempo muere su esposo.

Sus hijos se casan con dos moabitas, Orfa y Rut y vivieron diez años y luego mueren. Al dolor de su viudez se le agrega la pérdida de sus dos hijos, quedando ella sola y desamparada.

Escucha que ya el hambre en su tierra había pasado y decide regresar a Belén. Orfa se queda en Moab y Rut le dice que irá con ella a donde ella vaya, que su pueblo será su pueblo y su Dios será su Dios, que morirá donde ella muera y que solo la muerte las podrá separar.

Rut, era extranjera y sus costumbres eran muy diferentes, no tenía una relación con el Señor. Parten para Belén y Dios comenzó su plan de restitución en la vida de estas dos mujeres.

Un día, Rut sale a trabajar para ayudar a su suegra y llega a un campo a recoger espigas, pero este campo pertenecía a Booz, el único pariente que podía redimirlas (sin saberlo).

Halló gracia ante sus ojos y él le dijo que sabía todo lo que había hecho por su suegra y la bendijo: Rut 2:12.

¡Que el SEÑOR te recompense por lo que has hecho! Que el SEÑOR, Dios de Israel, bajo cuyas alas has venido a refugiarte, te lo pague con creces.

La pildorita y reflexión de hoy es:

Dios te bendecirá donde estés, Él no se queda con nada. **¡No temas!**

Pildorita
267
Parte II

Salmos 136:23 (RVR1960)
Él es el que en nuestro abatimiento se acordó de nosotros, Porque para siempre es su misericordia.

Booz, un hombre temeroso de Dios, redime a Rut y se casa con ella y tiene un hijo que fue la alegría de su abuela.

Las mujeres le decían a Noemí: "¡Alabado sea el SEÑOR, que no te ha dejado hoy sin un redentor! ¡Que llegue a tener renombre en Israel! Este niño renovará tu vida y te sustentará en la vejez, porque lo ha dado a luz tu nuera, que te ama y es para ti mejor que siete hijos".

Noemí tomó al niño, lo puso en su regazo y se encargó de criarlo. Rut 4:14-16. ¡Qué buen testimonio les dio Rut! Son tantas cosas para destacar en esta bella historia de propósito, restitución y de amor. Propósito, porque este niño que nació fue Obed, quien fue el padre de Isaí y abuelo del rey David y de este linaje nacería nuestro Señor Jesús.

El Señor vio el corazón hermoso de Rut, una extranjera que dejó todo por seguir a su suegra y públicamente confeso: "Tu Dios será mi Dios", y así fue. De restitución, porque Booz las redimió.

Era un hombre rico y les dio esa estabilidad económica que necesitaban; y de amor, porque la historia de ellos es de novela, como si fuera una historia de princesa de Disney con la diferencia que esta es de la vida real. Vuelvo y repito, como lo dije en otra pildorita: Dios obra cómo quiere, con quién quiere y en el momento que sea.

Él conoce los corazones y sus intenciones y no descalifica a nadie.

La pildorita y reflexión de hoy es:

Deja que Dios se ocupe de tu futuro, porque te aseguro que es mejor que el que tú has planeado.
¡No temas!

Pildorita
268

Eclesiastés 4:6 (RVR1960)

Más vale un puño lleno con descanso, que ambos puños llenos con trabajo y aflicción de espíritu.

Quiero compartirles esta reflexión que leí sobre la historia de Enrique (que puede ser la tuya). Trabajaba setenta horas por semana. Le encantaba su trabajo y llevaba a casa un buen sueldo para proveer cosas buenas a su familia. Siempre planeaba trabajar menos, pero no lo hacía.

Una noche llegó con una excelente noticia: lo habían ascendido a la posición más importante de la compañía... ¡pero no había nadie en la casa! Sus hijos eran adultos y vivían en otra parte y su esposa se había dedicado a su profesión y ahora la casa estaba vacía.

No tenía con quién compartir su buena noticia.

En otra pildorita hablé de cómo los celulares acabaron con la comunicación en las familias, pero ahora me quiero enfocar en el tema de padres laboradictos, que llenan sus casas con lo último que ha salido al mercado y se les llena la boca diciendo: "Le doy a mi familia lo mejor, por eso trabajo duro para que nos les falta nada".

Estas personas salen de vacaciones y se llevan su computadora para seguir conectados al trabajo, pero no se dan a sus familias.

Te aseguro que tu esposa (o), tus hijos cambiarían tantas cosas materiales por tiempo de calidad contigo; para un niño no hay mayor felicidad que jugar con sus padres, ir a un parque, correr, reír, esto les tanquea su corazón.

La pildorita y reflexión de hoy es:

Salomón, el hombre más sabio, dijo esto en *Eclesiastés 4:7ª-8: Vi a un hombre solitario, sin hijos ni hermanos, y que nunca dejaba de afanarse; ¡jamás le parecían demasiadas sus riquezas! ¿Para quién trabajo tanto, y me abstengo de las cosas buenas?* ¡No temas!

Pildorita
269

Mateo 10:31 (RVR1960)

Así que, no temáis; más valéis vosotros
que muchos pajarillos.

En la pildorita anterior hablamos de los laboradictos y cómo se pierden de los mejores momentos con los suyos.

Jesús que nos ve y nos conoce, sabe que somos como Marta, que corremos y corremos sin hacer lo que verdaderamente nos levanta y fortalece y, como a ella, nos dice: *Pero solo una cosa es necesaria y María ha escogido la mejor y nadie se la quitará.*

Pienso que después de que Jesús murió, Marta tuvo que reflexionar acerca de los momentos únicos y especiales que hubiera podido aprovechar si se hubiera sentado a los pies del Maestro para aprender.

Creo que es el único versículo donde se ve a una persona sola sentada a los pies de Jesús, porque cuando Él enseñaba era a las multitudes, en la sinagoga, pero estos hermanos tenían el privilegio de tenerlo en su casa y escucharlo hablar, mirarlo a los ojos, verlo reír.

¿Se imaginan cuánto podrían aprender de Él con solo mirarlo?Después de que dice: "Pero solo una cosa es necesaria", agrega: "Y María ha escogido la mejor y nadie se la quitará".

¿Quién le va quitar el privilegio de haber disfrutado de sus enseñanzas, de sus vivencias personales? Eso mismo nos pasa, no sacamos tiempo para estar con el Maestro, no como lo tuvo María, pero sí podemos postrarnos ante Él e imaginarlo allí sentado junto a nosotros.

La pildorita y reflexión de hoy es:

Jesús anhela pasar tiempo contigo y que lo conozcas más.
¡No temas!

Pildorita
270

En esta pildorita quiero recordar este hermoso poema: Huellas en la arena (Anónimo)

Una noche en sueños vi que con Jesús caminaba junto a la orilla del mar bajo una luna plateada. Soñé que veía en los cielos mi vida representada en una serie de escenas que en silencio contemplaba.

Dos pares de firmes huellas en la arena iban quedando mientras con Jesús andaba, como amigos, conversando. Miraba atento esas huellas reflejadas en el cielo, pero algo extraño observé, y sentí gran desconsuelo.

Observé que algunas veces, al reparar en las huellas, en vez de ver los dos pares veía sólo un par de ellas. Y observaba también yo que aquel solo par de huellas se advertía mayormente en mis noches sin estrellas,

En las horas de mi vida llenas de angustia y tristeza cuando el alma necesita más consuelo y fortaleza.

Pregunté triste a Jesús: "Señor, ¿Tú no has prometido que en mis horas de aflicción siempre andarías conmigo? Pero noto con tristeza que en medio de mis querellas, cuando más siento el sufrir, veo un solo par de huellas.

¿Dónde están las otras dos que indican tu compañía cuando la tormenta azota sin piedad la vida mía? Y Jesús me contestó con ternura y compasión: "Escucha bien, hijo mío, comprendo tu confusión. Siempre te amé y te amaré y en tus horas de dolor siempre a tu lado estaré para mostrarte mi amor. Mas si ves solo dos huellas en la arena al caminar y no ves las otras dos que se debieran notar, es que en tu hora afligida, cuando flaquean tus pasos, no hay huellas de tus pisadas porque te llevo en mis brazos".

La pildorita y reflexión de hoy es:

Dios siempre está contigo. ¡No temas!

Pildorita
271
Parte I

Salmos 46:1 (NVI)
Dios es nuestro amparo y nuestra fortaleza, nuestra ayuda segura en momentos de angustia.

Solo los que hemos sido pastores sabemos cómo es realmente nuestra vida y la soledad en la que muchas veces nos encontramos.

Somos seres humanos con necesidades, pasamos pruebas muy fuertes, porque como cabezas, el enemigo siempre quiere que desistamos del llamado; las esposas de los pastores somos doblemente atacadas, porque si nos desestabilizan, esto le afecta a nuestros esposos.

Durante el tiempo que estuvimos frente a la iglesia, muchas veces lloré y le oré a Dios, pidiéndole una amiga cercana con la que pudiera abrir mi corazón y que estuviéramos en la misma condición.

Mis dos grandes amigas viven en Bogotá, Colombia: Patricia Aljure, a quien considero como una hermana, una amistad de más de treinta y cinco años, siempre fiel, ha pasado conmigo todas las etapas de mi vida; y Lina Molano, a quien conocí a través de Fernando, dieciséis años de amistad, una sierva de Dios, intercesora.

Las dos siempre han estado ahí, incondicionalmente, a pesar de la distancia. Tengo otras amigas muy queridas y cercanas, pero que fueron parte de la iglesia y siempre me verán como la que fue su líder espiritual.

La pildorita y reflexión de hoy es:

Te motivo a orar por tus pastores, para que Dios les dé ese amigo (a) con los que puedan llorar, reír, hablar de sus luchas y preocupaciones y despojarse del ropaje pastoral por un momento. ¡No temas!

Pildorita
272
Parte II

Deuteronomio 28:10 (RVR1960)

Y verán todos los pueblos de la tierra que el nombre de Jehová es invocado sobre ti, y te temerán.

En la pildorita anterior les decía que los pastores son seres humanos y necesitan sentir el amor de sus ovejas.

Muchas veces los invitan a alguna casa a almorzar o comer y el motivo no necesariamente es hacerles una atención, sino para que los aconsejen sobre alguna situación que están pasando, o porque tienen a alguien en esa reunión que no es cristiano y quieren que lo evangelicen, o sacan una libreta con todas las preguntas y dudas de teología que tienen...

¡La misma Biblia nos enseña que todo tiene su tiempo y todo tiene su hora! Si quieres hacerles una atención a tus pastores en tu casa, permite que puedan hablar de otra cosa que no sea de la iglesia o de religión; esto no quiere decir que, si se da la situación de hablar de Jesús a alguien que no lo conoce, será espectacular, pero sin forzar las cosas.

Si necesitas consejería o tienes dudas bíblicas, pide una cita con el pastor y habla sobre ellas en la iglesia, porque termina uno sintiendo que la invitación era más por interés que por otra cosa.

Ora por ellos, hónralos porque tendrás tu recompensa. Mira lo que dice Mateo 10:41-42: *«El que recibe a un profeta por cuanto es profeta, recompensa de profeta recibirá; y el que recibe a un justo por cuanto es justo, recompensa de justo recibirá. Y cualquiera que dé a uno de estos pequeñitos un vaso de agua fría solamente, por cuanto es discípulo, de cierto os digo que no perderá su recompensa».*

La pildorita y reflexión de hoy es:

Sé un canal de bendición para los siervos de Dios.
¡No temas!

Pildorita
273

Zacarías 8:13b (RVR1960)
No temáis, más esfuércense vuestras manos.

Todo lo que está escrito en la Biblia tiene una razón de ser y es sabiduría que viene del cielo. En ella se nos enseña sobre la llave del acuerdo, como nos dice Mateo 18:19: *«Además les digo que si dos de ustedes en la tierra se ponen de acuerdo sobre cualquier cosa que pidan, les será concedida por mi Padre que está en el cielo».*

Así que, con solo dos personas que estén de acuerdo, podemos pedir cualquier cosa y nos será concedida.

También en el libro de Eclesiastés 4:9-10: *"Mejores son dos que uno, porque tienen mejor paga de su trabajo. Porque si cayeren, el uno levantará a su compañero; pero, ¡ay del solo! que cuando cayere, no habrá segundo que lo levante".*

Esto no necesariamente se aplica únicamente a una pareja; el Señor quiere que seamos conscientes de que, con solo dos personas que estén de acuerdo y haciendo lo que Él les pida serán poderosos.

Deuteronomio 32:30: *"¿Cómo podría perseguir uno a mil, y dos hacer huir a diez mil?"*

Jesús envió de dos en dos a sus discípulos a llevar el mensaje de las buenas nuevas.

El Señor sabe que los esposos, los padres e hijos, vecinos, en las iglesias, trabajos, etc., pasamos más tiempo en desacuerdo que en otra cosa, por eso nos deja este consejo, que si lo sabemos aprovechar, obtendremos grandes victorias.

La pildorita y reflexión de hoy es:

Dice en la Palabra que uno solo puede ser vencido, pero dos pueden resistir.
¡La cuerda de tres hilos no se rompe fácilmente!
¡No temas!

Pildorita
274

Romanos 11:20 (NVI)

Tú por la fe te mantienes firme. Así que no seas arrogante, sino temeroso.

Esta pildorita está dedicada a los matrimonios, porque muchas veces tienen disensiones o desacuerdos que, como toda pareja normal, siempre existirán; pero me llama la atención que el Señor las incluye dentro de las obras de la carne.

Es bien sabido que a los hombres no les gustan los conflictos y por evitar peleas con sus esposas prefieren, como el avestruz, abrir un hueco y meter la cabeza y hacer como que no está pasando nada, pero eso es mentira y hay que resolver las situaciones, porque espiritualmente se está abriendo un boquete y el hogar está dividido.

Dice en Mateo 12:25b: «*Sabiendo Jesús los pensamientos de ellos, les dijo: Todo reino dividido contra sí mismo, es asolado, y toda ciudad o casa dividida contra sí misma, no permanecerá*».

Por más de seis años dicté, en el instituto bíblico de la iglesia, una clase hermosa que se llama "Hogar cristiano", porque este es el blanco número uno del enemigo: desbaratar hogares.

Los desacuerdos van minando la relación y cuando menos piensas colapsa el matrimonio, porque se dejan acumular asuntos sin resolver. Hay una perla hermosa en Cantares 2:15: "*Atrapen a las zorras, a esas zorras pequeñas que arruinan nuestros viñedos, nuestros viñedos en flor*".

La gran mayoría de las veces que un matrimonio se rompe no es por algo grande, es el cúmulo de pequeñas cosas que hoy el Señor quiere que resuelvas.

La pildorita y reflexión de hoy es:

Es bueno empezar a cazar las pequeñas zorras que quieren destruir tu matrimonio.
¡No temas!

Pildorita
275
Parte I

Juan 12:27a (NVI)
Ahora todo mi ser está angustiado.

A través de cada pildorita, haz ido conociendo un poco más de mí. Te he contado situaciones que he tenido que pasar desde que comencé a escribir el libro y, en este momento, aún ni sé quién publicará este material, si una editorial o de forma independiente.

Lo único que sé es que me encantaría poderlo presentar en Expolit, el evento más importante de música y literatura cristiana.

Sé que cuando hacemos lo que Dios nos mandó a hacer, se levanta oposición y tenemos luchas, porque sabemos que el enemigo no quiere que se lleve a cabo lo que Dios nos encomendó y hará todo para que desistamos.

He tenido unos días pesados, asuntos que están pendientes, sin poderlos solucionar y, además de ello, recibo una llamada del médico general para decirme que tengo que repetirme la mamografía con ultrasonido.

Siempre he sido muy cuidadosa en realizarme mis chequeos anuales, pero igual, humanamente no deja uno de inquietarse, así que voy manejando bastante cargada, orando y llorando, camino al examen y digo: "Señor, en este momento tomo la decisión de descansar en ti".

Tú tienes el control de mi salud, de este libro, de cuándo saldrá y quién lo publicará y de todas las otras cosas que me han tenido perturbada en estos días; y como dice el Salmo 31:15ª: *«en tu mano están mis tiempos».*

La pildorita y reflexión de hoy es:

Siempre que estés haciendo obras para el Señor, el enemigo querrá robarte la paz, así que ponlo en su sitio y adelante.
¡No temas!

285

Pildorita

276

Parte II

Isaías 61:3 (RVR1960)

A ordenar que a los afligidos de Sion se les dé gloria en lugar de ceniza, óleo de gozo en lugar de luto, manto de alegría en lugar del espíritu angustiado.

Además del Señor, la única persona que sabía que estaba cargada y frustrada era mi hermana Claudia, con quien siempre me mantengo comunicada por mensajes y llamadas, ya que ella vive en otro estado de los Estados Unidos.

Pero ese día, al llegar a casa y encender mi computadora, me encontré con un correo electrónico de una oyente que Dios usó para hablarme.

Lo que más me llamó la atención fue el enunciado del correo: Motivadora Desmotivada.

Ella me escribió una cita completa de Isaías 61:1-3 y luego empezó a interceder al Padre por mí con la siguiente oración: *"En el nombre de Jesucristo, todo demonio de depresión sale y la deja libre, ángeles los toman y los llevan al abismo. Su marido es su Hacedor y hoy son quitadas las ropas de su viudez"*.

La verdad es que el Señor me dejó con la boca abierta, porque Él, con esos detalles, me demuestra que mi vida no le es indiferente y que sabe mis luchas y necesidades; al igual que sabe y se ocupa de las tuyas.

Gracias a Papá Dios, porque a pesar de que me tuvieron dos horas entre los exámenes y el tiempo mientras el médico los leía, el resultado fue negativo, para la gloria de mi Señor.

La pildorita y reflexión de hoy es:

Recuerda que la distancia entre tú y Él es la palabra Padre. ¡No temas!

Pildorita

277

Mateo 10:26 (NVI)

Así que no les tengan miedo; porque no hay nada encubierto que no llegue a revelarse, ni nada escondido que no llegue a conocerse.

Volvió a estar de moda la película "La Bella y la Bestia", con la versión más reciente de Disney que fue bastante controversial en el ámbito cristiano, aunque no voy hablar de esto.

Esta historia me recordó una prédica que Fernando tituló con este nombre y habla de nuestra vieja naturaleza y cómo, si no la controlamos, brota en cualquier momento.

Él compartía en ella que un día, saliendo de la iglesia, quiso tomar la autopista y un carro lo cerró. En ese momento sintió mucho enojo y comenzó a salir la bestia...

Quiso ponerle las luces altas (colmillos), adelantarlo y cerrarlo (las garras), decirle unas cuantas cosas (el gruñido).

¿No nos pasa a todos más seguido de lo que debiera? Algunas veces inclusive apenas vamos saliendo de la iglesia, donde Dios nos acaba de hablar y sentimos su presencia, pero llegando al mismo parqueadero, alguien nos roba la paz y salta, no nuestra parte espiritual, sino la carnal a la que le gusta la pelea, el conflicto, el enojo.

La oficina de Fernando en la iglesia daba a la calle. Tenía una ventana grande y ahí, él podía ver a las parejas llegar el domingo, algunas peleando, manoteando, pero cuando se bajaban del carro, sonreían y cambiaban de actitud completamente delante de la gente.

Sin duda alguna, un comportamiento no sincero, ya que momentos antes, su manera de actuar era agresiva (obras de las carne, como nos dice Gálatas 5).

La pildorita y reflexión de hoy es:

Sé portador de su paz.
¡No temas!

Pildorita

278

Parte I

Proverbios 2:4-5 (NVI)

Si la buscas como a la plata,
como a un tesoro escondido,
entonces comprenderás el temor del SEÑOR
y hallarás el conocimiento de Dios.

La primera vez que Fernando y yo tuvimos la oportunidad de hacer un crucero, nos sorprendimos de la gran cantidad de comida que dan en esos barcos. Luego de ese viaje, mi esposo nos compartió una gran enseñanza, que lo mejor del buffet está en el fondo.

Eso se debió a que un día llegamos a almorzar a un salón inmenso y comenzamos a comer el pan, las frutas, ensaladas, todo tipo de quesos, jamones y, aunque todo era exquisito, cuando terminamos la entrada, nos fuimos al fondo, donde estaban las carnes y la comida de mar.

¡Allí estaba realmente lo más exquisito del buffet! Lo mejor lo dejan en el fondo, pero había un problema para nosotros, nos habíamos llenado con lo primero que nos ofrecieron.

Muchas veces nos pasa así en nuestra vida espiritual y nuestra relación con el Señor: tuvimos nuestras primeras experiencias con Él y con eso solo nos conformamos.

Nos llenamos con lo primero que recibimos de Él, cuándo Dios tiene mucho, mucho más para darnos y saciarnos, pero eso requiere que lo busquemos más, que tengamos más tiempo de intimidad.

Él dice que si lo buscamos se deja encontrar y podremos disfrutar de algo grande, hermoso y nuevo para nuestras vidas.

La pildorita y reflexión de hoy es:

Lo mejor de Dios para tu vida está por venir,
pero hay que ir al fondo.
¡No temas!

Pildorita
279
Parte II

Hechos 3:10 (RVR1960)

Y le reconocían que era el que se sentaba a pedir limosna a la puerta del templo, la Hermosa; y se llenaron de asombro y espanto por lo que le había sucedido.

En la Biblia vemos la historia de un hombre cojo de nacimiento, acostumbrado a su condición de discapacitado y a mendigar.

Todas las mañanas lo dejaban allí y eso era todo lo que él conocía y creía que sería su vida para siempre, vivir de las limosnas de las personas. Pero un día se encontró con Pedro y Juan y como siempre lo hacía, les pidió limosna.

Lo que no sabía es que ese día su vida cambiaría por completo; no sería un día más como todos, y mientras los mira, esperando qué moneda le darían, Pedro le dice: "*No tengo oro, ni plata, pero de lo que tengo te doy, levántate y anda*".

En ese momento sus tobillos se fortalecieron y fue sano, su vida fue transformada, sanada, restaurada, pudo ser protagonista de su propio milagro sin esperarlo.

Ese fue el último día que estuvo sentado en la puerta, inmediatamente que recibió su sanidad entró con ellos al templo saltando y alabando a Dios.

No pienses que los milagros son para otros y no para ti y estás sentado en la puerta del templo o a la orilla del camino mendigando espiritualmente, cuando la mesa está servida también para ti. Dios quiere y tiene cosas espectaculares para tu vida.

La pildorita y reflexión de hoy es:

No te quedes a la orilla y glorifica a Dios. Si has recibido de su amor y misericordia, no te puedes quedar callado. **¡No temas!**

Pildorita

280

Isaías 7:4 (RVR1960)

Y dile: Guarda, y repósate; no temas, ni se turbe tu corazón.

Una vez tuve la oportunidad de estar frente a un profeta, siervo de Dios, y cuando colocó sus manos sobre mi cabeza, dijo: "Todas las situaciones difíciles por las que has pasado te arrojaron a mis brazos, y sé que necesitas diariamente que te diga que te amo y así lo haré".

¡Definitivamente así lo ha hecho mi Señor Jesús! Desde que comenzó nuestro caminar juntos, siento su amor, ternura, cuidado en los detalles pequeños y grandes y como Él sabe que mi lenguaje de amor son las palabras de afirmación, siempre afirma en mi corazón su gran amor por mí y te lo quiero compartir en estos dos sencillos ejemplos: Nací el 20 de marzo y, por muchos años, ese día simplemente celebraba mi cumpleaños con mi familia y amigos, pero cuando llegué a los Estados Unidos, me enteré que justo ese día comienza oficialmente la primavera, mi época preferida, la más bella del año, donde los pajaritos cantan, el sol brilla más radiante, llegan las flores con su belleza y aroma y, como si fuera poco, en Colombia determinaron que ese día es el "Día de la alegría" (para mí son detalles de su amor).

No quiero decir con esto que Dios es más especial conmigo; lo que quiero exaltar es que Él sabe qué es lo que a cada uno de sus hijos lo hace feliz y les habla de acuerdo a sus necesidades y su lenguaje de amor, como buen Padre que ama a sus hijos.

La pildorita y reflexión de hoy es:

Si quieres verlo obrar de manera especial como Padre, no dudes en pedírselo y Él lo hará, porque te ama y eres especial para Él. ¡No temas!

Pildorita
281

Marcos 4:41 (RVR1960)

Entonces temieron con gran temor, y se decían el uno al otro: ¿Quién es éste, que aun el viento y el mar le obedecen?

Hay dos tipos de pruebas con las que nos enfrentamos en la vida. Una de ellas es el desierto. Es cuando caminamos y no sabemos para dónde vamos, todo es silencio, árido. Una de las características del desierto es que produce espejismos, ves de lejos un arroyo y piensas: "Ya llegué, por fin podré tomar agua fresca y descansar".

Pero cuando te acercas, no hay agua, está la misma tierra seca y polvorienta y tu ánimo tiende a desfallecer. Hebreos 11:38b: *«Anduvieron sin rumbo por desiertos y montañas, por cuevas y cavernas»*.

La otra prueba es la tormenta. Es cuando todo en tu vida está aparentemente tranquilo, pero de repente se levantan las olas, el mar ruge, sientes que te hundes por todos los azotes que recibes y todo te dice que de esta no saldrás y que la barca se hundirá.

Marcos 4:37: *Se desató entonces una fuerte tormenta, y las olas azotaban la barca, tanto que ya comenzaba a inundarse.*

Casi podría asegurar que todos hemos pasado por estas dos pruebas y al igual que los discípulos, nos angustiamos y sentimos que vamos a morir y hasta nos enojamos con el Señor y le reclamamos, como ellos lo hicieron: "¡Maestro!, gritaron, ¿No te importa que nos ahoguemos?" Aunque Jesús dormía en esa barca, a Él nada lo toma por sorpresa.

La pildorita y reflexión de hoy es:

Puede ser que estés en medio del desierto o la tormenta, Jesús ha prometido estar a tu lado siempre. Él está en control. **¡No temas!**

Pildorita
282
Parte I

Proverbios 3:25a (NVI)

No temerás ningún desastre repentino.

Tuve la oportunidad de visitar a mis padres en Colombia entre el mes de marzo y abril de 2017. El invierno se había adelantado y las constantes lluvias crearon emergencias en varias ciudades del país, pero sin duda, una de las más afectadas fue Mocoa, donde varios barrios fueron arrasados por el desbordamiento de tres ríos, con grandes piedras que derrumbaron todo lo que encontraron por el camino.

En medio de todo ese dolor, fue hermoso ver cómo el país se unió en solidaridad. Nuestra iglesia Casa Sobre la Roca se hizo presente con varias toneladas de alimentos, ropa, dinero y otras ayudas, y asimismo otros países, todo ello para reconstruir y mejorar las condiciones de vida después de este desastre natural donde, como sabemos, siempre los más afectados son las personas de bajos recursos.

En medio de la tragedia pudimos escuchar, en nuestra iglesia en Bogotá, el testimonio de dos mujeres misioneras que viven en Mocoa y hacen parte del Ministerio de Misericordia, Amor y Servicio (M.A.S.) de nuestra congregación.

Ellas, por cuestiones de salud, tuvieron que viajar a Bogotá a realizarse exámenes médicos y debían regresar el viernes 31 de marzo, el día que fue la tragedia, pero no pudieron porque a una de ellas la programaron para una cirugía y tenía que realizarse más exámenes médicos. ¡Se salvaron de llegar el día del desastre!

La pildorita y reflexión de hoy es:

Dile con todo el corazón: "Señor, yo sé que tú tienes lo mejor para mí".
¡No temas!

Pildorita

283

Parte II

Salmos 46:2 (NVI)

Por eso, no temeremos aunque se desmorone la tierra y las montañas se hundan en el fondo del mar.

La misionera a la que le ordenaron más exámenes médicos contaba que se había molestado mucho cuando le dijeron que podía viajar hasta que se los realizara. Como dice el pastor Darío: "Señor, Tú sabiendo y yo adivinando".

Ellas mismas contaron en nuestra iglesia el milagro que el Señor había hecho con la casa donde viven en Mocoa. Como te conté, fueron tres ríos los que se desbordaron y ellas dan testimonio de que fue impresionante, porque ellos deberían haber golpeado su casa, pero se desviaron y ninguno la azotó.

¡Gloria al Señor! Estas son las cosas que nos dejan sin palabras al ver el amor, cuidado y fidelidad de Dios por sus hijos que lo aman y creen en Él.

Nos habla a través de las circunstancias y, como dice parte de la cita que el Señor le dio al pastor Darío cuando se fundó la iglesia: Mateo 7:25: *Cayeron las lluvias, crecieron los ríos, y soplaron los vientos y azotaron aquella casa; con todo, la casa no se derrumbó porque estaba cimentada sobre la roca.*

Esta misma misionera contó que le pidió perdón al Señor por enojarse; y como el de ellas, existen millones de testimonios en los cuales Dios nos libra de peligros y para esto recurre a tráfico pesado en las vías, gomas pinchadas y todo lo que pueda hacer que no nos movamos de donde estemos, o viceversa.

La pildorita y reflexión de hoy es:

No te enojes si Dios mueve tu agenda; no sabes de qué te está librando.
¡No temas!

Pildorita
284

Mateo 26:38 (NVI)

«Es tal la angustia que me invade, que me siento morir —les dijo—. Quédense aquí y manténganse despiertos conmigo».

Los momentos de soledad son a veces necesarios, pero no en condición permanente, porque fuimos creados para vivir relacionándonos en convivencia.

La soledad que a casi ninguna persona le gusta es cuando estamos pasando momentos difíciles y sentimos que no contamos con absolutamente nadie que nos apoye. Así se sintió Jesús en Getsemaní.

Llevó con Él a sus discípulos más cercanos, Pedro, Jacobo y Juan y les dijo: "Es tal la angustia que me invade que me siento morir". Les dijo: "Quédense aquí y vigilen".

En pocas palabras, por favor, apóyenme espiritualmente, viene algo muy difícil y fuerte para mí. Mientras Él estaba derramando su corazón, postrado en tierra delante del Padre, pidiéndole si era posible pasar esa copa amarga, sus amigos dormían.

Al regresar donde ellos están, le dice a Pedro: "Simón, ¿duermes? ¿No has podido velar una hora?" Lo increíble es que volvió dos veces más y seguían durmiendo, porque humanamente no pudieron controlar el sueño, el cansancio los venció.

Estoy segura que ellos hubieran querido estar despiertos, velando, intercediendo, apoyando cuando más los necesitaba el Maestro.

En esos momentos de angustia es necesaria la soledad, para depender solo de Dios y no de los hombres.

La pildorita y reflexión de hoy es:

En los momentos de prueba y dificultad, al único que necesitas es al Señor.
¡No temas!

Pildorita
285
Parte I

Josué 1:9 (RVR1960)

Mira que te mando que te esfuerces y seas valiente; no temas ni desmayes, porque Jehová tu Dios estará contigo en dondequiera que vayas.

Quiero compartir sobre Josué y el muro de Jericó y cómo el Señor obra de manera poco convencional cuando quiere llevar a cabo su propósito.

Moisés no pudo entrar a la tierra prometida y su sucesor fue Josué, un muchacho que estuvo a su lado sirviéndole y siendo fiel, valiente, esforzado y por encima de todo, le creía al Señor todas sus promesas.

Antes de tomar posesión de esta tierra, Josué envía secretamente dos espías para reconocerla y resulta que la casa a la que entran es de una ramera que se llamaba Rahab.

Ella los escondió y dio información errada a los que los estaban persiguiendo de parte del rey, para distraerlos y que ellos pudieran escapar.

Ella les dijo a los espías de Josué: "Sé que el Señor les ha entregado esta tierra".

Además, les dijo todo lo que Dios había hecho con ellos cuando los sacó de Egipto y les hizo jurar que así como ella los ayudó para salvar sus vidas, ellos debían prometer que salvarían su vida, la de sus padres y la de toda su familia cuando tomaran posesión de esa tierra; y así lo hicieron.

Rahab, señalada por su trabajo como prostituta, fue la única, junto con su familia, que se salvaron en Jericó.

Su nombre está en el libro de Hebreos como una mujer de fe, junto a grandes hombres de Dios y además hace parte de la genealogía de Jesús. ¡Así obra el Señor!

La pildorita y reflexión de hoy es:

Un acto de amor y solidaridad puede cambiar tu destino.
¡No temas!

Pildorita

286

Parte II

Josué 4:24 (RVR1960)

Que todos los pueblos de la tierra conozcan que la mano de Jehová es poderosa; para que temáis a Jehová vuestro Dios todos los días.

Dios no pasa por alto cuando hemos sido fieles a nuestros líderes y eso fue lo que pasó con Josué.

No solo fue el sucesor de Moisés para llevar el pueblo de Israel a tomar posesión de la tierra prometida, sino que también tuvo las mismas experiencias de su líder.

Antes, él fue observador y después fue protagonista del poder de Dios en su vida.

Moisés cruzó en seco el Mar Rojo, junto con el pueblo de Israel; Josué cruzó el Jordán de la misma manera.

El ángel del Señor se le apareció a Moisés en una zarza ardiente y le dijo que se quitara su calzado, porque ese lugar era tierra santa.

Josué estaba un día cerca de Jericó y se le apareció un hombre con su espada desenvainada y cuando Josué le preguntó: *"¿Es usted de los nuestros, o del enemigo?" "¡De ninguno!, respondió, me presento ante ti como comandante del ejército del SEÑOR. Quítate las sandalias de los pies, porque el lugar que pisas es sagrado".* (Josué 5:13-15)

¡Wow...nada más y nada menos que comandante del ejército del Señor! En Moisés y Josué hay dos generaciones diferentes.

A Moisés le tocó el pueblo de Israel que se quedó con mentalidad de esclavos, de su boca solo salía queja y murmuración; pero la generación de Josué era obediente y con corazón de conquista, por ello disfrutaron de la tierra prometida.

La pildorita y reflexión de hoy es:

Sé fiel, sirve con amor y dedicación y en cualquier momento serás promovido. Sé fuerte y valiente como Josué. Dios es justo. ¡No temas!

Pildorita
287
Parte III

Josué 2:9 (NVI)

Yo sé que el SEÑOR les ha dado esta tierra, y por eso estamos aterrorizados; todos los habitantes del país están muertos de miedo ante ustedes.

Me encanta ver cómo Dios rompe con todos los esquemas para que toda la gloria se la demos a Él.

Después de que regresaron los espías, trayendo con ellos el informe de que en Jericó todos estaban atemorizados y que el Señor ya había entregado la tierra en sus manos, Dios le da a Josué instrucciones claras y precisas para que el muro de Jericó caiga.

Durante seis días debían dar vueltas por la ciudad sin decir ni una palabra, solo tocando las bocinas.

¿Se imaginan las personas de Jericó, que los veían pasar durante seis días alrededor de la ciudad? Pensarían: *"Ahí están otra vez estos locos israelitas dando vueltas"*.

Pero esa era la orden de Dios.

Cuando llegó el séptimo día, debían dar siete vueltas a la ciudad y los sacerdotes tocar las bocinas. Cuando tocaron la séptima vez, Josué dijo al pueblo: *"Gritad, porque el Señor nos ha entregado la ciudad"*.

Ellos gritaron a gran voz y el muro se derrumbó. Increíble, ¿verdad? Pero Dios nos muestra que cuando Él nos quiere entregar algo, lo hará como quiera y de la manera que menos esperamos.

En este capítulo de Josué 6:1 dice que Jericó estaba cerrada, bien cerrada, pero para nuestro Dios no hay muro que pueda contener lo que Él ya ha determinado para sus hijos.

La pildorita y reflexión de hoy es:

¿Qué muro tienes frente que no te deja llegar a tu bendición? Aquí, el secreto fue la obediencia a lo que Dios les pidió hacer. **¡No temas!**

Pildorita
288
Parte IV

Deuteronomio 31:13 (RVR1960)

Y los hijos de ellos que no supieron, oigan, y aprendan a temer a Jehová vuestro Dios todos los días que viviereis sobre la tierra adonde vais, pasando el Jordán, para tomar posesión de ella.

Nosotros, como padres y abuelos, debemos contarles a nuestros hijos y nietos los milagros y maravillas que el Señor ha hecho en nuestras vidas, como testimonio de su grandeza, para que sepan que Dios es el mismo ayer, hoy y siempre.

Esta es otra enseñanza que nos deja la historia de cuando pasaron el Jordán, tomaron doce piedras como el Señor lo había dicho, conforme al número de las tribus de los hijos de Israel y después que estuvieron en Gilgal, Josué erigió estas piedras y le habló a los hijos de Israel:

Cuando mañana preguntaren vuestros hijos a sus padres, y dijeren: ¿Qué significan estas piedras? Declararéis a vuestros hijos, diciendo: Israel pasó en seco por este Jordán (Josué 4:21-22).

Nuestros hijos nos deben escuchar hablar de Él, saber en quién creemos, de su poder, sus maravillas, su amor y misericordia y todo lo que Dios ha hecho en nuestras vidas, para que su fe aumente y crean.

Asimismo, nos dice en Deuteronomio 6:5-9: *Y amarás a Jehová tu Dios de todo tu corazón, y de toda tu alma, y con todas tus fuerzas. Y estas palabras que yo te mando hoy, estarán sobre tu corazón; y las repetirás a tus hijos, y hablarás de ellas estando en tu casa, y andando por el camino, y al acostarte, y cuando te levantes. Y las atarás como una señal en tu mano, y estarán como frontales entre tus ojos; y las escribirás en los postes de tu casa, y en tus puertas.*

La pildorita y reflexión de hoy es:

Los primeros que deben saber todo lo que Papá Dios ha hecho en tu vida es tu familia (padres, hermanos, hijos, nietos). ¡No temas!

Pildorita
289

Mateo 10:28a (NVI)

No teman a los que matan el cuerpo,
pero no pueden matar el alma.

En Casa sobre la Roca, el primer sábado del mes, todas las iglesias nos unimos en ayuno por las necesidades de cada congregación.

Se ora por los enfermos, es un tiempo fuerte espiritualmente. Fernando y yo llevábamos muy poco de novios y llegó el sábado de ayuno.

Quedamos en que pasaba a recogerme y de ahí iríamos a la iglesia y mi sorpresa fue que cuando me subo al carro, veo que había café y empanadas y le digo riéndome: "Pastor, qué bonito ayuno".

Y me respondió: "Este día yo le ofrezco a Dios comer, porque me cuesta mucho". Me quedé muda. Ahora tenía sentido su extrema delgadez.

El pastor Neil Anderson, del ministerio de Libertad en Cristo, cuando lo conoció, lo llamaba el pastor que no come y era verdad. Cuando a Fernando le servían la comida era como los niños, la movía de un lado al otro, pero la dejaba igual.

Gracias a Dios eso fue cambiando después de estar juntos. (Subió dos tallas, se puso cachetón y le encantaba cocinar).

Él compartía en la iglesia que nada ganábamos con dejar de comer y que nuestras vidas siguieran iguales, y nos decía: "¿Por qué no ayunan dejando su mal carácter, o dejando de chismear, o de pelear con su pareja?... esas cosas de la carne que los domina, ese es un verdadero ayuno para Dios".

La pildorita y reflexión de hoy es:

El ayuno tiene poder y más si le entregas al Señor eso que te cuesta o con lo que luchas diariamente.
¡No temas!

Pildorita

290

2 Reyes 19:6b (RVR1960)

Así ha dicho Jehová: No temas por las palabras que has oído, con las cuales me han blasfemado.

Jesús dijo: *"No todo el que me dice Señor, Señor, entrará al reino de los cielos, sino el que hace la voluntad de mi Padre que está en los cielos".* (Mateo 7:21)

Muchos usan el nombre del Señor en vano; por ejemplo, todos los que leen cartas, hacen regresiones o magia lo hacen en el nombre de Dios para hacer sus "fechorías" y mostrar que supuestamente creen en Él.

También les pasó a los discípulos. Había un hombre en Samaria llamado Simón, que antes ejercía la magia y había engañado a la gente por mucho tiempo.

Dice la Palabra que todos lo escuchaban, desde el más pequeño al más grande, y decían: "Este es el que se llama el Gran Poder de Dios".

Pero un día conocieron a Felipe, que verdaderamente anunciaba el evangelio del Reino de Dios y en el nombre de Jesucristo bautizaba a hombres y mujeres; Simón también creyó y se bautizó y estaba siempre con Felipe.

Estaba atónito viendo las señales y grandes milagros que hacían. Cuando este vio que al imponer los apóstoles las manos sobre las personas, estos recibían el Espíritu Santo, les ofreció dinero diciendo:

Dadme también a mí este poder, para que cualquiera a quien yo impusiere las manos reciba el Espíritu Santo. Entonces Pedro le dijo: Tu dinero perezca contigo, porque has pensado que el don de Dios se obtiene con dinero. (Hechos 8:19-20).

La pildorita y reflexión de hoy es:

La única manera de no dejarte engañar es caminando según la Palabra de Dios, que es la verdad.
¡No temas!

Pildorita
291

Isaías 10:24(NVI)

Por eso, así dice el Señor, el SEÑOR Todopoderoso: Pueblo mío, que vives en Sión, no tengas temor de Asiria, aunque te golpee con el bastón y contra ti levante una vara.

Viene a mi memoria cuando comenzamos la iglesia en Orlando. Cada sábado de ayuno algo pasaba conmigo.

La primera vez, mi esposo estaba haciendo los "siete pasos para la libertad en Cristo" y me comenzó un dolor abdominal que terminé hospitalizada y casi me sacan la vesícula.

El mes siguiente estaba súper enferma, y el tercer mes, todavía me acuerdo y me da escalofrío.

El único animal que no resisto son los ratones, ni siquiera los blancos de laboratorio (solo me caen bien los ratones Mickey y Minnie, personajes de Disney).

Aguanto una culebra, una cucaracha (no me encantan, pero las tolero).

Resulta que esa noche, estando ya acostada, siento que algo tira de mi cabello.

Pensé que era un caucho que me había colocado para dormir, pero al rato siento otro jalón y, entre dormida y despierta, me pongo la mano en la cabeza y siento un chillido.

Por instinto, de un solo manotazo mandé lejos lo que me estuviera molestando...

¡Pues resulta que era un ratón pequeño! ¡Casi me muero de pensar que eso estaba en mi cabeza y mientras dormía se había paseado por nuestra cama! ¿Ustedes creen que eso era coincidencia, justo el sábado de ayuno? Ese día tome la autoridad espiritual que Dios nos ha entregado, oré y reprendí a Satanás, lo puse en su sitio y hasta ahí llegaron sus ataques cada sábado de ayuno.

La pildorita y reflexión de hoy es:

Eso es lo único que el enemigo puede hacer, molestar tu vida Él es predecible, ora y tendrá que huir.
¡No temas!

Pildorita

292

Jeremías 46:28 (NTV)

No temas, mi siervo Jacob, porque yo estoy contigo —dice el SEÑOR—.

Como lo he mencionado, somos parte de un plan divino que comenzó con el profundo amor de Dios por nosotros.

Papá Dios fue el que nos buscó, encontró y nos adoptó. *Nosotros le amamos a él, porque él nos amó primero.* (1 Juan 4:19).

¿Recuerdas el capítulo donde te hablé de los hijos adoptivos? Los padres que tienen hijos adoptados dicen que se aman más, porque fueron concebidos en el corazón *Sino que habéis recibido el espíritu de adopción, por el cual clamamos: ¡Abba, Padre!* (Romanos 8:15).

El Espíritu Santo, que nos lleva a toda verdad, nos afirma en nuestro espíritu que somos hijos de Dios. *El Espíritu mismo da testimonio a nuestro espíritu, de que somos hijos de Dios.* (Romanos 8:16).

Él es nuestro Padre y único Salvador. *Y en ningún otro hay salvación; porque no hay otro nombre bajo el cielo, dado a los hombres, en que podamos ser salvos.* (Hechos 4:12)

Escogidos, amados y llamados con este propósito. *En gran manera me gozaré en Jehová, mi alma se alegrará en mi Dios; porque me vistió con vestiduras de salvación, me rodeó de manto de justicia.* (Isaías 61:10).

Nos dio linaje, nos hizo parte de su realeza, nos adquirió para que llevemos estas buenas nuevas a los demás. *Más vosotros sois linaje escogido, real sacerdocio, nación santa, pueblo adquirido por Dios, para que anunciéis las virtudes de aquel que os llamó de las tinieblas a su luz admirable.* (1 Pedro 2:9).

La pildorita y reflexión de hoy es:

Cuando Jesús murió dijo: "Consumado es. Todo lo que tenía que hacer lo hice, ahora tú tienes que hacer tu parte".
¡No temas!

Pildorita
293

Lucas 2:10-11 (RVR1960)

Pero el ángel les dijo: No temáis; porque he aquí os doy nuevas de gran gozo, que será para todo el pueblo: que os ha nacido hoy, en la ciudad de David, un Salvador, que es CRISTO el Señor.

Vemos en la Palabra que los hombres y las mujeres, con los que Dios tenía un plan, tuvieron que pasar pruebas y dificultades.

Esto no es para que digas, "yo prefiero no ser usado por Dios", ya que es un verdadero honor que Él ponga su mirada sobre nosotros y saque lo mejor para llevar a cabo su plan aquí en la tierra. Tenemos el ejemplo de Abraham, Moisés, Elías, José, Jacob, David, Ester y muchos más.

Miremos la vida de María, cuando el ángel se le aparece y pasa de ser una sencilla campesina de Belén a convertirse en la escogida para ser la madre del Hijo de Dios.

Desde ese momento su vida cambió por completo; aún sin casarse quedó embarazada. José estuvo a punto de dejarla, estaba en un establo en el momento de dar a luz, luego tiene que salir huyendo porque Herodes quería matar al niño, y después el dolor de madre de ver a su hijo pasar por tantos sufrimientos hasta verlo morir.

El mismo Jesús dejó su trono y vino en condición humana para llevar a cabo el plan de amor más grande para la humanidad.

Para esto tenía que ser hombre, por eso sabemos que antes de la cruz padeció, sintió temor y angustia hasta morir y su cuerpo sufrió la tortura más grande para que obtuviéramos perdón de nuestros pecados, sanidad y paz.

Venció la muerte y con su resurrección, nos dio la promesa de nuestra resurrección.

La pildorita y reflexión de hoy es:

Si estás siendo probado, tu fe crecerá y se afianzará.
Se está forjando algo grande en tu vida.
¡No temas!

Pildorita

294

Parte I

Hebreos 13:6 (NVI)

Así que podemos decir con toda confianza: «El Señor es quien me ayuda; no temeré. ¿Qué me puede hacer un simple mortal?»

Esta pildorita que les voy a compartir es como de película, ¡realmente increíble! Estábamos a días de casarnos, Fernando y yo, y el enemigo se levantó con todo y trató de molestarnos de diferentes maneras, y esta fue una de las más fuertes.

Vivíamos en Miami; a mi esposito le habían clonado su tarjeta de débito en dos ocasiones y acababa de suceder una tercera vez, así que el banco lo llamó, le pidieron una información y le dijeron que alguien iba a ir hasta la oficina para que firmara una autorización para algo legal y él aceptó.

Era martes, día de conteo de diezmos de la iglesia. Fernando, como administrador que era, siempre lo hacía en compañía de otra persona.

Ese día era atípico, pues se había organizado un evento con Neil Anderson, del ministerio Libertad en Cristo, quien había llegado a Miami a realizar unas conferencias en nuestra iglesia y se habían vendido boletas para ello.

Eso significaba que había más dinero del normal sobre el escritorio de mi esposo. Llegaron del banco y la secretaria abrió la puerta de la oficina sin avisar.

El hombre vio todo el dinero y mi esposo le dijo que lo esperara un momento mientras lo guardaba. Luego lo atendió, firmó el papel y el señor se fue.

En la siguiente pildorita te contaré cómo fue la trampa que el enemigo le puso a Fernando, pero, como siempre, el Señor revierte todo en bendición para sus hijos.

La pildorita y reflexión de hoy es:

El Señor dice en Mateo 10:16: *Los envío como ovejas en medio de lobos. Por tanto, sean astutos como serpientes y sencillos como palomas.* ¡No temas!

Pildorita
295
Parte II

Hechos 27:24 (NVI)

No tengas miedo, Pablo.
Tienes que comparecer ante el emperador.

Aparentemente todo estaba normal, mi esposito terminó el conteo, se fueron a hacer las consignaciones respectivas, salió a recogerme a la radio, porque teníamos un almuerzo en la casa del pastor Darío con Neil Anderson, al cual estábamos invitados varios pastores con sus esposas.

Fernando y yo íbamos tranquilos en el carro, me imagino que contándole cosas de la radio y del programa de ese día, sin imaginar que nos estaban siguiendo y, cuando estábamos parqueando en la casa del pastor Darío, llegaron como cinco camionetas y se bajaron agentes encubiertos de la policía y nos dijeron que nos quedáramos quietos.

Esther Lucía, la esposa del pastor Darío, quien es una excelente anfitriona, había colocado la mesa con la mejor vajilla, cubiertos y bandejas de plata, todo muy lindo y elegante como siempre.

Todos estos policías se bajaron, algunos entraron a la casa y otros la rodearon y comenzaron a hacer mil preguntas.

Le dijeron a Fernando que él tenía que irse con ellos hasta la oficina de la iglesia para dar explicaciones más claras de ese dinero.

Ustedes se preguntarán, ¿qué pasó? Al parecer, cuando llegó el señor del banco para la firma de mi esposo y vio tanto dinero en efectivo y cheques, alertó a la policía y no nos favorecía que fuéramos "colombianos" (por la fama de narcotraficantes).

Así que Fernando y yo nos regresamos a la iglesia y todas las camionetas de la policía iban detrás de nosotros.

La pildorita y reflexión de hoy es:

El que nada debe, nada teme.
¡No temas!

Pildorita
296
Parte III

Job 4:6 (NVI)

¿No debieras confiar en que temes a Dios
y en que tu conducta es intachable?

La situación no era fácil. Aunque todo era transparente y justificable, ellos venían custodiándonos.

Fernando estaba blanco como un papel y yo comencé a orar y le pedí al Señor que me diera una palabra para mi esposo.

Yo te he comentado que muchas veces Dios me había dado palabra para él, y esta vez se lo clamé con todo el corazón.

Esta fue la palabra tan impresionante que le dijo: Job 4:3-7: *Tú, que impartías instrucción a las multitudes y fortalecías las manos decaídas; tú, que con tus palabras sostenías a los que tropezaban y fortalecías las rodillas que flaqueaban; ¡ahora que afrontas las calamidades, no las resistes!; ¡te ves golpeado y te desanimas! ¿No debieras confiar en que temes a Dios y en que tu conducta es intachable? Ponte a pensar: ¿Quién que sea inocente ha perecido? ¿Cuándo se ha destruido a la gente íntegra?*

Después de que terminé de leer la palabra, le dije: "Tranquilo, mi amor, el Señor nos va a sacar de esta, tú eres un hombre íntegro". Aún faltaba llegar a la oficina y enfrentar a la policía, pero ya teníamos la promesa dada por Dios y esto nos había llenado de paz.

Cuando nos bajamos, llevé aparte a las secretarias y les dije: "Así como ellos no nos quitan los ojos de encima, ustedes tampoco se los quiten a ellos". Porque ha habido casos donde la misma policía pone pruebas falsas.

La pildorita y reflexión de hoy es:

Quiero dejarte con este bello versículo de hoy: *¿No debieras confiar en que temes a Dios y en que tu conducta es intachable?* ¡No temas!

Pildorita
297
Parte IV

Romanos 13:3b (NTV)
¿Quieres vivir sin temor a las autoridades? Haz lo correcto, y ellas te honrarán.

Empezaron a llegar más policías de narcóticos, de cabellos largos y tatuados. Ellos son encubiertos para atrapar a narcotraficantes, usan perros que son adictos y tienen la mirada loca (la verdad, hasta miedo dan).

Entraron a cada rincón de las oficinas, mientras mi esposo estaba con un oficial, mostrándole los libros de contabilidad y los depósitos realizados y explicándole también del dinero que había por el evento que estábamos a punto de tener.

El oficial le pidió disculpas a Fernando y le dio su tarjeta personal por si algún día lo necesitaba. Nos dieron las cinco de la tarde, salimos agotados nuevamente hacia la casa del pastor Darío para decirle que todo estaba bien, que todo se había aclarado.

Esto no se lo deseamos a nadie.

Se ha sabido de tantos casos en que arrestan a personas inocentes y mientras uno prueba su inocencia pasa tiempo en la cárcel, porque es la palabra de ellos contra la de uno, y como dije anteriormente, a nosotros los colombianos no nos relacionan por el rico café, las preciosas esmeraldas o sus bellos paisajes; para muchos, el sinónimo de Colombia es droga y narcotráfico y es injusto, porque somos mucho más que eso que nos ha dejado tan mala reputación.

Somos de un país de gente luchadora, honesta y cada vez más seguidores de Cristo (aunque las series de televisión no ayudan).

La pildorita y reflexión de hoy es:

Tú no eres lo que la gente dice y piensa de ti; eres lo que Dios dice de ti.
¡No temas!

Pildorita

298

Parte I

Salmos 34:11 (NVI)

Vengan, hijos míos, y escúchenme, que voy a enseñarles el temor del SEÑOR.

Uno de los engaños más grandes que el enemigo nos hace creer es que no estamos lo suficientemente preparados para compartirles a otros sobre el amor de Jesús.

Muchas veces, algunas personas me han dicho: "Es que soy un bebé espiritual, tengo que aprender más de Dios para poder hablar de Él". Y por ello se quedan callados.

Pero mira lo que dice Marcos 13:11b: *No os preocupéis por lo que habéis de decir, ni lo penséis, sino lo que os fuere dado en aquella hora, eso hablad; porque no sois vosotros los que habláis, sino el Espíritu Santo.*

Lo único que el Señor necesita es un corazón dispuesto y obediente; de lo demás se encarga Él.

El Espíritu Santo es el que habla por nosotros. En el Salmo 81:10 dice: *Abre tu boca, y yo la llenaré.*

El Señor me ha puesto en momentos indicados a hablar con alguien que necesita esa palabra precisa que llega directamente al corazón, y así tengo muchos correos electrónicos que recibo del programa Pildoritas y Reflexiones, donde me dicen: "Dios me habla a través de usted y me responde lo que necesito saber".

Eso humanamente es imposible, porque el programa que sale al aire es grabado (por los diferentes afiliados sale en horarios muy distintos), pero como Papá Dios sí nos conoce y sabe lo que necesitamos, hace que llegue esa palabra oportuna.

La pildorita y reflexión de hoy es:

Una de las satisfacciones más grandes es ver una vida transformada por el Señor. Comparte de su amor.
¡No temas!

Pildorita

299

Parte II

Jeremías 4:19 (NVI)

¡Qué angustia, qué angustia!
¡Me retuerzo de dolor!
Mi corazón se agita.
¡Ay, corazón mío! ¡No puedo callarme!

Les compartía en la pildorita anterior de muchos oyentes que diariamente me escriben y me cuentan sus experiencias acerca de la forma en cómo Dios les habla tan claro que los quebranta, hombres y mujeres por igual y ¿saben por qué es? Dice en Hebreos 4:12: *Porque la palabra de Dios es viva y eficaz, y más cortante que toda espada de dos filos; y penetra hasta partir el alma y el espíritu, las coyunturas y los tuétanos, y discierne los pensamientos y las intenciones del corazón.*

La palabra de Dios es una palabra viva.

Esto significa que produce vida, es poderosa; dice que es más cortante que una espada de dos filos, que parte el alma y el espíritu, entra a la articulación y la médula del hueso y concluye diciendo que deja al descubierto nuestros pensamientos y deseos más íntimos.

Por eso es que nunca vuelve vacía y es lo que Papá Dios nos ha encomendado y nos corresponde a nosotros ser portadores de este hermoso mensaje de salvación que un día transformó nuestras vidas y, por amor a los demás, nos obliga a compartir estas buenas nuevas.

No hay nada que nos llene de más satisfacción que ver a una persona que acaba de entregarle su vida a Jesús y quiere contarle a todo el mundo cómo era antes y lo que el Señor hizo en ella. No perdamos ese primer amor.

La pildorita y reflexión de hoy es:

El Señor te dice: *"Predica la Palabra, persiste en hacerlo, sea o no sea oportuno; corrige, reprende y anima con mucha paciencia, sin dejar de enseñar".* 2 Timoteo 4:2.
¡No temas!

Pildorita

300

Éxodo 4:31 (RVR1960)

Y el pueblo creyó; y oyendo que Jehová había visitado a los hijos de Israel, y que había visto su aflicción, se inclinaron y adoraron.

La palabra nos habla por sí misma. En Jeremías 15:19 dice: *Por eso, así dice el SEÑOR: Si te arrepientes, yo te restauraré y podrás servirme. Si evitas hablar en vano, y hablas lo que en verdad vale, tú serás mi portavoz. Que ellos se vuelvan hacia ti, pero tú no te vuelvas hacia ellos.*

En otra versión de la Biblia dice: Si te conviertes (si te arrepientes). Cuando comienza nuestro caminar con Jesús, el primer paso es arrepentirnos de nuestros pecados.

El Señor dice que nos restaurará todo lo que hemos perdido en nuestra vida antes de llegar a Él, quizá sueños rotos o nuestro corazón partido, para luego poder servirle.

Aquí no dice que tenemos que hacer muchos años de estudio en teología (y estoy de acuerdo que debemos capacitarnos), el Señor nos pide que no hablemos en vano, sino lo que en verdad vale y es llevar a otros su Palabra.

Dice que seremos su portavoz (su voz aquí en la tierra) y esta última parte es muy importante, que ellos se vuelvan a ti, pero tú no te vuelvas hacia ellos.

La Palabra es sabia, porque he visto varios casos que, en lugar de los cristianos atraer a los que no conocen de Cristo a la iglesia y hacer cambios positivos en sus vidas, los otros se llevan a los cristianos al mundo y terminan alejados del Señor, tomando tragos, en discotecas, o siendo infieles a su pareja.

La pildorita y reflexión de hoy es:

Que ellos se vuelvan hacia ti, pero tú no te vuelvas a ellos. Nosotros somos la sal y la luz del mundo que Jesús nos pide ser. ¡No temas!

Pildorita
301
Parte I

Isaías 41:13 (NVI)
Porque yo soy el SEÑOR, tu Dios, que sostiene tu mano derecha; yo soy quien te dice: "No temas, yo te ayudaré".

Fernando tenía una predicación muy especial que se llama "El canto de las sirenas".

En ella enseña que hay tres tipos de voces que podemos escuchar y ellas guiarán nuestra vida para bien o para mal: está la voz de Dios, la voz del enemigo y nuestra propia voz.

Como el campo de batalla es la mente, muchas veces estas voces se camuflan y llegan como pensamientos.

Algunas son muy fuertes y nos impulsan a hacer cosas aún en contra de nuestra voluntad; otras son persuasivas, incluso dulces, pero su sabor amargo. En ocasiones, entre ellas se contradicen.

Otras, son el eco de lo que en el pasado alguien nos aconsejó o nos dijo.

También hay voces tentadoras, provocantes, apacibles, pacificadoras... ¡Y en el fondo está la voz de Dios!

Todo lo que hacemos se origina en nuestra mente. Es un pensar, que es un sentir, que es un decir, que es un hacer. Espiritualmente esto es muy serio.

En varias ocasiones, personas han testificado que escuchan voces en sus mentes que las han llevado a hacer actos verdaderamente malos.

Esto es verdad, yo misma luché con estos pensamientos cuando pensé en quitarme la vida. Es el mismo enemigo instándote a que lo hagas y los pensamientos se vuelven casi obsesivos.

Si Jesús no llega a tiempo, no hubiera vivido para contarles estas historias.

La pildorita y reflexión de hoy es:

¿Qué voz es la que dirige tu vida?
No temas, yo te ayudaré.

Pildorita
302
Parte II

Job 5:22b (NVI)
Y no temerás a las bestias salvajes.

¿Por qué "El canto de las sirenas"? En el libro de la Odisea, Homero habla de Ulises, que es el protagonista, un temerario guerrero y nos cuenta sobre las sirenas, unas extrañas criaturas que tenían el cuerpo de pájaro y la cabeza de mujer.

Vivían en una isla rodeada de cadáveres y esqueletos de barcos.

Ellas cantaban y su cántico era tan extraordinario que el que lo escuchaba, seducido por él, perdía todo control de sí mismo y entraba en un estado obsesivo tal, que terminaba haciendo cualquier cosa para poder llegar adonde ellas.

La leyenda nos cuenta cómo estos hombres, enceguecidos por los cantos de las sirenas, terminaban estrellando sus barcos contra las trampas rocosas que ellas tenían preparadas en las playas de la isla.

Las sirenas observaban si quedaba algún sobreviviente para ir tras él y matarlo.

Ellas vivían cerca de las costas rocosas y sus moradas estaban repletas de los tesoros y las espléndidas naves, así como de los cadáveres de todos los ingenuos, incautos y confiados marineros que, sin saber descifrar el enigma de esos seductores cantos, se acercaron a los acantilados más de lo que la inteligencia y la prudencia aconsejan.

Voces agradables y sugestivas, pero engañadoras y asesinas.

Así son las voces que a veces escuchamos y nos quieren tentar para que caigamos.

La pildorita y reflexión de hoy es:

Si lo que escuchas es contrario a la palabra de Dios, ¡huye! ¡No temas!

Pildorita
303
Parte III

Salmo 78:53 (RVR1960)

Los guió con seguridad, de modo que no tuvieran temor; y el mar cubrió a sus enemigos.

Ulises, prevenido por las incontables advertencias que había recibido a través de las voces de algunos marineros, hizo que todos sus compañeros de viaje se taparan los oídos con tapones de cera y les pidió que lo ataran al mástil y que no lo soltaran por muy fuertes que fueran sus súplicas.

Finalmente solo él, atado al palo, oyó el canto atrayente, seductor, tentador y mortal de las sirenas.

Nuestra historia no es de la mitología y nosotros tenemos un enemigo real que busca robarnos, matarnos y destruirnos (Juan 10:10). Él se camufla de muchas maneras, es un lazo para los curiosos e ingenuos, una trampa para saquear los tesoros que Dios nos ha dado.

Esa primera conversación la tuvo en el jardín del Edén con Eva, cuando desmintió lo que Dios había dicho, que si comían de ese árbol morirían, pero la serpiente le dijo: "*¡No es cierto, no van a morir!*" (Génesis 3:4)

El enemigo es muy astuto y siempre intentará tentarnos en nuestras debilidades.

Lo que debes tener bien claro es cuál es tu talón de Aquiles y no abrir ninguna puerta ni siquiera una rendija, porque es todo lo que necesita para entrar y destruir.

En la segunda parte de Juan 10:10b, dice el Señor: "*Yo he venido para que tengan vida, y la tengan en abundancia*".

La pildorita y reflexión de hoy es:

Escuchar la voz de Papá Dios te lleva siempre a puerto seguro. **¡No temas!**

Pildorita
304

2 Samuel 14:15 (RVR1960)

Y el haber yo venido ahora para decir esto al rey mi señor, es porque el pueblo me atemorizó; y tu sierva dijo: Hablaré ahora al rey; quizá él hará lo que su sierva diga.

A veces tomamos decisiones equivocadas, pero no creo que este fuera el caso de Abigail. Dice la Palabra que estaba casada con Nabal, que era un hombre necio y de pésimo carácter (tal vez después de casados se destiñó el príncipe azul). Dice que era rudo y de malas obras, y ella era de hermosa apariencia y de buen entendimiento (era una mujer sabia).

Un día David oyó que Nabal estaba esquilando sus ovejas y envió a diez jóvenes a hablar con él y a decirle que siempre habían tratado bien a sus pastores y que nunca les faltó nada.

Los jóvenes hablan con Nabal y despectivamente les dice: "¿Quién es David? ¿Y quién es el hijo de Isaí?" Los jóvenes le cuentan esto a David y este, muy molesto, les pide a sus hombres, casi cuatrocientos, que ciñan sus espadas y salgan a enfrentar a Nabal.

Un criado de Nabal da aviso a Abigail de lo que sucedió y esta prepara varios regalos para llevarle a David, va a su encuentro y cuando está frente a él, se postra a sus pies y le dice todo lo que sabe de él y concluye con esto:

"Así que, cuando el SEÑOR le haya hecho todo el bien que le ha prometido, y lo haya establecido como jefe de Israel, no tendrá usted que sufrir la pena y el remordimiento de haberse vengado por sí mismo, ni de haber derramado sangre inocente. Acuérdese usted de esta servidora suya cuando el SEÑOR le haya dado prosperidad". 1 Samuel 25:30-31.

Nabal muere a los diez días y David manda a buscar a Abigail para hacerla su esposa.

La pildorita y reflexión de hoy es:

Nunca sabes lo que Papá Dios tiene preparado para ti. ¡No temas!

Pildorita

305

Salmos 51:8 (RVR1960)

Hazme oír gozo y alegría, y se recrearán los huesos que has abatido.

Como te dije en otras pildoritas, muchas veces tomamos decisiones en base a experiencias pasadas. Dice un dicho popular: "Cada uno cuenta de acuerdo a como le fue en la feria".

La última vez que fui a Colombia fue cuando a mi madre la atropelló la moto.

Fue una experiencia tan dura, dos pesados meses que estuve allí, entre el hospital, la recuperación y el encierro que, sin ser consciente, se me creó una gran pereza de regresar.

Habíamos planificado que mi padre y su esposa Helenita vendrían a celebrar mi cumpleaños en marzo 2017, pero estos planes se derrumbaron cuando mi padre, que en ese momento tenía 89 años, se puso malito y el médico le dijo: "Don Carlos, usted ya no puede volver a subirse a un avión, su corazón está muy débil y ya no resiste un viaje largo".

Todos nos pusimos muy tristes con la noticia, así que los planes cambiaron y tuve que viajar a Colombia y, como el Señor es experto en revertir todo y hacer cosas para sorprendernos, tuve el viaje más agradable.

Pude pasar buen tiempo con mis padres y mi hermano y, como si fuera poco, me permitió tener un reencuentro con un par de buenos amigos, Raul y Nacho, que viven en Londres y que no coincidíamos en Bogotá hace más de treinta años.

La pildorita y reflexión de hoy es:

Como dice una linda canción:
Sendas Dios hará donde piensas que no hay.
Él obra de maneras que no podemos entender.
Pero siempre serán para bien. **¡No temas!**

Pildorita
306

Deuteronomio 7:19 (RVR19)

De las grandes pruebas que vieron tus ojos, y de las señales y milagros, y de la mano poderosa y el brazo extendido con que Jehová tu Dios te sacó; así hará Jehová tu Dios con todos los pueblos de cuya presencia tú temieres.

Otro dicho popular dice: "No hay peor ciego que el que no quiere ver"; y sin duda, esto aplica al pueblo de Israel antes, durante y después de que el Señor los sacó de Egipto a través de Moisés.

Ellos vieron a Dios obrar sobrenaturalmente, pero estaban muy ocupados en criticar, quejarse y ponerles presión a los pobres Moisés y Aarón.

No sé qué tan conscientes fueron de que el Señor había escuchado su clamor y que por eso Moisés llegó a sus vidas.

Fueron testigos de que Dios hace como quiere y está en control de todo. Envió las plagas más horribles a Egipto para que el Faraón dejara ir a su pueblo; cuando por fin los deja ir, cruzan por en medio del Mar Rojo en seco y cuando llega el Faraón con sus seiscientos carros a perseguirlos, el mar se vuelve a cerrar y mueren todos ahogados.

Ya solo esto era suficiente para tener un corazón agradecido con el Señor, pero no fue el caso de este pueblo. Durante cuarenta años su ropa no envejeció ni sus zapatos tampoco.

El mismo Señor iba con ellos, de día en una columna de nube para guiarlos por el camino, y de noche en una columna de fuego para alumbrarles.

Solo ellos comieron alimento hecho en el cielo y no lo valoraron. Lo triste de esta historia es que nosotros nos vemos representados en este pueblo.

Muchas veces no valoramos todo lo que recibimos de Dios.

La pildorita y reflexión de hoy es:

 Haz una lista de todas las bendiciones que has recibido del Señor. ¡No temas!

Pildorita
307
Parte I

Josué 22:25b (RVR19)

No tenéis vosotros parte en Jehová; y así vuestros hijos harían que nuestros hijos dejasen de temer a Jehová.

Hablar del yugo desigual es un tema al que Dios le da mucha importancia, ya que Él lo único que quiere es protegernos y evitarnos unas cuantas lágrimas.

La palabra de Dios es muy clara, dice en 2 Corintios 6:14: *[Somos templo del Dios viviente] No os unáis en yugo desigual con los incrédulos; porque ¿qué compañerismo tiene la justicia con la injusticia? ¿Y qué comunión la luz con las tinieblas?*.

Muchas personas pasan por alto algo que Dios advierte en su palabra al referirse a este tema, y es que algunos no tienen nada en común o sea que, uno está mirando a la derecha y el otro a la izquierda; uno quiere orar, el otro no; uno quiere asistir a la iglesia, el otro no tiene el menor interés de hacerlo; uno quiere obedecer a Dios con el diezmo y el otro solo dice que le están robando la plata.

Siendo pastores vimos tantos casos de hombres y mujeres que decidían, a pesar de nuestros consejos, unir sus vidas con personas no cristianas, y sus vidas se convertían en invivibles, llenas de conflictos, lágrimas y muchos terminaron alejados de Dios o en divorcios.

Es tan común escuchar esto: "Conocí una persona que es increíble; me trata bien, trabajadora, maravillosa, solo hay una cosita, no es cristiano(a), pero es como si lo fuera, es más, se comporta mejor que algunos cristianos".

La pildorita y reflexión de hoy es:

Papá Dios te ama y sabe lo que necesitas y te conviene.
Él tiene muy buen gusto y te dará lo mejor.
¡No temas!

Pildorita

308

Parte II

Eclesiastés 3:14 (NVI)

Sé además que todo lo que Dios ha hecho permanece para siempre; que no hay nada que añadirle ni quitarle; y que Dios lo hizo así para que se le tema.

Fernando siempre le decía a los jóvenes o a los solteros adultos: "¿Por qué creen que Dios tiene mal gusto y te va a dar la fea(o)?" Él sabe dar la bendición completa. Recuerda que nos da lo mejor, porque somos sus hijos y esto incluye la pareja.

Él nos ama y quiere que seamos felices. Los que elegimos mal somos nosotros y después le estamos reclamando a Dios: "¡El esposo(a) que me diste!" Y Dios dice: "¡No, tú lo escogiste!"

Quiero tocar en esta segunda parte del yugo desigual, algo muy importante y que le agradezco a mi amiga Gloria Garcés, que en ese momento éramos compañeras en CVC La Voz.

Un día empezamos a hablar sobre las parejas y el yugo desigual y ella me dijo algo que fue bien importante para mí y espero lo sea para ti: "El yugo desigual no es solo que la persona no tenga una relación con Jesús, es que además tenga afinidades en gustos, pasatiempos, sueños, comidas, música, proyectos".

Considero que esto fue un punto que tuve muy en cuenta en el momento de aceptar unir mi vida a Fernando para toda la vida (se fue antes con el Señor).

Fuimos verdaderamente felices, amábamos a Jesús con todo nuestro corazón, amábamos servirle y además disfrutábamos mucho el estar juntos; teníamos los mismos gustos.

Yo sé que nuestra relación nació en el corazón de Dios.

La pildorita y reflexión de hoy es:

Atrévete a decirle al Señor: "Escoge tú por mí".
¡No temas!

Pildorita
309

Josué 24:14 (RVR1960)

Ahora, pues, temed a Jehová, y servidle con integridad y en verdad.

Josué fue un líder fiel, que siempre le creyó a Dios; valiente, obediente, el sucesor de Moisés que entró a la tierra prometida.

Siendo anciano reúne a todas las tribus para despedirse y les recuerda todo lo que hizo, las batallas que ganó, cómo pasaron el Jordán y llegaron a Jericó.

Les dijo: *"A ustedes les entregué una tierra que no trabajaron y ciudades que no construyeron. Vivieron en ellas y se alimentaron de viñedos y olivares que no plantaron. Por lo tanto, ahora ustedes entréguense al SEÑOR y sírvanle fielmente. Desháganse de los dioses que sus antepasados adoraron al otro lado del río Éufrates y en Egipto, y sirvan solo al SEÑOR".* (Josué 24:13-14)

¡Qué gran lección! Hasta el último momento los confronta y les dice: *"Pero, si a ustedes les parece mal servir al SEÑOR, elijan ustedes mismos a quiénes van a servir: a los dioses que sirvieron sus antepasados al otro lado del río Éufrates, o a los dioses de los amorreos en cuya tierra ustedes ahora habitan. Por mi parte, mi familia y yo serviremos al SEÑOR".*

Eso es tener un corazón recto para Jesús. Eso es lo que el Señor quiere de nosotros, que seamos leales a Él y que estemos dispuestos a ir hasta el final con Él y por Él.

La pildorita y reflexión de hoy es:

Que puedas decir sin dudar:
"Yo y mi casa serviremos al SEÑOR".
¡No temas!

Pildorita
310

Salmos 42:5 (NVI)

¿Por qué voy a inquietarme?
¿Por qué me voy a angustiar?
En Dios pondré mi esperanza y todavía lo alabaré.
¡Él es mi Salvador y mi Dios!

El aceptarnos como somos es una lucha del ser humano y en las mujeres es más fuerte todavía. La alta quiere ser bajita; la crespa quiere ser lisa; la gordita quiere ser flaquita, y así sucesivamente, pero lo cierto es que el Señor nos formó con sus propias manos dentro del vientre de nuestra madre.

¿Quiénes somos nosotros para criticar su creación, y no aceptarnos? Mira lo que dice Isaías 45:9-10: *¡Ay del que contiende con su Hacedor! ¡Ay del que no es más que un tiesto entre los tiestos de la tierra! ¿Acaso el barro le reclama al alfarero: «¡Fíjate en lo que haces! ¡Tu vasija no tiene agarraderas!»? ¡Ay del que le reprocha a su padre: «¡Mira lo que has engendrado!»! ¡Ay del que le reclama a su madre: «¡Mira lo que has dado a luz!»*

Fuimos creados únicos y especiales, somos originales, no copias; tus huellas dactilares no las tiene nadie más ni siquiera los gemelos idénticos.

Lo hermoso es que cuando Dios nos ve, nos ve como obra terminada y le gusta lo que ve y sabe que hay cositas en las que hay que trabajar, nos sienta en el torno y nos va transformando poco a poco, pero eso es íntimo: Él y tú, tú y Él.

Jeremías 18:6 dice: *"Pueblo de Israel, ¿acaso no puedo hacer con ustedes lo mismo que hace este alfarero con el barro? afirma el SEÑOR. Ustedes, pueblo de Israel, son en mis manos como el barro en las manos del alfarero".*

¡Déjate moldear por el Maestro!

La pildorita y reflexión de hoy es:

Dios te ama como eres, comenzó la buena obra en ti y la perfeccionará hasta que seas como Jesús.
¡No temas!

Pildorita

311

Parte I

Hechos 10:35 (NVI)

Ahora comprendo que en realidad para Dios no hay favoritismos, sino que en toda nación él ve con agrado a los que le temen y actúan con justicia.

Dios no hace acepción de personas. Ante sus ojos todos somos iguales.

Él ve y conoce las intenciones de nuestro corazón, por eso escuchamos casos de muchos milagros que Dios ha hecho y sigue haciendo en personas que ni siquiera tienen una relación con Él.

Así fue el caso de sanidad de cáncer de mi esposo (como se los había mencionado antes). Un día, cansado de tantas quimioterapias y radiaciones, él habló con Dios y le dijo: "Si eres real y existes, o tú me sanas o yo me muero, pero no me hago un tratamiento más". Y lo sanó en su cuarto.

No solo los pastores, líderes o personas que han estudiado mucho tienen más poder que otros. Ante los ojos de Dios todos somos iguales y Él se manifiesta al que quiere y cómo quiere.

El testimonio del Señor es fiel, que hace sabio al sencillo (Salmos 19:7b.).

Él se ha revelado a personas sencillas que para muchos son niños en la fe. Así fue mi caso. Yo empecé a caminar con el Señor y a los siete meses ya me estaban preparando como líder.

No sabía mucho de la Palabra, pero tenía un profundo deseo de servirle y ganar almas para Jesús; eso fue suficiente y no me descalificó.

Después sentí la necesidad de estudiar y conocer más de la Palabra de Dios.

La pildorita y reflexión de hoy es:

No importa si alguien te ha hecho sentir que no estás preparado para servirle a Dios, si el Señor te llamó, te usará y permanecerás.
¡No temas!

Pildorita

312

Parte II

Hechos 9:6 (RVR1960)

Él, temblando y temeroso, dijo: Señor, ¿qué quieres que yo haga? Y el Señor le dijo: Levántate y entra en la ciudad, y se te dirá lo que debes hacer.

Así como te contaba en la pildorita anterior, este no fue el caso de Pablo (Saulo) de Tarso. Nació en una familia acomodada de artesanos, judíos y fariseos, que eran los que perseguían a Jesús.

También era ciudadano romano. Adquirió formación teológica, filosófica, jurídica, mercantil y lingüística; hablaba griego, latín, hebreo y arameo.

Era una persona muy culta, era cosmopolita (se movió por muchos países y era abierto a muchas culturas).

Fue enemigo de los cristianos, los perseguía sin piedad para matarlos. Lo increíble es que habiendo sido contemporáneo de Jesús, no lo conoció hasta después de que murió y resucitó.

Pero un día, por el camino a Damasco, le rodeó un resplandor de luz del cielo y cayendo en tierra de su caballo, oyó una voz que le decía: "Saulo, Saulo, ¿por qué me persigues?" Él dijo: "¿Quién eres Señor?" Y le respondió: "Yo soy Jesús, a quien tú persigues".

Desde ese día su vida cambió, pero todos los que lo conocían le tenían temor, no creían en ese cambio y el Señor les dijo: "*Ve, porque instrumento escogido me es éste, para llevar mi nombre en presencia de los gentiles, y de reyes, y de los hijos de Israel.* (Hechos 9:15)Dios usa hasta a los enemigos para su gloria y Pablo fue de los grandes del evangelio; después de perseguir y matar a los cristianos, al final entregó su vida por ellos.

La pildorita y reflexión de hoy es:

Dios cambia un corazón duro de piedra por uno tierno de carne. ¡No temas!

Pildorita

314

Parte I

2 Corintios 7:1 (NTV)

Queridos amigos, dado que tenemos estas promesas, limpiémonos de todo lo que pueda contaminar nuestro cuerpo o espíritu. Y procuremos alcanzar una completa santidad porque tememos a Dios.

Antes, viajar en avión era toda una experiencia inigualable.

No tenías que preocuparte por el peso de las maletas, era como una gran aventura.

La comida que servían era muy rica (a mí me gustaba), pero llegó el inolvidable 9-11, el ataque terrorista más violento que ha sufrido los Estados Unidos y con ello todo cambió en los aeropuertos y en las líneas aéreas del mundo.

Ahora, viajar se complicó, pasar los controles significa quitarse zapatos, correas, celulares, lentes, computadoras y todo lo que pueda sonar por los detectores de metal.

En la mayoría de las líneas aéreas solo puedes llevar una maleta que te la cobran y el peso es limitado, los espacios en las sillas son cada vez más estrechos y, si te va bien, te dan un refresco o café y unas galletas o papitas (con algunas excepciones).

Los pobres pilotos tienen que volar con la cabina herméticamente cerrada; si quieren ir al baño, algunos de la tripulación bloquean el paso de los pasajeros para que ellos puedan salir a estirarse o que les lleven algo de comida.

Se acabó esa magia que era que te permitieran entran a la cabina y ver toda esa cantidad de botones y este gran invento que aún no deja de asombrarme, que un pájaro de metal pueda elevarse con un número de personas, maletas, gasolina y así y todo vuele.

Si miramos objetivamente es más seguro volar que manejar (menos accidentes).

La pildorita y reflexión de hoy es:

¿Qué piensas que Dios te quiere decir hoy?
Tal vez que aligeres tu equipaje.
¡No temas!

Pildorita

315

Parte II

2 Corintios 7:5 (RVR1960)

Ningún reposo tuvo nuestro cuerpo, sino que en todo fuimos atribulados; de fuera, conflictos; de dentro, temores.

Será que el ser humano se complica tanto que el Señor tiene que usar todo lo que nos rodea para decirnos: "¡Revisa tu equipaje!" Ya no te puedes dar el lujo de llevar tanto, como generalmente somos las mujeres: "Este vestido por si acaso, estos zapatos de más por si los llego a necesitar, etc.".

¡Eso se acabó! Ahora solo puedes llevar lo que verdaderamente necesitas.

Dios quiere que aligeremos nuestro equipaje. Mira la hermosa perla que está en el Salmo 90:10: "*Algunos llegamos hasta los setenta años, quizás alcancemos hasta los ochenta, si las fuerzas nos acompañan. Tantos años de vida, sin embargo, solo traen pesadas cargas y calamidades. Pronto pasan y con ellas pasamos nosotros*".

A medida que vamos madurando deberíamos "descomplicarnos", ser conscientes de que la vida es corta y pasa tan rápido; en un abrir y cerrar de ojos los hijos crecen, las personas amadas mueren y, ¿dónde estamos nosotros? Cargando quizá un equipaje que, por cierto, es muy pesado o desperdiciando tiempo en pequeñeces y, así como actualmente en los aviones, hay maletas que no deberíamos estar cargando y que deberíamos dejarlas en la cruz.

Es la invitación que Jesús te hace hoy en Mateo 11:28: "*Vengan a mí todos ustedes que están cansados y agobiados, y yo les daré descanso*".

La pildorita y reflexión de hoy es:

Es tiempo de dejar esa carga tan pesada que por tanto tiempo has llevado.
Jesús te promete que te dará descanso. **¡No temas!**

Pildorita

316

Parte I

I Samuel 12:14 (NVI)

Si ustedes y el rey que los gobierne temen al SEÑOR su Dios, y le sirven y le obedecen, acatando sus mandatos y manteniéndose fieles a él, ¡magnífico!

Si nosotros siguiéramos los consejos que la Palabra de Dios nos da, viviríamos vidas de victoria a pesar de las pruebas y dificultades que podamos tener.

Jesús nos dijo que en el mundo tendríamos dificultades, porque mientras estemos aquí en la tierra nos enfrentaremos con dolor, enfermedades, problemas, pérdidas, muerte, pero todo esto es temporal.

Nos espera una eternidad de paz y gozo junto a Papá Dios, pero mientras el Señor nos lleva a su presencia, ¿cómo vas a vivir la vida aquí en la tierra? En estos versículos se nos dan unas pildoritas para que las pongamos en práctica:

Salmos 34:12-14: *El que quiera amar la vida y gozar de días felices que refrene su lengua de hablar el mal y sus labios de proferir engaños que se aparte del mal y haga el bien; qué busque la paz y la siga.*

Si somos sinceros, son consejos muy sencillos que podemos llevar acabo. Aquí dice que podemos amar la vida y gozar de días felices, pero para eso hay que refrenar o dominar la lengua; de una manera más clara, pelear menos y callar más.

Que nos apartemos del mal y hagamos el bien y busquemos la paz.

Todos anhelamos vivir en ese estado que tanto nos gusta, pero viene como resultado de que nosotros la propiciemos y la sigamos y esto nos llevará a amar la vida y gozar de días felices, y que los que están alrededor nuestro también la disfruten.

La pildorita y reflexión de hoy es:

Si es posible, y en cuanto dependa de ustedes, vivan en paz con todos (Romanos 12:18). Sé portador de su paz.
¡No temas!

Pildorita
317
Parte II

Salmos 23:4 (RVR1960)
Aunque ande en valle de sombra de muerte,
No temeré mal alguno, porque tú estarás conmigo.

Quiero compartir un poco más de esta corta palabra que el mundo necesita y que el único que nos la puede dar es Jesús: ¡Paz! Según la definición de la Real Academia es: Tranquilidad, sosiego, quietud, calma, reposo.

Uno de los nombres de Jesús es Príncipe de paz. En la Biblia se nombra doscientas treinta y ocho veces esta corta palabra y fue uno de los regalos que Él nos entregó con su sacrificio.

Dice en Isaías 53:53b: *Sobre él recayó el castigo, precio de nuestra paz.* Esa paz viene como resultado de dónde esta puesta mi confianza y mi mirada, porque si está puesta en Jesús, a pesar de las dificultades tendré tranquilidad, sosiego, quietud, calma y reposo. Con solo nombrarlas se siente alivio, ¿verdad? Eso es lo que el Señor nos ofrece cuando caminamos de la mano con Él.

Miremos lo que nos dice el Salmo 23:1-2: *El SEÑOR es mi pastor, nada me falta; en verdes pastos me hace descansar. Junto a tranquilas aguas me conduce; me infunde nuevas fuerzas.*

Pon mucha atención a esto, Él no habla en pasado ni en futuro, sino en presente: El Señor **es** mi pastor, nada **me falta**, **me lleva** a verdes campos y a tranquilas aguas y **me hace descansar** y **me infunde** nuevas fuerzas. Si te das cuenta, todo viene de Dios para nosotros, sus hijos, que le creemos y confiamos que Él tiene el control de nuestras vidas.

La pildorita y reflexión de hoy es:

Dios te hace hoy la invitación a que lo mires solo a Él y disfrutes de su paz. ¡**No temas!**

Pildorita
318

Romanos 3:17-18 (NVI)

«y no conocen la senda de la paz».
«No hay temor de Dios delante de sus ojos».

Una predicación que nunca olvidaré se la escuché hace años al pastor Dante Gebel. Se llama "Una noche más con las ranas" y se refiere a una de las tantas plagas que el Señor envió a Egipto para que el faraón dejara ir a los israelitas. Dice que las ranas estaban por todo el territorio, en las casas, en las habitaciones donde dormían, en los hornos, en todos lados, había miles de ellas. ¿Se imaginan la repugnancia? Entonces el faraón llamó a Moisés y a Aarón y les dijo: Ruéguenle al Señor que aleje las ranas de mí y de mi pueblo. Moisés le respondió:

— Dime cuándo quieres que ruegue al Señor por ti, por tus funcionarios y por tu pueblo. Las ranas se quedarán solo en el Nilo, y tú y tus casas se librarán de ellas.

— Mañana mismo —contestó el faraón.

— Así se hará —respondió Moisés—, y sabrás que no hay dios como el Señor, nuestro Dios.

Parece increíble la respuesta de faraón, ¡mañana! Lo más probable es que nosotros diríamos: ¡Ya mismo que se vayan, no las resisto más, me repugnan, huelen feo! Pero el faraón quiso pasar una noche más con las ranas. Y no podemos juzgarlo tan severamente, porque muchas veces así somos nosotros en áreas de nuestra vida: sabemos qué no le agrada a Dios y decimos: "Mañana dejo de tomar, de fumar, de ver pornografía, de robar, de serle infiel a mi pareja, etc.". Y también sucede que le compartimos a alguien del Señor y nos dice: "Hoy no, mañana pienso asistir a la iglesia y buscar a Dios".

La pildorita y reflexión de hoy es:

Aunque es un dicho popular, se aplica: No dejes para mañana lo que puedas hacer hoy. ¡No temas!

Pildorita

319

Jeremías 30:10a (NVI)

No temas, Jacob, siervo mío; no te asustes, Israel
—afirma el SEÑOR—.

Siempre debemos tener los pies bien puestos sobre la tierra y saber que todos nuestros talentos y habilidades fueron dados por Dios para que vivamos de ellos, pero también para que los pongamos a su servicio. Esto nos da "polo a tierra" y como siempre digo: así nos tomamos una pildorita de "ubicalín". Veamos lo que le pasó al rebelde Lucifer, que antes de ser expulsado del cielo era, por decirlo de alguna manera, el director de alabanza, cercano a Dios. Era un arcángel en una posición de liderazgo en la jerarquía celestial, pero su corazón se llenó de orgullo y altivez y quiso ser como Dios.

Miremos Isaías 14:13-14: *Decías en tu corazón: «Subiré hasta los cielos ¡Levantaré mi trono por encima de las estrellas de Dios! Gobernaré desde el extremo norte, en el monte de los dioses. Subiré a la cresta de las más altas nubes, seré semejante al Altísimo».* Cuando fue expulsado del cielo, se llevó unos cuantos con él y son llamados ángeles caídos. Es llamado por Dios el padre de la mentira. Satanás, por lo tanto, se beneficia enormemente de nuestra ignorancia; incluso uno de sus grandes logros es hacerle creer a la gente que él no existe.

Dos verdades quiero dejarte en esta pildorita: que él existe y es nuestro enemigo, pero fue vencido por Jesús en la cruz. Y la otra es que diariamente debemos revisar nuestro corazón para ver que no haya orgullo y soberbia en él.

La pildorita y reflexión de hoy es:

Cuando el enemigo te recuerde tu pasado, tú recuérdale su futuro: eternamente condenado. Él no puede tocarnos.
¡No temas!

Pildorita

320

Hechos 18:9-10ª (RVR1960)

Entonces el Señor dijo a Pablo en visión de noche: No temas, sino habla, y no calles; porque yo estoy contigo.

Se ha dicho que después del Señor Jesús, el personaje bíblico más importante es Pablo, del que hablamos unas pildoritas atrás. Y hoy quiero exaltar cómo Dios todo lo usa para su gloria y de ser un asesino de cristianos, lo convirtió en el mayor evangelista de la historia. Está Pablo en Atenas y dice la Palabra que su espíritu se enardecía viendo la ciudad entregada a la idolatría. Algunos filósofos disputaban con él y decían: "¿Qué querrá decir este charlatán?" Otros comentaban: "Parece que es predicador de dioses extranjeros". Decían esto porque Pablo les anunciaba las buenas nuevas de Jesús y de la resurrección. Entonces se lo llevaron a una reunión en el Areópago.

¿Se puede saber qué nueva enseñanza es esta que usted presenta?, le preguntaron, porque nos viene usted con ideas que nos suenan extrañas y queremos saber qué significan. Entonces Pablo, muy inteligentemente, se para en medio del Areópago y les dice: *"Varones atenienses, en todo observo que sois muy religiosos; porque pasando y mirando vuestros santuarios, hallé también un altar en el cual estaba esta inscripción: AL DIOS NO CONOCIDO. Al que vosotros adoráis, pues, sin conocerle, es a quien yo os anuncio. El Dios que hizo el mundo y todas las cosas que en él hay. Siendo Señor del cielo y de la tierra, no habita en templos hechos por manos humanas"*. Y les predicó las buenas nuevas de Jesús.

La pildorita y reflexión de hoy es:

No temas, sino habla, y no calles; porque yo estoy contigo.

Pildorita

321

Proverbios 14:2 (NVI)

El que va por buen camino teme al SEÑOR; el que va por mal camino lo desprecia.

¿Cuántas personas caminan a nuestro alrededor que están muertas espiritualmente? ¡Y lo peor es que no tienen ruta! De la pildorita anterior me llama la atención que era tanta la idolatría que, por si acaso, adoraban a un DIOS NO CONOCIDO. Ese es el corazón idólatra: se puede postrar ante una imagen, un árbol, un animal, el sol, los astros; y se los dice alguien que tuvo un corazón así, cualquier cosa estaba bien para mí; pero la luz del Señor brilló y me hizo libre. Sin embargo, la realidad hoy es que muchas personas no tienen apego por la vida, matan y se matan como quien le quita un pelo a un gato. Este terreno cada vez más lo está ganando el enemigo. Veía en el noticiero que son tantos los casos de personas que transmiten en vivo cómo se drogan, cómo asesinan, cómo se suicidan, que Facebook está contratando un gran número de personal para que vigilen y este tipo de información sea removida inmediatamente.

¿Qué vamos a hacer nosotros, los que lo conocemos y tenemos la respuesta para esas almas sedientas, que diariamente mueren sin saber que Jesús las ama, que perdona sus pecados y que tiene planes de bien para sus vidas, para darles futuro, esperanza y cambiarles el destino?

A ti que me lees, debes salir de tu zona de comodidad y compartir con otros que Jesús es el camino, la verdad y la vida, y que Él vino a darnos vida y vida en abundancia.

La pildorita y reflexión de hoy es:

Si Jesús vive en tu corazón, fuiste escogido para llevar ese mensaje de paz, esperanza y sobre todo de amor. ¡No temas!

Pildorita

322

Malaquías 2:5 (NVI)

Mi pacto con él era de vida y paz, y se las di; era también de temor, y él me temió, y mostró ante mí profunda reverencia.

El Señor, que es quien dirige este devocional y que ama las almas hasta dar su vida por ellas, ha hecho que escriba sobre la importancia de evangelizar.

Blaise Pascal fue un polímata (persona con grandes conocimientos en diversas materias científicas o humanísticas), matemático, físico, filósofo cristiano y escritor francés, que dijo: "Prefiero equivocarme creyendo en un Dios que no existe, que equivocarme no creyendo en un Dios que existe. Porque si después no hay nada, evidentemente nunca lo sabré, cuando me hunda en la nada eterna; pero si hay algo, si hay alguien, tendré que dar cuenta de mi actitud de rechazo".

Dice en Romanos 10:14: *¿Cómo, pues, invocarán a aquel en el cual no han creído? ¿Y cómo creerán en aquel de quien no han oído? ¿Y cómo oirán sin haber quién les predique?*

El que no conoce, ¿cómo va a invocar del cual no sabe, no ha creído y no ha escuchado, si nadie le ha compartido? Los que conocemos a Jesús fue porque alguien oró por nosotros y quizá ni fue esa misma persona la que nos lo compartió, pero definitivamente todo se originó en un corazón que tuvo compasión por nuestras almas. Es un privilegio que tenemos los hijos de Dios, el poder transmitir su amor por la humanidad. El Señor hubiera podido enviar a los ángeles a llevar este mensaje, pero nos lo encomendó a ti y a mí.

La pildorita y reflexión de hoy es:

No te puedes callar ante tal necesidad. Recuerda que el Señor llena tu boca cuando hablas de Él. **¡No temas!**

Pildorita

323

Salmos 43:5 (NVI)

¿Por qué voy a inquietarme?
¿Por qué me voy a angustiar?
En Dios pondré mi esperanza, y todavía
lo alabaré. ¡Él es mi Salvador y mi Dios!

Te he contado en otras pildoritas acerca de cómo Dios me habla; y es que Él sabe que realmente necesito una palabra suya en determinados momentos. Muchas veces lo hace a través de personas que inquieta para que oren por mí y me envían un mensaje, como hace poco me sucedió en el viaje que hice a Colombia. Una mañana me llegó un WhatsApp de mi amiga Paty Gómez. Ella y su familia fueron miembros de la iglesia. Voy a transcribir el mensaje que me envió:

"Dios me ha inquietado a orar por ti y esta mañana oraba y le daba gracias a Dios por tu vida, por el ejemplo que eres para muchas mujeres; eres un ejemplo muy grande Normita, un ejemplo de amor, de perseverancia, de fe, de virtud. Tú eres esa mujer de Proverbios 31 y me acordaba de ti y vino a mi mente el pasaje que dice: Cosas que tus ojos no han visto, no has oído y no han subido aún a tu corazón, son las que Dios tiene preparadas para ti.

Me acordé de ti leyendo un libro que se llama Implacable, porque ese es el espíritu que tú tienes y sé que el Señor en este tiempo va a posicionar tu corazón para recibir todas las cosas grandes, grandes y preciosas que vienen sobre tu vida, ¡muy grandes! El Señor va a posicionar tu corazón para que puedas recibir y contener todo lo que Él te va a dar, porque eres una mujer muy apreciada por el Señor y de gran estima para las mujeres que te conocemos".

¡Wow!

La pildorita y reflexión de hoy es:

Recibe esta palabra, porque también es para ti. Atesórala en tu corazón. Solo di: ¡Sí y amén! ¡No temas!

Pildorita

324

Deuteronomio 31:6 (NVI)

Sean fuertes y valientes. No teman ni se asusten ante esas naciones, pues el SEÑOR su Dios siempre los acompañará; nunca los dejará ni los abandonará.

Uno de los testimonios que más me han impactado es el del músico de rock argentino Pablo Olivares. Él nació en un hogar cristiano, cantaba en el coro de la iglesia, pero creció y se alejó. Un día como tantos, discutiendo con su madre, ella le dijo: "Si un día te vas de la casa, vas a tener que escoger si te vas con el Señor o te vas con el diablo". Y él dijo: "Me voy con el diablo". Estaba en su mejor momento musical. Fue a la ciudad de México a dar un concierto de rock; se había comunicado con alguien, porque quería comprar unos instrumentos. Llegaron al sitio, el vendedor, una persona bien vestida, los lleva a un lugar donde los rodean a él y a su banda y los secuestran. Los secuestradores tratan de negociar con la casa disquera y como piden una gran cantidad de dinero, no obtienen resultados. Se enojan y toman a Pablo.

En una entrevista en televisión Pablo dijo: "Tal vez porque estaba tatuado fueron más fuertes conmigo". De pronto uno de ellos le coloca la pistola en la cabeza y le pregunta: "¿Crees en Dios?" Y Pablo recuerda entonces a su madre, sus oraciones por él y le responde: "Sí creo". En ese momento, el que le apuntaba dijo: "Si hubieras dicho que no, te mato". Inmediatamente llegó la policía y los liberaron y desde ese día su vida cambió por completo. Al otro día viajó a Argentina a ver a su madre y pedirle perdón.

Hoy le canta al Señor en su estilo rock y comparte este impactante testimonio que también está en película (Poema de Salvación).

La pildorita y reflexión de hoy es:

Papá Dios siempre esperará que regreses a casa. ¡No temas!

Pildorita

325

Parte I

Jueces 6:10 (RVR1960)

Yo soy Jehová vuestro Dios; no temáis a los dioses de los amorreos, en cuya tierra habitáis; pero no habéis obedecido a mi voz.

Lo que más he disfrutado de escribir este libro es deleitarme con tantas historias plasmadas en la Biblia y darme cuenta que todos los hombres que Dios usó fueron como tú o como yo. Hoy quiero que miremos la historia de Gedeón. Resulta que el pueblo de Israel se apartó de las cosas del Señor y Él los entregó por siete años a los madianitas; estos los oprimían, acababan con la comida, los animales, su tierra estaba devastada y empobrecida, así que el pueblo de Israel clamó al Señor y, como siempre que clamamos a pesar de nuestras equivocaciones, Él nos escucha y responde. Dice la Biblia que Gedeón estaba escondiendo el trigo de los madianitas y se le apareció el ángel del Señor y le dijo: *¡El SEÑOR está contigo, guerrero valiente!* Y miren el diálogo que tienen: *Pero, señor —replicó Gedeón—, si el SEÑOR está con nosotros, ¿cómo es que nos sucede todo esto? ¿Dónde están todas las maravillas que nos contaban nuestros padres, cuando decían: "¡El SEÑOR nos sacó de Egipto!"? ¡La verdad es que el SEÑOR nos ha desamparado y nos ha entregado en manos de Madián!* Jueces 6:13

¿Acaso no somos nosotros así? Nos quejamos y le reclamamos a Dios: "Tú que no me escuchas y por tu culpa, mira lo que me está pasando". El Señor, que entiende nuestra humanidad y ya tenía un propósito con Gedeón, le tiene toda la paciencia. Dice la Palabra que el Señor lo mira y le dice en el versículo 14: *Ve con la fuerza que tienes, y salvarás a Israel del poder de Madián. Yo soy quien te envía.* (NVI)

La pildorita y reflexión de hoy es:

Qué honor que el Señor nos mire, nos envíe y a pesar de nosotros, nos use. ¡No temas!

Pildorita
326
Parte II

Jueces 6:23 (NVI)
Pero el SEÑOR le dijo: ¡Quédate tranquilo! No temas. No vas a morir.

¿Recuerdan que el saludo del ángel del Señor cuando se le apareció a Gedeón fue: *"El Señor está contigo, varón esforzado y valiente"*. ¿Sabía él lo que iba a hacer el Señor a través suyo con el pueblo de Israel? Gedeón no tenía ni idea, así que comenzó a darle mil excusas: *"Ah, señor mío, ¿con qué salvaré yo a Israel? He aquí que mi familia es pobre en Manasés, y yo el menor en la casa de mi padre"*. Entonces el Señor le dice: *"Yo estaré contigo, y derrotarás a los madianitas como si fuera un solo hombre"*.

Gedeón se veía poca cosa para semejante tarea, como muchas veces nos vemos nosotros cuando Dios nos pide hacer algo. Lo único que Él necesita es alguien que esté dispuesto a dejarse usar por Él, y en esta historia, Dios nos deja ver la paciencia que tiene y cómo nos entiende, nos conoce y nos complace.

Gedeón le dice: *"Yo te ruego que si he hallado gracia delante de ti, me des señal de que tú has estado hablando conmigo. Te ruego que no te vayas de aquí, hasta que vuelva a ti con mi ofrenda y la ponga delante de ti"*. Y el Señor respondió: *"Yo esperaré hasta que vuelvas"*. Gedeón puso a esperar a Dios, eso es amor y paciencia. Trajo todo he hizo el holocausto. El Señor se manifestó ante él y Gedeón se llenó de miedo, porque había visto al ángel del Señor cara a cara, pero Él le dijo: *"¡Quédate tranquilo! No temas. No vas a morir"*.

La pildorita y reflexión de hoy es:

Solo te puedo decir que Jesús te entiende, te ama y acepta como eres. **¡No temas!**

Pildorita
327
Parte III

I Crónicas 22:13b (RVR1960)

Esfuérzate, pues, y cobra ánimo; no temas, ni desmayes.

Dios le había dicho desde el principio que a través de él liberaría al pueblo de Dios de los madianitas. Ahora Gedeón le pide señales: *Y Gedeón dijo a Dios: Si has de salvar a Israel por mi mano, como has dicho, he aquí que yo pondré un vellón de lana en la era; y si el rocío estuviere en el vellón solamente, quedando seca toda la otra tierra, entonces entenderé que salvarás a Israel por mi mano, como lo has dicho. Y aconteció así, pues cuando se levantó de mañana, exprimió el vellón y sacó de él el rocío, un tazón lleno de agua. Mas Gedeón dijo a Dios: No se encienda tu ira contra mí, si aún hablare esta vez; solamente probaré ahora otra vez con el vellón. Te ruego que solamente el vellón quede seco, y el rocío sobre la tierra. Y aquella noche lo hizo Dios así; sólo el vellón quedó seco, y en toda la tierra hubo rocío. Jueces 6:36-40*

A pesar de que Dios le había mostrado a través de señales que estaba con él, conocía el corazón de Gedeón y le dice: "Baja al campamento con tu criado y oirás lo que hablan; y entonces tus manos se esforzarán". Así fue que escuchó a un hombre contar el sueño que tuvo y el otro le responde: "Dios ha entregado en sus manos a los madianitas con todo el campamento". Cuando Gedeón oyó el relato del sueño y la interpretación, adoró, cobró fuerzas y animó a su gente a pelear y luchar contra ellos. Y, claro está, obtuvieron la victoria como el Señor lo había dicho y planificado desde el principio.

La pildorita y reflexión de hoy es:

He escuchado muchas opiniones que se contradicen respecto a pedirle señales a Dios cuando queremos una confirmación, pero Gedeón lo hizo y Dios le respondió. **¡No temas!**

Pildorita

328

2 Crónicas 20:15b (NTV)

Esto dice el SEÑOR: "¡No tengan miedo! No se desalienten por este poderoso ejército, porque la batalla no es de ustedes sino de Dios".

Como dije antes, me encanta ver el corazón de Dios y la eterna paciencia que tuvo con Gedeón, que es la misma que tiene con nosotros. Primero le dio excusas: "Mi familia es pobre y soy el menor de mi casa". Es lo mismo que nosotros decimos: "No puedo, no estoy listo, no soy capaz, no estoy preparado". Pero se nos olvida que es Dios el que lo hace todo, Él da la estrategia, la fuerza, la sabiduría. Lo puso a esperar para comprobar si en verdad Dios habló con él. Después le pide señales y el Señor le contesta a través de ellas, pero a pesar de todas estas respuestas, Dios sabía que todavía no estaba totalmente seguro y le dice: "Ve y escucha una conversación y tus manos se van a fortalecer".

¿No debería ser suficiente que Dios se presente, nos hable y responda con señales? Sin embargo, es a través de lo que Gedeón escucha de palabras de hombres que fortalece sus brazos para ir a hacer lo que Dios le dijo desde el principio. ¡Cuán parecidos somos a Gedeón! Dios nos ha llenado de promesas, nos ha prometido su compañía, protección, provisión y al parecer es más grande nuestra incredulidad que creer sin cuestionar, sabiendo que todas sus promesas son sí y amén.

La pildorita y reflexión de hoy es:

Te reto a que te decidas a creer más en lo de Dios te ha dicho que en lo que los hombres te dicen. Él tiene un plan contigo y sabe exactamente cómo lo va a hacer. **¡No temas!**

Pildorita

329

Deuteronomio 8:3 (RVR1960)

Y te afligió, y te hizo tener hambre, y te sustentó con maná, comida que no conocías tú, ni tus padres la habían conocido, para hacerte saber que no sólo de pan vivirá el hombre, más de todo lo que sale de la boca de Jehová vivirá el hombre.

"Me probará y saldré como oro". Esto fue lo que dijo un hombre justo en medio de la prueba (Job 23:10b). La gran mayoría conocemos la historia de la dura prueba que tuvo que vivir este hombre, que de tenerlo todo, en un mismo día su vida se convierte en desolación y pérdidas: la de todos sus hijos, empleados, pérdidas materiales y pérdida de su salud. Él pone como ejemplo el oro, tan valioso, pero que para ser trabajado es necesario pasarlo por el fuego, porque es la única manera de poder darle la forma que se quiere a ese metal de tanto valor.

Una vez nos mostraron un video de un hombre que quería domar un caballo salvaje. El domador intentó de todas formas, pero este cada vez se ponía más brioso, hasta que le amarró una pata y, aunque luchaba por soltarse, no lo logró y terminó rindiéndose.

A veces Dios nos tiene que doblar la patica para salvarnos de cometer malas decisiones y solo cuando nos rendimos, Él puede trabajar en nuestras vidas. Igual pasa cuando una persona se está ahogando; dicen los salvavidas que el mejor momento para salvarlos es cuando ya no están luchando y manoteando, cuando no tienen fuerzas y están rendidos. Ese es el momento oportuno, porque no crean oposición.

La pildorita y reflexión de hoy es:

¿Será que después de pasar una situación difícil podrás decir como Job: Me probará y saldré como oro, como una joya fina, sacando lo mejor de ti? **¡No temas!**

339

Pildorita

330

I Samuel 12:24 (NTV)

Por su parte, asegúrense de temer al SEÑOR y de servirlo fielmente. Piensen en todas las cosas maravillosas que él ha hecho por ustedes.

Lo que mueve el corazón de Dios es que más personas lo conozcan y sean salvos y se vale de lo que sea para llevar a cabo su plan.

Después de que Fernando falleció, se me notificó que tenía derecho a la pensión a la que él había aportado tantos años en Colombia y que debía reunir ciertos documentos. Así que en agosto de 2015 (el año en que falleció) estuve en Bogotá, visité la entidad para que me dieran el listado que debía presentar para comenzar el trámite. Solo les puedo decir que es más fácil atravesar un muro caminando a que llegues a cumplir con todos los requisitos y trabas que te colocan. Siempre hay algo que te hace falta y cada seis meses se vencían los documentos.

En un viaje a Bogotá me contacté con un abogado especialista en pensiones que logró lo que mi cuñada y yo no logramos en casi año y medio de trámites: que quedaran radicados los documentos ante la entidad. Pero lo hermoso de esta historia es que esa persona, a la que solo conozco por teléfono, el día que pudo dejar resuelta esta primera parte, me escribe y me dice: "Señora Norma, ¿para ir a la iglesia hay que preguntar por alguien? Es que quiero dar ese paso y empezar a asistir con mi familia". Me puse a llorar de ver la forma hermosa como actúa el Señor. Ahí mismo lo contacté con el pastor y desde ese domingo comenzó a asistir a Casa Roca Armenia, donde vive y está feliz.

La pildorita y reflexión de hoy es:

Dios hace lo que sea por la salvación de un alma y también resuelve lo tuyo. ¡No temas!

Pildorita
331

Parte I

Salmos 46:1(NVI)
Dios es nuestro amparo y nuestra fortaleza, nuestra ayuda segura en momentos de angustia.

Cubriendo con CVC La Voz el evento más importante cristiano, Expolit, en Miami, hace unos años atrás, nos encontramos con una joven cantante brasileña que estaba comenzando su carrera con una gracia y dulzura especial. Se llama Aline Barros y hoy es bastante conocida a nivel internacional. Hace un tiempo dio mucho de qué hablar, ya que fue invitada a un programa que conduce la famosa Xuxa, que es cantante, modelo, actriz y presentadora brasileña y quien en 1980 fue un fenómeno televisivo con un programa para niños.

Aline comenzó a interpretar un hermoso tema que se llama "Resucítame" y a medida que cantaba, a Xuxa se le comienzan a llenar sus ojos de lágrimas hasta que termina totalmente quebrantada y abrazada a la cantante (el video está en YouTube). El mundo de las "estrellas" del espectáculo los hace vivir bajo apariencias y muchas veces las vemos sonreír y aparentemente viven en un mundo casi perfecto, pero si miras más a fondo, son vidas vacías, con una soledad tan grande, manejando apariencias que en muchos casos los han llevado al suicidio.

A uno le parece difícil de entender cómo una persona famosa, con belleza física, con dinero y lujos pueda estar deprimida, si puede tener todo lo que quiere. Para sorpresa nuestra, son los que más pastillas para dormir necesitan y luchan con una profunda soledad y depresión.

La pildorita y reflexión de hoy es:

No se trata de éxito, fama y dinero, se trata de ese vacío que sientes. Jesús es el único que puede llenar tu corazón. ¡**No temas**!

341

Pildorita
332
Parte ll

Salmo 31:9a (NTV)

Ten misericordia de mí, SEÑOR
porque estoy angustiado.
Las lágrimas me nublan la vista.

Quiero en esta pildorita compartirte parte de la letra de la canción "Resucítame" que quebrantó a Xuxa. Son palabras que ministran de una manera especial.

"Maestro necesito un milagro, transforma hoy mi vida, mi estado. Hace tiempo que no veo la luz del día, están tratando de enterrar mi alegría, intentan ver mis sueños cancelados.

Lázaro escuchó tu voz, cuando aquella piedra se movió; después de cuatro días él revivió. Maestro no hay otro que pueda hacer, aquello que solo tu nombre tiene el poder, ¡necesito tanto de un milagro! Remueve hoy mi piedra y llama por mi nombre, muda mi historia, resucita mis sueños. Transforma hoy mi vida, haz un milagro, que en esta misma hora, me llames hacia afuera... ¡resucítame! Tú eres la misma vida, la fuerza que hay en mí, eres el Hijo de Dios, tú me llevas a vencer.

Señor de todo en mí, escucho ya tu voz, llamándome a vivir una historia de poder. Remueve hoy mi piedra y llama por mi nombre, muda mi historia, resucita mis sueños. Transforma hoy mi vida, haz un milagro, que en esta misma hora, me llames hacia afuera... ¡resucítame, resucítame!"

La pildorita y reflexión de hoy es:

En este día Papá Dios quiere resucitar áreas de tu vida y sueños rotos. ¡No temas!

Pildorita
333

Romanos 8:18 (RVR1960)

Pues tengo por cierto que las aflicciones del tiempo presente no son comparables con la gloria venidera que en nosotros ha de manifestarse.

Estando en Bogotá visité al pastor Darío y Esther Lucía, los pastores fundadores de nuestra iglesia y a los que les agradezco el cuidado que han tenido conmigo. Creo que no son muchas las iglesias cristianas hispanas que cuidan de los niños abandonados y de las viudas, dándoles calidad de vida. Gracias a eso, he podido pasar por todo lo que les he contado sin tener la angustia de pensar con qué voy a vivir y a comer. ¡Gracias les doy con todo mi corazón!

También nuestra iglesia cuenta con un programa de televisión y una revista, los dos de alta calidad y profesionalismo, que se llaman "Hechos y Crónicas". El pastor Darío habló con estos dos medios para que me hicieran una entrevista sobre cómo nació la idea de este devocional y parte de mi testimonio. Dios, que tiene control de todos los detalles y su tiempo es perfecto, permitió que tanto la revista como el programa de televisión salieran en mayo de 2017, que es el mes donde mi esposito cumplió dos años de haber partido.

Sin proponerlo quedó como un gran homenaje a Fernando, este gran hombre de Dios que nos dejó una huella imborrable en nuestro corazón. Ese es mi Señor, que mueve todas sus fichas de manera perfecta y siempre nos asombra y logra sorprendernos, porque todo lo hace perfecto en su tiempo.

La pildorita y reflexión de hoy es:

Mira lo que dice la Palabra: *El corazón del hombre traza su rumbo, pero sus pasos los dirige el SEÑOR.* Proverbios 16:9 (NVI)
¡No temas!

Pildorita
334

Isaías 54:4b (NTV)

No tengas temor, no habrá más deshonra para ti.
Ya no recordarás la vergüenza de tu juventud ni las
tristezas de tu viudez.

Los padres y los hijos tenemos formas de entendernos y comunicarnos. Mi relación con mi padre terrenal siempre fue muy estrecha y con solo mirarme sabía qué me pasaba y cómo me sentía. Eso también sucede con nuestro Padre celestial, que nos conoce aún más.

Como anteriormente te dije, Él sabe que mi lenguaje de amor son las palabras de afirmación, pues el día antes de cumplir los dos años de la partida de mi esposito, recibí una llamada de Laura Teme, a quien tuve la oportunidad de conocer en un evento de mujeres y tuvimos una afinidad especial de la cual quedó una linda amistad. Ella es una mujer con un corazón hermoso, y me invitó a asistir a COACH Global Meeting 2017 (reunión global de entrenadores). Ese año fue en Orlando, en nuestra iglesia. Su esposo es el director y organizador, el Doctor Héctor Teme. Ese día, él se acercó a la mesa donde estábamos y ella le dijo: "No te he presentado a mi amiga Norma..." Y no había terminado de decir mi nombre cuando él dijo: "¿Norma Pinzón, de Pildoritas y Reflexiones? No sabes cuántas veces tocaste mi corazón con tu programa cuando yo estaba en Argentina".

Yo me quedé con la boca abierta al ver que un hombre como él me dijera esas palabras. Después, públicamente me reconoció y agradeció que estuviera con ellos ese día. Ese es nuestro Papito Dios, que hace lo que sea para consentirnos.

La pildorita y reflexión de hoy es:

No pases por alto todos los detalles de amor que a diario Papá Dios tiene para ti. Para Él eres único y especial. ¡No temas!

Pildorita

335

Deuteronomio 10:12 (NVI)

Y ahora, Israel, ¿qué te pide el SEÑOR tu Dios? Simplemente que le temas y andes en todos sus caminos, que lo ames y le sirvas con todo tu corazón y con toda tu alma.

¿Te acuerdas de mi recomendación? Donde está Israel, coloca tu nombre y vuelve a leer el versículo, porque es lo que Dios nos pide a cada uno de nosotros, que le temamos, no con miedo al castigo, sino con un temor reverente por quién es Él, Dios el Creador de todo lo que nuestros ojos ven y no ven, el Señor de señores, el Rey de reyes, el Alfa y la Omega, el principio y el fin; el que nos ama tanto que envió a su único Hijo Jesús, el Mediador, a morir por nuestros pecados y restablecer nuestra relación con Él, porque estaba rota.

Nos pide que andemos en su camino, siguiendo lo que Él nos dejó en su Palabra. Si vivimos conforme a sus consejos, nos irá bien y veremos sus promesas cumplidas en nuestras vidas, la de nuestros hijos, nietos y las generaciones venideras.

Como Padre, nos pide que lo amemos. Si tú eres padre o madre ¿no es lo mínimo que esperas, que tu hijo te ame y respete? Y lo último, que le sirvamos con todo nuestro corazón y con toda nuestra alma, porque ese profundo amor trae como resultado que le sirvamos con nuestros talentos y habilidades para que más personas lleguen al conocimiento de Jesús y más hijos se unan a esta gran familia de la fe.

La pildorita y reflexión de hoy es:

Es sencillo lo que Papá Dios pide de ti. ¡No temas!

Pildorita
336

Salmos 112:7 (NVI)

No temerá recibir malas noticias; su corazón estará firme, confiado en el SEÑOR.

En este momento, que estoy escribiendo los últimos capítulos de este devocional, es mi anhelo, si es la voluntad del Señor, que muy pronto lo tengas en tus manos y sea de bendición para tu vida. Te confieso que estoy dando pasos de fe, aun no tengo ni idea de cómo se va a publicar. En muchos momentos desfallezco y pienso, ¿será que estas pildoritas escritas ministrarán a alguien?

Sé que así te debes sentir muchas veces en tu vida, desanimado a continuar, porque no tienes claro el futuro y humanamente tendemos a bajar los brazos y rendirnos; pero la manera de volver a cobrar ánimo es mirando a Aquel que nos llamó y nos ha llenado de promesas hermosas. Eso fue lo que hizo Josué para animar al pueblo de Israel. Mira lo que dice Josué 23:14: *Ustedes bien saben que ninguna de las buenas promesas del SEÑOR su Dios ha dejado de cumplirse al pie de la letra. Todas se han hecho realidad, pues él no ha faltado a ninguna de ellas.* Sus promesas son sí y amén. En Hebreos dice que Moisés se mantuvo firme como si estuviera viendo al invisible.

En mi caso, le recuerdo al Señor que la idea de este libro nació de Él, que solo estoy siendo obediente y que de todo lo demás Él se encargue. Él ya sabe quién lo publicará, me dará los recursos económicos y cómo va a hacer hasta que llegue a tus manos. Así que levántate, seca tus lágrimas, cobra ánimo, que lo mejor de Dios para tu vida está por venir.

La pildorita y reflexión de hoy es:

Las promesas de Dios son tuyas; reclámalas, créelas, confiésalas, espéralas y agradécelas. **¡No temas!**

Pildorita 337

Jeremías 30:10ª (NVI)

No temas, Jacob, siervo mío; no te asustes, Israel —afirma el SEÑOR—.

De las cosas que más me costó superar y me ocasionaron muchas lágrimas fue la ingratitud de la gente; aquellas personas a las que más les dediqué tiempo, cuidado, amor, un día se fueron de la iglesia sin despedirse y les confieso que mi corazón se dolió mucho.

Mi sabio esposito solía decirme: "Mi amor, no esperes nada de nadie". Aún lucho con esto, pero pienso que esa es parte de la naturaleza humana y que si lo hicieron con Jesús, cuánto más no lo harán con nosotros. Es mi deseo en esta pildorita que nos propongamos a tener un corazón agradecido, que quitemos la queja de nuestra boca por lo que nos falta y contemos todas las bendiciones que tenemos. Comienza por tu entorno, el techo donde vives, la familia que tienes, el plato de comida que puedes disfrutar; te darás cuenta que son más las bendiciones que tienes y comenzarás a disfrutar más la vida, sonreirás más y te estresarás menos.

La vida de por sí trae sus sinsabores, porque el mismo Jesús lo dijo: "En el mundo tendréis dificultades, pero ánimo, Yo he vencido al mundo". Dice en Filipenses 4:6: *No se inquieten por nada; más bien, en toda ocasión, con oración y ruego, presenten sus peticiones a Dios y denle gracias.*

Ese es el deseo del Señor, que no nos inquietemos por nada, que más bien vayamos a Él, le clamemos y seamos agradecidos.

La pildorita y reflexión de hoy es:

El rey David nos da un buen ejemplo a seguir en el Salmo 103:2: *Bendice, alma mía, a Jehová, y no olvides ninguno de sus beneficios.* **¡No temas!**

Pildorita
338
Parte I

2 Reyes 6:16 (RVR1960)
Él le dijo: No tengas miedo, porque más son los que están con nosotros que los que están con ellos.

Nadie puede negar que la Biblia es inspirada por Dios y no importa hace cuánto tiempo se escribió. Todo lo que allí está es como si hubiera sido escrito en tiempo actual. Los proverbios escritos por el rey Salomón están llenos de sabiduría pura, para aquí y ahora. En otra pildorita hablamos de qué comunión tiene la luz y las tinieblas. Dice la palabra en Isaías 5:20ª: *¡Ay de los que llaman a lo malo bueno y a lo bueno malo!*

Los valores y principios cada vez se están perdiendo más y aquí es donde nosotros tenemos que hacer brillar la luz de Jesús. En el pasado vivíamos así, hacíamos cosas que pensábamos correctas y estábamos lejos de la voluntad de Dios, viviendo a lo que la sociedad o Hollywood dice o nos muestra y terminamos como el dicho popular: "¿A dónde va Vicente? Adonde va la gente". Pero Jesús llegó a nuestra vida y todo cambió.

Tenemos que enseñarle a nuestros hijos, y ellos a su vez a sus hijos, lo que la Biblia nos dice en 1 Corintios 15:33: *Las malas compañías corrompen las buenas costumbres.*

Como padres debemos estar orando por las amistades de nuestros hijos, del colegio, de la universidad, del barrio desde que ellos están pequeños y pedirle a Dios que los aleje de malas compañías.

La pildorita y reflexión de hoy es:

Como adulto también puedes pedirle al Señor que te libre de malas amistades que no aportan nada bueno a tu vida y te alejan de Él. **¡No temas!**

Pildorita
339
Parte II

Deuteronomio 20:1b (NVI)

No les temas, porque el SEÑOR tu Dios, que te sacó de Egipto, estará contigo.

Cuando acepté a Jesús, mi vida estaba como un espiral tocando fondo; no tenía trabajo, dinero, mi hija necesitaba aparatos para sus ojos que no le podía comprar y para completar, me la pasaba con un amigo colombiano muy querido, que me ayudó a establecerme en los Estados Unidos porque todo era nuevo para mí. Él era dueño de su negocio, así que tenía dinero, mucho tiempo libre y le gustaba el alcohol.

Esto era un gran problema, porque como yo también estaba desocupada, él me recogía, lo acompañaba a hacer sus vueltas o las mías y al medio día, con el almuerzo, nos tomábamos la primera cerveza, y después en la tarde, él abría una botella de whisky y prácticamente nos la tomábamos entre los dos y así era todos los días. Cuando me levantaba, entre el dolor de cabeza por el alcohol y la depresión que cada día se incrementaba más, no me gustaba lo que vivía y tampoco veía la salida.

Allí fue cuando llegó Jesús y me rescató; comencé a asistir a la iglesia, y mi amigo llegaba borracho, se sentaba a mi lado y se burlaba de mí. Le empecé a tener miedo y recuerdo que Marthica Socarrás, la que me compartió del Señor, me dijo: "Vamos a orar para que el Señor lo toque y lo cambie o que se lo lleve lejos". Nos tomamos de la mano, ella oró y te quiero contar que desde ese día nunca más lo volví a ver.

La pildorita y reflexión de hoy es:

No hay nada imposible para Dios y más si se trata de proteger a sus hijos. **¡No temas!**

Pildorita
340

Apocalipsis 2:10 (RVR1960)
No temas en nada lo que vas a padecer.

Fernando contaba que cuando comenzó a asistir a la iglesia, sus amigos le decían: "Te van a lavar el cerebro." Y él discutía con ellos, hasta que un día el Señor le dijo: "Sí, Fernando, te lo tengo que lavar de tanta basura acumulada que tienes por años." Esto solo lo entendemos después.

En el momento que aceptamos a Jesús en el corazón, pasamos de estar espiritualmente muertos a una nueva vida en Cristo y obviamente el enemigo no se queda contento y tratará por todos los medios que desistas, que dudes de que eres un hijo de Dios y que Jesús está contigo. Es ahí cuando empieza una lucha en tu mente, porque te lanza todas sus mentiras. Esa lucha espiritual la tuve con mi hermana. Cada vez que me veía con la Biblia y que salía para la iglesia, se ponía furiosa y me decía: "No sea ridícula, ¿después de vieja se va a cambiar de religión?"

Así era todos los días. Yo prefería quedarme callada y pensaba: Cuando me veía con una botella de whisky, tomando todos los días, no decía nada y ahora que encontré la paz, se pone brava. Pero como dije antes, esas son luchas espirituales que se levantan. Hoy, mi hermana Claudia es una gran mujer de Dios, trabaja en una radio cristiana desde hace muchos años, es autora de varios libros, conferencista y con un llamado a la obra social, heredado de nuestro padre Carlos Pinzón.

La pildorita y reflexión de hoy es:

Si alguno está en Cristo, es una nueva creación. *¡Lo viejo ha pasado, ha llegado ya lo nuevo!* 2 Corintios 5:17. **¡No temas!**

Pildorita 341

Hageo 2:5 (NTV)

Mi Espíritu permanece entre ustedes, así como lo prometí cuando salieron de Egipto. Por lo tanto, no teman.

Hubo una novela en Colombia que fue éxito nacional e internacional y se llama "Betty, la fea". El papá de Betty cuando quería prevenirla de algo le decía: "Mija, tenga cuidado porque el diablo es puerco". Y es verdad, ¡es puerco!

Llevaba muy poco de haber recibido a Jesús en mi corazón y como les conté, no tenía trabajo y estaba bastante apretada económicamente. Un día recibí una llamada de la agencia de publicidad donde estaba registrada y me dijeron: "Te escogieron para hacer un comercial de televisión". Me puse feliz y pregunté: "¿De qué se trata el comercial?" Me dijeron: "De Walter Mercado". Este es un astrólogo que da sus equivocadas predicciones por televisión. Les he contado que por mucho tiempo creí en esas mentiras y engaños; es más, una vez llamé a esa línea telefónica que él tiene y como es un negocio, me dejaron mucho tiempo en espera. Nada de lo que me dijeron se realizó y lo que sí recibí fue una gran cuenta de teléfono por pagar.

Obviamente, mi respuesta a ese comercial fue: "No lo voy a hacer". Necesitaba mucho el dinero, pero no me iba a prestar a promover algo que engaña a las personas y de lo que Jesús me había liberado. ¿Te das cuenta cómo opera el enemigo? Es demasiado predecible y, como decía el papá de Betty en la novela, es puerco, sabe tu necesidad y te envía una cascarita a ver si te hace caer.

La pildorita y reflexión de hoy es:

Espera las bendiciones que Papa Dios tiene para ti, no te dejes engañar, ni tentar. ¡No temas!

Pildorita
342

1 Crónicas 22:13b (NVI)

¡Sé fuerte y valiente! ¡No tengas miedo ni te desanimes!

Me encanta estar rodeada de personas que siempre ven obrar a Dios en medio de su vida; no importa si están pasando momentos difíciles, pero ven en cada situación una oportunidad de crecer y aprender. Es muy frustrante cuando das prédicas o tienes personas en consejería y tratas de enseñarles a vivir diferente y pasan los años y se quejan por las mismas cosas de antes, siempre ven lo negativo, siempre sienten que las personas les deben algo, que nunca son lo suficientemente valoradas. Si eres una persona que se siente así, te invito a que te analices internamente. ¿Será que si esperas más reconocimiento en tu trabajo es porque tus jefes esperan más de ti?

Tal vez sientes que das la milla extra y la realidad es que apenas das lo que te toca o menos. Recuerda que tanto la cara como el cuerpo hablan. Analiza qué es lo que proyectas. ¿Qué crees que ven las personas cuando te miran? ¿Qué sale de tu boca? ¿Eres una persona que habla lo bueno o siempre hay un motivo para quejarte de algo o de alguien?

Hoy quiero honrar a mi padre, quien toda la vida ha hablado lo bueno, lo positivo, nunca se queja a pesar de sus noventa años, y en los momentos de enfermedad le preguntas: "Papito, ¿cómo te sientes?" Y él responde: "Estoy bien hijita, mejorando". Eso definitivamente es algo que quiero tener como legado de mi padre.

La pildorita y reflexión de hoy es:

Hablar lo bueno y no lo malo es una manera de honrar a Dios. ¡No temas!

Pildorita

343

Job 28:28 (NTV)

Esto es lo que Dios dice a toda la humanidad: "El temor del Señor es la verdadera sabiduría; apartarse del mal es el verdadero entendimiento".

Nunca olvidaré dos enseñanzas que le escuché al pastor Silvano Espíndola en la iglesia de Casa Roca Miami. La primera fue en una reunión de parejas en la que nos hablaba de cómo debíamos ponernos en el lugar de la otra persona y así poder entenderla. Literalmente hizo que las parejas nos cambiáramos los zapatos. Aunque era muy divertido ver a los hombres con los zapatos de sus esposas y nosotras con los de ellos, la verdadera enseñanza era la importancia de la empatía (Participación afectiva de una persona en una realidad ajena a ella, generalmente en los sentimientos de otra persona).

La segunda era acerca de un abuelo que se había quedado dormido en un sillón y los nietos traviesos le untaron queso en el bigote y cuando se despertó dijo: "Huele feo aquí en la sala". Se fue a la cocina y dijo: "Aquí también huele feo". Y así fue recorriendo toda la casa y expresaba lo mismo.

La enseñanza era que muchas veces hay personas que tienen conflictos con su pareja, en el trabajo, en el ministerio, con los vecinos y siempre viven culpando a los demás, pero el del problema es la persona que, como el abuelo con el bigote untado de queso que donde se movía llevaba el mal olor consigo, vive cargando con sus malas actitudes o comportamientos. Como vemos, la casa no era el problema, sino él. ¡Qué buenas enseñanzas! Ponernos en el lugar de los demás y revisarnos para ver que no seamos nosotros los que generamos los conflictos con los demás.

La pildorita y reflexión de hoy es:

Pídele al Señor que te deje ver a tu esposo(a), hijos, compañeros, amigos a través de sus ojos; te hará amarlos y entenderlos más. **¡No temas!**

Pildorita
344
Parte 1

Samuel 1:10 (NVI)

Con gran angustia comenzó a orar al SEÑOR y a llorar desconsoladamente.

Hay tres personajes bíblicos de los que quiero hablarte en las siguientes pildoritas. Ellos son: Ana, Elí y Samuel.

Ana estaba casada con Elcana, que tenía otra esposa que se llamaba Penina. Esta tenía hijos y le hacía la vida imposible a Ana, quien no podía concebir. Cada año subían a la casa del Señor a ofrecerle sacrificios y un día ella entró al templo y dice la Palabra que con gran angustia comenzó a orar y llorar desconsoladamente y le hizo un voto al Señor: Que si se acordaba de ella y le daba un hijo varón, se lo entregaría de por vida.

Como estuvo orando largo rato y solo se movían sus labios y no se escuchaba lo que decía, el sacerdote Elí, que la observaba, pensó que estaba borracha, la reprendió y ella le dijo: "Soy solo una mujer angustiada que ha venido a desahogarse delante del Señor". Elí le dijo que se fuera en paz y que el Dios de Israel le concedería lo que le pidió. Quedó embarazada y, como lo prometió, después que dejó de darle pecho al niño, fue y se lo entregó a Elí. Cada año lo visitaba y le llevaba una túnica.

Ana nos enseña que nunca debemos desistir de nuestras peticiones al Señor y derramar nuestro corazón y aflicción delante de Él. Debemos cumplir lo que le prometemos y ser agradecidos, como lo vemos en el capítulo 2: 1-10 llamado el cántico de Ana, el cual es su oración reconociendo el poder de Dios. Después, el Señor la bendijo con cinco hijos más.

La pildorita y reflexión de hoy es:

No dejes de clamar. Dios hoy puede responder a esa oración. ¡No temas!

Pildorita
345
Parte II

Eclesiastés 12:13 (NVI)

El fin de este asunto es que ya se ha escuchado todo. Teme, pues, a Dios y cumple sus mandamientos, porque esto es todo para el hombre.

Elí es el segundo personaje del que te quiero hablar. Fue sumo sacerdote, juez de Israel y ministraba en el tabernáculo donde se resguardaba el arca de Dios. Tenía dos hijos, también sacerdotes. Y ellos tenían la responsabilidad de hacer los sacrificios que el pueblo llevaba al Señor.

Dice la Palabra que los hijos de Elí eran impíos y no tenían conocimiento del Señor y por ello todo lo que hacían era sin ningún temor. Tomaban de la carne que se ofrecía en sacrificio y se la comían, tenían relaciones con mujeres a la puerta del tabernáculo y todo el pueblo sabía lo que ellos hacían. Elí era un hombre bueno y amaba a Dios, pero sus hijos eran incrédulos y no tenían ninguna relación con Él, sin embargo eran sacerdotes; eso quiere decir que, aunque tú tengas una relación con Cristo, eso no garantiza que tus hijos la tengan.

Tristemente hemos sabido de muchos casos de líderes religiosos que han cometido cosas terribles que hacen a muchas personas tambalear su fe. Son casos aislados, pero hacen mucho daño. ¿Será que a Elí le faltó tener más carácter con sus hijos para que respetaran el lugar santo de Dios y llevarlos a tener una relación personal con el Señor? También Elí fue ligero en juzgar a Ana. Como no escuchaba lo que decía, pensó que estaba borracha. A veces como líderes somos ligeros para juzgar a nuestras ovejas, sin revisar primero cómo está nuestro entorno.

La pildorita y reflexión de hoy es:

Ayúdame, Señor. Quiero ser buen mayordomo de lo que me has entregado. ¡No temas!

Pildorita
346
Parte III

I Samuel 12:18 (NVI)

Samuel invocó al SEÑOR, y ese mismo día el SEÑOR mandó truenos y lluvia. Todo el pueblo sintió un gran temor ante el SEÑOR y ante Samuel.

El tercer personaje es Samuel, el hijo anhelado de Ana, que fue consagrado por su madre al Señor y llevado a vivir al templo desde muy pequeño. Después se convertiría en el gran profeta Samuel. Cuando Dios lo llama, no sabemos qué edad tenía exactamente, solo que era joven. Dice la Biblia que ya Elí estaba mayor y no podía ver. Una noche el Señor llama a Samuel. Él sale corriendo y va donde Elí y le pregunta que para qué lo ha llamado. Este le responde que él no lo llamó. Así sucede tres veces más. Entonces Elí entendió que el que lo estaba llamando era el Señor y le dijo: "Ve y acuéstate y si te llamare, dirás: Habla Señor, que tu siervo escucha". Pero después dice algo que es bien importante resaltar en I Samuel 3:7: *Samuel todavía no conocía al SEÑOR, ni su palabra se le había revelado.*

Así como lo hablaba en la pildorita anterior, aunque los padres de Samuel eran creyentes y él desde muy pequeño vivía en el templo, no conocía al Señor, porque la relación con Dios no se hereda, es personal y después de que lo conocemos entonces es revelada la Palabra. Es por eso que antes de comenzar a caminar con Jesús, no entendíamos la Biblia.

Mientras nosotros y los nuestros no hagamos esa decisión personal por Él, todo lo demás solo serán actos religiosos (tradiciones) que a nadie salvan.

La pildorita y reflexión de hoy es:

¿Tienes una relación personal con Jesús? Él te está llamando como a Samuel. **¡No temas!**

Pildorita 347

Lucas 12:32 (NVI)

No tengan miedo, mi rebaño pequeño, porque es la buena voluntad del Padre darles el reino.

Fernando decía a la iglesia: "¿Quién quiere ver un gran milagro en su vida?" Todo el mundo levantaba la mano y Fernando decía: "Entonces prepárense para pasar por una gran prueba, porque si quieres ver a Dios obrar de manera extraordinaria es porque algo grande está pasando o va a pasar en nuestra vida". Las veces que Dios nos ha dejado perplejos y diciendo con nuestros labios: ¡Solo Dios pudo hacer esto! Es porque humanamente no se hubiera podido resolver esa situación. Este privilegio solo lo tenemos los hijos de Dios, aquellos que sabemos en quién hemos confiado y que para Él nada hay imposible. Sé que no es fácil caminar sin saber para dónde vas y cuánto falta para llegar al destino que el Señor prometió.

Esto me hizo recordar que a mi padre le encantaba ir de paseo en carro. Disfrutaba mucho los paisajes y en nuestras vacaciones, casi siempre en enero, nos íbamos por carretera a diferentes ciudades de Colombia. Una vez fuimos hasta Ecuador. ¡Qué tiempos hermosos e inolvidables! Cuando éramos pequeños y subíamos al carro, durante todo el camino preguntábamos: "Papi, ¿ya vamos a llegar? ¿Cuánto falta?"

Así nos sentimos de inquietos y ansiosos: "¿Papá Dios, falta mucho? ¿Ya voy a llegar adonde me quieres llevar?" Hace poco escuché esta definición que me gustó mucho: Paciencia es esperar sin perder la calma.

La pildorita y reflexión de hoy es:

Recuerda que Jesús no llega ni antes ni después, llega justo a tiempo. **¡No temas!**

Salmos 86:7 (NVI)

Pildorita
348

En el día de mi angustia te invoco,
porque tú me respondes.

Una de las cosas con las que más luché cuando llegué a los caminos del Señor fue poder dejar el cigarrillo. Tengo que confesar que pasaron varios años para poder dejarlo del todo; trataba y recaía nuevamente.

No aprendí a fumar, como la mayoría, en el colegio con las compañeras. De hecho, nunca fumé en el colegio. Cuando comencé ya tenía a Carito y estaba casada por primera vez. Fue un matrimonio bastante complicado y sufrido; estaba tan ansiosa y en mi casa siempre había cigarrillos. Así comencé a fumar; era como una manera de escape.

Recuerdas que te conté que cuando llegué a los pies de Cristo, estaba muy mal económicamente. Marthica Socarrás, que fue la que me compartió del Señor, fue muy sabia; no me juzgaba ni me condenaba por eso. Es más, cuando le lloraba por mi situación económica y le decía, "es que no tengo ni para comprar cigarrillos", ella me daba plata, pues sabía que más adelante el Espíritu Santo me mostraría que no era bueno para su templo. Esto me ha permitido ayudar a otras personas que como yo luchan con dejar el cigarrillo y se sienten mal y culpables, como me sentía yo. Me daba pena con el mal ejemplo que le estaba dando a mi hija, porque ella me confrontaba.

El Señor me hizo libre de ese vicio. Marthica, gracias por tu paciencia y cuidado. Este capítulo va dedicado a ti, por la forma sabia como me pastoreaste.

La pildorita y reflexión de hoy es:

Lo que acerca a Jesús es el amor y no la condenación. **¡No temas!**

Pildorita
349

Habacuc 3:16b (RVR1960)
Si bien estaré quieto en el día de la angustia.

Definitivamente, lo que más me ayudó en el proceso de sanidad de mi corazón por la muerte de mi esposo, fue poder estar en una iglesia donde nadie me conocía, aparte de los pastores. Llegaba cuando estaba la alabanza y la luz estaba apagada y me sentaba en la parte de atrás, con el deseo simplemente de escuchar a Dios, poder llorar tranquilamente y cuando hacían el llamado, me paraba y salía. Un domingo predicó otro pastor, con un mensaje que tocó mi corazón de una manera especial y en el momento del llamado, tomé mi Biblia y la cartera y me disponía a salir cuando el pastor dijo: "Quiero hacer otro llamado para esas personas que en este momento no tienen claro su futuro y no saben para dónde van". Supe que ese llamado era para mí.

No sabes la libertad que sentí de poder pasar al frente a que oraran por mí, sin que nadie me cuestionara y uno que otro pensara: ¿Quién sabe que hizo la pastora Norma que pasó adelante?

Esa es la bendición del anonimato y que para mí era tan importante en ese momento. Sé que las personas no me querían incomodar, pero no ayudaba que, cuando no quería hablar del dolor que estaba pasando, que ellos me hablaran de la falta que también estaban viviendo por la muerte de su pastor. La iglesia estaba pasando su dolor y luto y les costó mucho salir de ese estado de duelo.

La pildorita y reflexión de hoy es:

La única manera que el Señor puede consolarte y sanarte es entregándole tu dolor. ¡No temas!

Pildorita

350

2 Corintios 6:4 (RVR1960)

Antes bien, nos recomendamos en todo como ministros de Dios, en mucha paciencia, en tribulaciones, en necesidades, en angustias.

Me gustaría decir lo contrario, pero sin dolor no crecemos. Recuerdo que entre las cosas que uno escuchaba de joven era: "Déjelo para que aprenda". Y, aunque no quisiéramos decirles a nuestros hijos esas palabras, esa es la ley de la vida. Los padres queremos omitirles dolor a nuestros hijos, que no vivan las malas experiencias que hemos vivido, pero sabemos que eso no es así, que ellos lo harán a su manera y tendrán que sufrir para aprender, madurar y crecer, porque todos tenemos que vivir nuestras propias experiencias.

Hay una canción muy linda de Lilly Goodman que se llama "Sin dolor" y más o menos dice así la letra: "Sin dolor no hay ganador, es un valor que hay que luchar. Sí, lo sé, a veces hay que ser golpeados para poder crecer y alcanzar un poco más de madurez, porque no habría forma de saber manejar lo que vendrá y, aunque el dolor en esos tiempos puede ser tan cruel, pero Dios no nos dejará permanecer ahí más tiempo del que podamos soportar. No quieres pasar dificultad, pero a veces servirá para despertar el don que hay y salir de la comodidad que te aferra al lugar y a la meta con firmeza avanzar".

La experiencia son cúmulos de vivencias obtenidas en nuestra vida, que han ido formando nuestro carácter y, a veces por el dolor uno se hace duro, pero el Señor quiere tomar esa dureza y transformarla en amor.

La pildorita y reflexión de hoy es:

Si alguien sufrió fue Jesús. Él te entiende y quiere llevarte a otro nivel. ¡No temas!

Pildorita
351

Isaías 8:12b (NVI)

No teman lo que ellos temen, ni se dejen asustar.

La oración es el arma más poderosa que los hijos de Dios tenemos y hay muchos cristianos que no la usan. Si la oración es hablar con Papá y no nos comunicamos con Él, ¿qué relación es esa?

Imagina que tú vives en la casa con tu padre y pasas todo el día sin dirigirle la palabra; te levantas, desayunas, sales a tus obligaciones, regresas a casa, cenas, ves televisión, lees o miras tu celular, te da sueño y te vas a dormir y así pasas día tras día sin hablar con él, ¿eso es tener una relación? Así hacemos con nuestro Padre celestial que permanece a nuestro lado todo el tiempo y no sacas un rato para hablar con Él. ¿Cómo puedes saber qué quiere Dios para tu vida?

Aunque Él sabe todo de ti, quiere que le hables, que como lo hizo Ana, derrames tu corazón delante del suyo. No solo le pidas, también cuéntale tus alegrías porque también provienen de Él, eres su hijo y le encanta escucharte. A los que somos padres nos encanta escuchar la voz de nuestros hijos, saber cómo están, cómo se sienten. Es preferible que te levantes un poco más temprano y no salgas sin entregarle tu día, familia, proyectos delante de Él.

Cuando oramos es como si extendiéramos un manto de protección sobre nuestra vida y la de los nuestros. Los tiempos que vivimos no son fáciles y un día sin oración es un día sin protección.

La pildorita y reflexión de hoy es:

Papá Dios anhela pasar tiempo contigo, no lo dejes esperando. ¡No temas!

Pildorita
352
Parte I

Jeremías 1:8 (NVI)

No le temas a nadie, que yo estoy contigo para librarte». Lo afirma el SEÑOR.

El Señor, desde el comienzo se ha revelado a través de su Palabra. Mientras hizo la creación habla en plural porque sabemos que es tripartito, Padre: Dios, Hijo: Jesús y el Espíritu Santo, el Consolador que Jesús prometió nos dejaría antes de partir. En el segundo Libro de la Biblia, en Éxodo, vemos cuando Moisés le pregunta al Señor: "Y me presento delante del pueblo de Israel y ¿qué les digo? El Dios de vuestros padres me envió y, si me preguntan el nombre, ¿qué les respondo?" Y Dios le dijo a Moisés: "YO SOY EL QUE SOY". Y dijo: "Así dirás: YO SOY me envió a vosotros". Dos palabras que encierran toda la autoridad que nuestro Padre celestial tiene.

En Él estamos completos. Si no encuentras el camino, Jesús te dice en Juan 14:6: *"YO SOY el camino, la verdad, y la vida; nadie viene al Padre, sino por mí"*.

Si te sientes cansado, en Mateo 11:28, Jesús tiene esta invitación para ti: *"Venid a mí todos los que estáis trabajados y cargados, y YO os haré descansar"*. Es el único camino que te lleva a un verdadero descanso. Cuando estés ante cualquier situación que te produce angustia y miedo, Jesús te dice: *"YO SOY, no temáis"*. (Juan 6:20). Si te sientes desalentado, Jesús te dice: *"Tened ánimo: YO SOY, no temáis"*. (Marcos 6:50).

La pildorita y reflexión de hoy es:

Recuerda que Él es el mismo ayer, hoy y siempre y sigue siendo el gran YO SOY. **¡No temas!**

Pildorita
353
Parte II

Juan 6:20 (RVR1960)
Mas él les dijo: Yo soy; no temáis.

Jesús quiere que confíes en Él y deposites todo aquello que te roba la paz. Está interesado en que lo conozcas más y que sepas que Él está vivo, es real y te ama y así como le dijo a la Samaritana: *"YO SOY el que habla contigo"*. (Juan 4:26) A la hora que sea y cuando lo necesites.

Si no ves claro por dónde andar, Jesús te dice: *"YO SOY la luz del mundo. El que me sigue no andará en tinieblas, sino que tendrá la luz de la vida"*. (Juan 8:12)

No tienes un pastor que te guíe, Jesús te dice: *"YO SOY el buen pastor; el buen pastor su vida da por las ovejas"*. (Juan 10:11) Y así lo hizo, dio su vida por ti.

Como buen pastor sabe quién eres: *"Y conozco mis ovejas"*. (Juan 10:14b)

También se presenta como ese árbol y nosotros somos sus ramas, que necesitamos de Él: *"YO SOY la vid, y ustedes son las ramas. El que permanece en mí, como yo en él, dará mucho fruto; separados de mí no pueden ustedes hacer nada"*. (Juan 15:5)

Como dije en la pildorita anterior, Jesús siempre declaró quién era Él: *"YO SOY testigo de mí mismo, y el Padre que me envió también da testimonio de mí"*. (Juan 8:18) En Apocalipsis 22: 13: *"YO SOY el Alfa y la Omega, principio y fin, dice el Señor, el que es y que era y que ha de venir, el Todopoderoso"*.

La pildorita y reflexión de hoy es:

Jesús te dice: "YO SOY". Es lo único que necesitas en tu vida.
¡No temas!

Pildorita
354

Sofonías 3:16 (NTV)
¡Ánimo, Sión! ¡No temas!

Para los pastores, la retribución más grande que se recibe es cuando las almas dan el paso de fe y aceptan a Jesús en su corazón; pero aun es más satisfactorio cuando pasa el tiempo y ves que continuaron firmes en su camino, o los ves sirviéndole con pasión y te das cuenta que no fue en vano tu entrega, dedicación y amor con el que serviste. Mi corazón rebosa de alegría y agradecimiento a Dios cuando las mujeres me dicen: Hoy soy otra mujer por las enseñanzas que escuché en el grupo de mujeres, o aprendí a ser mejor esposa, madre, o mi matrimonio es el resultado de lo que vi y aprendí de ti y de tu esposo (la gloria sea para el Señor).

Los jueves, el hermoso grupo de líderes que servían conmigo, ayunábamos por las mujeres de Orlando y sus alrededores y solo después de que ya no estuve más en la iglesia, el Señor me ha permitido ver la respuesta a esas oraciones. La iglesia donde estuve congregándome hizo su primera reunión de mujeres y cuando la pastora Astrid Pérez me invitó a que la acompañara y me presentó delante de ellas, al final, varias se me acercaron a decirme que asistían a las reuniones de nuestra iglesia y les encantaba todo lo que aprendían y veían; y no solo allí, también me ha pasado con otras mujeres de la ciudad de Orlando que me han dicho lo mismo. ¡Gracias, Señor!

La pildorita y reflexión de hoy es:

Conscientes de que su trabajo en el Señor no es en vano. (1 Corintios 15:58b) ¡Ánimo, Sión! (coloca tu nombre) **¡No temas!**

Pildorita

355

Salmos 32:7 (NVI)

Tú eres mi refugio; tú me protegerás del peligro y me rodearás con cánticos de liberación.

Es tanto el amor de Papá Dios por nosotros que, por un alma o por bendecirnos, Él puede crear un trabajo para ti.

Llevaba pocos años siendo cristiana y me llamaron para ser parte de un canal de ventas por televisión. Éramos cinco presentadoras y cada una ofrecía diferentes productos. Hice una linda amistad con una de mis compañeras, Millie Capellán. Ella siempre me decía que le gustaba esa paz que yo transmitía y lo que hablaba de Jesús, que ella quería eso también para su vida. Un día quedamos de encontramos para ir a comer. El Señor me habló al corazón y me dijo: "Saca la Biblia". Y dentro de mí pensé: Voy a un restaurante. Sin embargo, metí la Biblia al carro y me encontré con mi amiga en el lugar acordado. Ella tenía muchas preguntas y una sed muy grande por el Señor. Me contó que era Testigo de Jehová, pero que ella quería lo que yo tenía.

Así que, saliendo del restaurante, paradas junto al carro, le dije: "¿Quieres aceptar a Jesús en tu corazón?" Y ella llorando me dijo: "Sí, quiero". Comencé a hacer la oración de fe y ella estaba bañada en lágrimas; nos abrazamos por largo rato. No sé qué pensarían las personas que nos veían en la calle, pero para mí fue un día tan feliz e inolvidable. Al poco tiempo se acabó ese trabajo, pero ella, su esposo e hijos hasta hoy sirven al Señor. Dios creó ese trabajo solo por el alma de Millie.

La pildorita y reflexión de hoy es:

No te quedes callado, saca tu Biblia, solo obedece. ¡No temas!

Pildorita 356

Lamentaciones 3:57 (NVI)

Te invoqué, y viniste a mí; «No temas», me dijiste.

No temas, Papá Dios nunca se olvidará de ti, no te abandonará, ni te dejará. Él lo prometió, no lo digo yo, lo dijo Él y no solo lo dijo, sino que quedó escrito como un recordatorio para que nunca lo olvidemos. Isaías 49:14-18a: *Pero Sión dijo: «El SEÑOR me ha abandonado; el Señor se ha olvidado de mí»*.

Eso es lo que nosotros pensamos y sentimos, pero Dios nos responde: V15 «*¿Puede una madre olvidar a su niño de pecho, y dejar de amar al hijo que ha dado a luz? Aun cuando ella lo olvidara, ¡yo no te olvidaré! Grabada te llevo en las palmas de mis manos*».

Él compara su amor y cuidado con el de una madre que no se olvida de sus hijos y que, aunque ella lo hiciera, Él nunca se olvidaría de ti. Y, como si fuera poco, dice que estás grabado en la palma de su mano.

¡Qué gran promesa dada por tu Padre celestial! Guárdala en tu corazón y no dejes que nada ni nadie te haga dudar de esta hermosa verdad.

El rey David tenía su corazón conforme al de Dios y sus Salmos reflejan la profunda confianza en Él. Dice en el Salmo 21:10: *Aunque mi padre y mi madre me abandonen, el Señor me recibirá en sus brazos*. La versión Reina Valera dice en la parte final de este versículo: Con todo, Jehová me recogerá.

Con todo: tus dolores, frustraciones, abandonos, soledades, pérdidas, sueños rotos, desilusiones.

La pildorita y reflexión de hoy es:

¡Yo no te olvidaré!
Grabada te llevo en las palmas de mis manos. **¡No temas!**

Pildorita

357

Parte I

I Reyes 1:29b (NVI)

Tan cierto como que vive el SEÑOR, que me ha librado de toda angustia.

Cuando llegué a vivir a Miami con mi hija Carolyn, buscando ayuda para sus ojos y un mejor futuro para ella, comenzó a estudiar como la mayoría de los niños en Estados Unidos, en escuelas públicas que son gratis. Fue un cambio muy duro para ella, lloraba todos los días. A esto se le agregaba el bullying que sufrió por no ver bien. Le tocaba pararse en frente del tablero para poder leer lo que los profesores escribían y sabemos que los niños son crueles con sus apodos. Le decían: "Pirata, deje ver, la ciega". Ella solo ve con la visión periférica de sus ojos, en el centro solo hay manchas, como una noche muy estrellada. Esto no le permite manejar y su visión es muy limitada.

Pude conseguir una cita para que la evaluaran en el Bascom Palmer, la mejor clínica de ojos en Estados Unidos y poder conseguirle con mucho esfuerzo, por mi situación económica, un telescopio, para que ella pudiera ver de lejos el tablero. Un día me llamó llorando desde el colegio, porque los compañeros se lo quitaron y se lo rompieron. Cuando me contó, no sé quién lloraba más, si ella o yo. Sus profesores se conmovieron y entre todos reunieron dinero y le repusieron el telescopio, suspendieron a los niños que participaron en este cruel acto y se sentó un precedente en la escuela que nadie podía tocar ese telescopio.

Carito, hija mía, eres una guerrera valiente, soy tu admiradora número uno. Este capítulo es en honor a ti.

La pildorita y reflexión de hoy es:

La palabra de Dios dice que todas las cosas nos ayudan a bien. ¡No temas!

Pildorita
358
Parte II

I Reyes 5:4 (RVR1960)

Ahora Jehová mi Dios me ha dado paz por todas partes; pues ni hay adversarios, ni mal que temer.

Los padres tenemos que ayudar a nuestros hijos a que crezcan en la fe y confianza en el Señor.

Además de los niños que molestaban a Caro por sus ojos, había una profesora que no creía que su limitación visual fuera tan fuerte y Carito llegaba muy frustrada a la casa, y un día le dije: "Hijita, no te preocupes, vamos a estar orando por ella y vas a ver que Dios le cambiará el corazón y su comportamiento será diferente".

Gracias al Señor, vimos cumplida la palabra en Romanos, que todo nos ayuda a bien a los que lo amamos. El Señor le cambió el corazón a la profesora y se convirtió en una bendición, su trato hacia Caro cambió completamente y gracias a ella supimos la cantidad de ayudas que ofrecen los Estados Unidos para personas discapacitadas. Dios bendiga esta nación. Dice en Jeremías 33:3: "*Clama a mí, y yo te responderé y te enseñaré cosas grandes y ocultas que tú no conoces*".

La verdad yo había estado clamando mucho al Señor para poder saber cómo ayudar a mi hija a tener una vida lo más normal posible, y el Señor escucha y responde para bendecir a sus hijos y los corazones de piedra los transforma en corazones de carne.

La pildorita y reflexión de hoy es:

No hay montaña tan alta que ante el Señor no se vuelva valle. ¡No temas!

Pildorita

359

Parte I

Jonás 1:16 (RVR1960)

Y temieron aquellos hombres a Jehová con gran temor, y ofrecieron sacrificio a Jehová, e hicieron votos.

Un domingo, Fernando compartió lo que le había pasado preparando la prédica de ese día, y contó que comenzó a escribir una que estaba enfocada en la lógica, y al otro día comenzó a escribir otra enfocada en la fe y, al llegar ese día, le dijo al Señor: "Tengo dos prédicas tan distintas y no sé cuál predicar. Papá no es lógico". Y el Señor le respondió: "No es lógico, pero funciona".

En ese momento comprendió que las dos predicaciones eran una sola. Porque existen muchas cosas en la vida que nos resistimos a creer y aceptar, porque nuestra razón no las comprende.

Lo importante no es que sea lógico, ni entendible; lo importante es que funciona. ¡Esa es la fe!

Sabemos que vivimos en un mundo donde reina la "diosa razón" a la cual, la humanidad entera se le postra y obedece. Cada persona tiene su propia razón y forma de ver las cosas, por lo que la gente obedece a lo que le parece, por eso sus vidas son un caos.

Veamos unos casos de la Biblia: Tomás, el discípulo que caminó tres años con Jesús, cuando le avisaron que Jesús había resucitado, a pesar de que Él dijo que lo haría, él dijo: "Si no veo no creo". Su razón le decía: "Los muertos no resucitan, no es lógico". Y Jesús dice: "Pero si me crees, funciona. ¡Yo resucité!"

La pildorita y reflexión de hoy es:

Los cristianos vivimos por fe, no por vista. **¡No temas!**

Pildorita
360
Parte II

Jeremías 39:17 (NVI)

Pero en ese mismo día yo te rescataré —afirma el SEÑOR—, y no caerás en las manos de los hombres que temes.

Sigo compartiéndoles sobre esa prédica que se convirtió en una de mis favoritas: "Papá no es lógico, pero funciona".

Pedro y los discípulos cuando vieron a Jesús caminar por el mar, se asustaron creyendo que era un fantasma, y sabemos que Pedro le dice a Jesús: "Si eres tú, manda que vaya a ti". Jesús le dice: "Ven, Pedro", y él se baja de la barca y camina, pero cuando la razón le dijo: "No es lógico, los hombres no caminan sobre el agua porque se hunden", Jesús dice: "Pero funciona si me miras a mí".

Josué recibe la orden de parte de Dios de recorrer Jericó, marchando por seis días una sola vez alrededor de la ciudad y el séptimo día tenían que marchar siete veces. Y cuando el pueblo escuchara el toque de guerra, debían gritar a voz en cuello; entonces los muros de la ciudad se derrumbarían. La razón dice que no es lógico que un muro se caiga por los gritos de las personas, pero el Señor dice: "Funciona porque yo lo dije y son mis estrategias".

David ante Goliat. Este gigante tenía amedrentado a Saúl y todo el ejército. David lo derriba con una piedra y su honda. La razón dice: "No es lógico que sin armadura y espada lo haga". El Señor dice: "Pero funciona, porque David me cree y conoce mi poder, él sabe que para mí nada hay imposible".

La pildorita y reflexión de hoy es:

Tal vez estés ante alguna situación que tu razón te dice: "No es lógico". Y el Señor te dice: "Pero funciona". No es razón, es fe. ¡No temas!

Pildorita

361

Parte III

Job 21:9ª (NVI)

Tienen paz en su hogar, y están libres de temores.

Podría seguir compartiendo muchos más casos de la Biblia donde se nos muestra que el poder de Dios es ilimitado.

Todos en algún momento hemos sido Tomás; a veces oramos por un enfermo y en el fondo de nuestro corazón dudamos que se sane. Igualmente somos Pedro; Dios nos dice una y otra vez que lo miremos solo a Él, que no dependemos del gobierno, de la economía del país, que si Él cuida de los pajarillos y de toda su creación, cuánto más de nosotros, pero dudamos.

No vemos cristianos desafiantes como David, con la certeza que Dios le daría la victoria; él se paró ante Goliat y le dijo: "¿Quién es este filisteo incircunciso, para que provoque a los escuadrones del Dios viviente?" Él sabía que si era necesario Dios enviaría a su ejército a darles la victoria, pero no ven al Señor, se quedan viendo el tamaño del problema, asustados por los bramidos y mentiras que Satanás dice y hace y se les olvida que estamos del bando del Vencedor.

Igual nos pasa a los padres cuando pensamos en el futuro de nuestros hijos. Quisiéramos tener el control y saber que siempre estarán bien, y olvidamos que ellos también son hijos de Dios, y que los ama más que nosotros y tendrá cuidado de ellos.

La pildorita y reflexión de hoy es:

Eres hijo de Dios, el Todopoderoso, el mismo de ayer, hoy y siempre. Él no es abuelo, es solo Padre. ¡No temas!

Pildorita
362
Parte I

Salmos 115:13 (NVI)

Bendice a los que temen al SEÑOR, bendice a grandes y pequeños.

Cuando fui invitada a la reunión global de Coach, tuve la oportunidad de conocer y escuchar a uno de los ministros que más han impactado mi vida, el Obispo Dr. Dale C. Bronner, quien es fundador y pastor principal de una iglesia americana con más de veinte mil miembros. Él es líder de líderes, un hombre con muchísimo dinero por una empresa familiar. Y escucharlo hablar con tanta sabiduría y lleno del Espíritu Santo fue un banquete espiritual. Estamos solo a cuatro pildoritas de terminar este devocional y quiero compartirte un poco de lo que nos enseñó.

Dice que todos deberíamos escribir las lecciones de nuestra vida para transmitir sabiduría a las generaciones venideras; que si hubiéramos recibido dos libros por los abuelos de nuestro padre y dos libros por los abuelos de nuestra madre, tendríamos mucha sabiduría a través de sus vivencias.

Dejar un legado no solo a través de imágenes, sino de palabras, escribir las lecciones aprendidas y los desafíos por los que hemos pasado y cómo fueron superados por la ayuda divina de Jesús. Son experiencias únicas que tenemos cada uno de nosotros.

Nuestro testimonio antes y después de Cristo habla de una relación personal, única con el Señor y esa historia solo es tuya e irrepetible.

La pildorita y reflexión de hoy es:

Rodéate de personas de las que puedas aprender y crecer como ser humano. ¡No temas!

Pildorita

363

Parte II

Daniel 10:19a (RVR1960)

Muy amado, no temas; la paz sea contigo; esfuérzate y aliéntate.

Te sigo compartiendo lo que escuché de este gran hombre de Dios, lleno del Espíritu Santo, el Obispo Dr. Dale C. Bronner. También dijo que somos el resultado de lo que leemos y de quiénes nos rodeamos. Tenemos que tener cuidado a quién llamamos amigo; debemos tener calidad de amigos. ¿Cómo me influencian las personas que están a mi alrededor?

Dice que cada diez años hay un cambio en nuestra vida. ¿Seré la misma persona? La diferencia la harán los libros que lea, la gente que conozca y las nuevas experiencias que viva.

Nos enseñó que el espíritu es como el agua, la fecha de vencimiento es para la botella, no para mí; la vida no acaba cuando morimos, nuestro cuerpo es el que lleva la fecha donde termina, pero nuestro espíritu nunca muere.

Habló de la importancia de disfrutar de cada momento y sobre todo con la familia, sin tecnología. Nos contó que cuando él sale con sus hijos a cenar, todos colocan los celulares en el centro de la mesa y si entra un mensaje o una llamada, el que tome su teléfono paga la cuenta, y se ríe (obviamente ninguno de sus hijos los atienden).

Dijo que las familias que oran y juegan permanecen unidas. También dijo que Dios nos da una visión que nos va a costar dolor y que ese nivel de dolor se incrementará para hacer algo tan grande, que sería imposible completar sin Él.

La pildorita y reflexión de hoy es:

Solo se estanca el que cree que ya lo sabe todo. Sigue creciendo, Dios tiene más para ti. ¡No temas!

Pildorita

364

Salmos 27:3 (NVI)

Aun cuando un ejército me asedie, no temerá mi corazón; aun cuando una guerra estalle contra mí, yo mantendré la confianza.

La definición de confianza del diccionario de la Real Academia es: Esperanza firme que se tiene de alguien o algo. Decimos que lo peor que nos puede pasar es perder la confianza. En los matrimonios es terrible, con los hijos, con los amigos, pero te tengo una buena noticia: ¡Del único que no puedes dudar y que puedes confiar es en nuestro Padre celestial que nunca falla y que todo lo que dice y promete es verdad!

En Job 11:18 dice: *"Tendrás confianza, porque hay esperanza; mirarás alrededor, y dormirás seguro"*. ¡Qué delicia saber que podemos dormir seguros y confiados porque tenemos un Padre que nos ama! Puedes tener la confianza que el mismo que te ha cuidado estos trescientos sesenta y cuatro días del año será el mismo que te cuidará el próximo año. Jeremías 17:7 dice: *"Bendito el hombre que confía en el Señor y pone su confianza en él y se deleita, será como el árbol plantado a la orilla de un río que, cuando llega su tiempo, da fruto y sus hojas jamás se marchitan. Todo lo que hace prospera"*.

Eso es lo que Papito Dios espera de nosotros, que nuestra confianza sea inamovible y seamos como esos árboles bien plantados que ninguna tormenta huracanada hará tambalear, ni dudar en quién creemos y amamos.

La pildorita y reflexión de hoy es:

No mires ni el viento ni la tormenta, no importa lo fuerte que sea. Solo en Jesús haya paz y confianza tu alma. **¡No temas!**

Pildorita

365

Joel 2:21 (NVI)

No temas, tierra, sino alégrate y regocíjate, porque el SEÑOR hará grandes cosas.

Este devocional ha sido un hijo que me tomó un año y seis meses terminar, por las interrupciones que han leído en algunas pildoritas. Estoy tan feliz de haberlo culminado, esperando que Papá Dios te hable en cada página aquí escrita, que sale de un corazón que ha batallado, sufrido, pero que día a día ha recibido sus bondades y misericordias.

Tal vez estás terminando un año, después de haber pasado muchas pruebas, o quizás terminas dándole gracias a Jesús porque has recibido todo aquello que por mucho tiempo has esperado. Lo que quiero que sepas, una vez más, es que el Señor es el mismo de ayer, hoy y siempre, que Él sigue siendo Dios y que el mismo que estuvo contigo y los tuyos estos trescientos sesenta y cinco días será el que estará en este nuevo año. Mira este hermoso versículo para que sepas que no somos ruedas sueltas y que nuestra vida está en control de Él:

El SEÑOR su Dios es quien la cuida; los ojos del SEÑOR su Dios están sobre ella todo el año, de principio a fin. (Deuteronomio 11:12.)

De principio a fin, Él está en control de todo lo que pase contigo; tú eres lo más valioso e importante para Él, descansa porque en los próximos trescientos sesenta y cinco días del nuevo año, Él sigue siendo Dios, no cambia y nada ni nadie lo toma por sorpresa. Él está en control absoluto de tu vida y está diseñando el mejor futuro para ella.

La pildorita y reflexión de hoy es:

Deja que Papá Dios llene las nuevas trescientas sesenta y cinco páginas de tu nuevo año. **¡No temas!**

Conoce un poco más de mí

Disfruto mucho brindar capacitaciones de comunicación dentro y fuera de los Estados Unidos, algunas de ellas junto a CVC La Voz.

Otra de mis grandes pasiones es llevar la Palabra del Señor a diferentes iglesias y edificar a las mujeres y a las familias de hoy.

Si deseas invitarme, puedes escribirme a:

normapinzon@hotmail.com

Facebook: Pildoritas y Reflexiones con Norma Pinzón Oficial

www.normapinzon.com

Para escuchar los programas de Pildoritas y Reflexiones en vivo o grabados:

https://cvclavoz.com/shows/pildoritas-y-reflexiones/ondemand/

Notas

Notas

Notas

Notas

Made in the USA
Columbia, SC
22 December 2018